实践⇌反思
教育学文丛

丛书主编 陈向明

国家出版基金项目
NATIONAL PUBLICATION FOUNDATION

行动研究中
教师的使用理论

以大班额小组合作学习实验为例

徐 月 著

Exploring Teacher's Theory-in-use
in Action Research

An Instance of the Action Experiment of Cooperative
Learning in Big-size Class

教育科学出版社
·北京·

我们需要什么样的教育学？

——兼论实践－反思教育学

　　教育学的学科化，是一段从哲学、心理学不断独立出来的世纪历程。直到 21 世纪的今天，教育学依然朝着这个方向努力。然而，教育学的立场、价值和不可替代性究竟是什么呢？如果说教育学是一门研究教育现象及其规律的科学，那么我们需要认识、理解并解释教育现象；但实质上教育学面对的不只是诸多现象，更是在现象中发挥主体作用的活生生的人。通过教育研究提升人的生命质量，既是回应 21 世纪素养导向的教育变革理念，也是中国传统哲学中"学以为己"的价值追求所在。

　　北京大学教育质性研究团队在过去 20 多年时间里，扎根教育现场，希冀通过扎实的实征（empirical）研究探寻出适合我国国情，且能被一线教师接纳，并对改进教育实践起到实质性效果的教育研究之路。为此，我们提出了"实践－反思教育学"作为这一支研究取向的学术标志。这样一种教育学不仅仅回应了西方有关哲学传统，而且根植于我国的本土文化积淀。

　　首先，实践－反思教育学是回应西方哲学传统的教育学。根据古希腊哲学家亚里士多德的观点，"实践"（praxis）是一种有目的、有价值导向、致力于问题解决的活动。它在理论与实际操作之间来回修正二者，具有反思性和反身性，要求实践者深思熟虑，在恰当的时机做出适宜的行动。根据西方实用主义哲学家杜威（John Dewey）及其后学舍恩（Donald A. Schön）和阿基里斯（Chris Argyris）等人的观点，"反思"指的是"做"与"受"之间的回话与相互映照，即行动者在思维与行动时，根据情境的反映与对话，重构问题框架，不断调适自己的行动，并进而反思自己的价值观和基本假定。这种调适不仅包含行动主体的思维活动，而且渗透着他们的情感、价值观和信仰。据此，实践-反思教育学立足于教育教学实践，研究者在高度关注教育实践的真实性和复杂性的同时，还要具有反思的意识和能力。研究者不仅需要了解和理解被研究的现象和问题，同时需要不断监控自己和实践者在研究过程中所发生的变化、这些变化发生和发展的机制，以及这些变化对研究过程和研究结果所产生的影响。

其次，实践-反思教育学是具有原创性的中国本土教育学。实践与反思对应着中国哲学的知行观。知与行是中国思想史中一对既相互独立又紧密相关的概念，背后的中国文化对教育研究者的影响不能被忽视。中国古代鸿儒大家追求的知行合一已绵延千年，积淀成为中国人的文化心理结构，形成了中国文化的"实践理性"精神。此外，孔子"自省"以修身养德的方式也极具反思色彩，不仅直接影响到中国教育研究者的学术立场和理论定位，而且指导着他们具体的研究决策和行动。因此，在理论与实践的互动之间，实践-反思教育学研究在追求严谨和真实的同时，更加重视实用和适切。

足以见得，实践-反思教育学尝试融会贯通东西方思想资源，从学术研究的角度为当前中国教育改革提供新的思路。中共中央、国务院关于全面深化新时代教师队伍建设改革的工作部署，对教师队伍建设提出了新要求，也呼吁教育研究者提出新的理论视角和方法论支撑。

为此，实践-反思教育学倡导教育界乃至全社会尊重教师在专业发展中的主体地位，重视对教师反思意识和能力的培养，营造开放灵活的教师专业发展环境，促进教师实践性知识的生成和发展。如此，教师在面临各种两难困境和"顽症"时，不仅会反思自己面对问题时的行动策略，而且会触及行动背后的价值观和因果假定，实现由策略改变到价值观改变的"双环学习"。

北京大学教育质性研究团队在不断探索实践-反思教育学理论的同时，对教师教育领域的相关问题展开了大量实证研究，初步形成了相对稳定的理论视角、研究思路和方法路径。本团队聚焦教师专业素养的养成，结合中国教师本土的专业实践和社会文化特性，做出了一批具有原创性的研究成果。本套丛书选编的六本专著正是我们团队的精选成果，其中既有使用质性研究不同取径开展的研究，也有偏向基本理论层面的探讨，还有侧重于实践改进的行动研究。

李莉春博士的研究旨在通过深入教师的日常教育实践现场，探究教师实践性知识的本质，从而对教师实践性知识进行再定义。基于实践认识论，她的研究发现，教师实践性知识是教师在实现个人教育意象的热情驱动下身心合一的知与行，教师实践性知识的本质是一种行动中识知与行动中反思的动态机制。

同样是对实践性知识进行研究，魏戈博士则站在马克思历史唯物主义的哲学立场，从苏俄文化历史心理学派顺流而下，以"文化-历史活动理论"为抓手，整体呈现了教师实践性知识的生成过程。在此基础上，他引申出有关如何理解教师专业成长的新视角、教师在工作现场学习的价值，以及实践活动对于教师专业发展的意义等三个方面的讨论。

虽然近年来教师实践性知识的实证研究成为热点，但是其"知识"地位一直颇具争议。赵康博士从杜威的实用主义知识论出发，在理论层面为教师实践性知识的合理合法性提供了支持。这种知识论认为，知识源自探究，由认知性经验而获得，是关于行动及其导致的结果之间关系的知识。体现在教师身上的，是有关教育教学行动及其带来的结果之间关系的实践性知识，具有引导未来行动的功能。杜威关于知识的工具性观点，还在一定程度上化解了教师的理论性知识与实践性知识孰高孰低之争，因为二者都来自经验，并最终服务于实践，这也使得教师的"知性主动性"显得尤为重要。

杨帆博士采用话语分析的方法，考察了教师学习和理解一种"变革性课堂教学实践"的过程，最终提炼出了教师学习的三个主题：表征、协商和规训。在丰富的研究结果基础之上，他面向学校提出三点实用性建议：校本教研应注重引进外部和理论话语以改造本土话语；学校共同体的建设不应强制追求"共识"；课例研究需要关注"核心实践"和特定主题。

朱光明博士则从现象学的理论视角出发，对教育情境中的表扬与批评进行了研究。他从具体的教育情境出发，通过多种途径收集资料，对孩子们日常交往中的表扬、批评现象（体验）进行了详细的描述和深入的分析，揭示了表扬、批评对孩子们生存和成长的意义。在此基础之上，他还对表扬、批评现象进行了深入的教育反思。

徐月博士在城乡社会变革和农村中小学布局调整大背景下，观察到中国中西部城镇学校的大班额比重持续上升，大班额现象与办好公平而有质量的教育构成教育事业发展中的一对矛盾。因此，她研究了在大班额教学情境下，教师为达成预期目标所采取的行动及其行动背后的推理。她发现，教师们有意识地承担起在大班额困境下仍旧要促进学生发展的教育责任，这些变化体现出教师深刻的本土实践创造性。

这六本专著虽然涉及不同的研究方法及路径，但是在研究的出发点和价值立场上是一致的，遵循的都是实践-反思教育学范式的基本要求。这些文本都表达了如下基本观点：教师不只是需要不断发展的专业人员，更是能动的反思者、反思的实践者；教育学知识不仅仅是冷静的抽象理论，更是有温度的专业智慧；教育实践不仅仅是理论指导下的行动，更是教师反思性知识的有机组成部分。与此同时，这些研究反映出教育研究者应担负的双重任务：一是对教育现象提供扎实、准确的描述，对教育实践的本质、过程、结构、条件等基本问题做出有力度、有新意的解释；二是对教育实践应当如何做，特别是针对目前的重重困境如何突围，提出适切的价值判断和操作方法。六位青年学者对实践–反思教育学范式孜孜不倦的探索，让我们感受到他们对教育学的热情、审美和个人寄托，也让教育学不断回归"人学"。

当然，我们还有必要讨论实践–反思教育学在未来可能面临的挑战。

实践–反思教育学所带来的实践认识论，不是要从沉思的形而上传统走向另一个极端，它并不主张行动高于或优于知识、实践内在地优越于思想。因此，我们所提出的实践优先性，只是实践转向的初始原则，而非最终结论。实践转向的真正挑战在于，在肯定了行动/实践的基础地位之后，如何理解知识与行动、理论与实践之间的关系。

我们还应该反思人工智能时代对传统学徒制下教育学的冲击。虽然有研究指出，在当前人工智能、大数据、虚拟现实风行的时代，以教师、社工、法律顾问、艺术家等为代表的专业工作者最不可能被机器人所取代，因为他们的实践性知识构成了立身的专业资本；然而，在信息化技术大量介入教育工作者实践的同时，如何在制度上为他们保留一片自主发展的空间，或许是我们在新世纪探讨实践–反思教育学的紧迫性所在。

陈向明
北京大学教育学院

目录

第一章

社会变革中的大班额教学问题

进入 21 世纪以来，关于中国农村留守儿童、城市流动儿童的生存状态和教育环境的报道不绝于耳。农村中小学数量大幅度削减，校车事故频发，校园性侵犯案件连续曝光，县镇中心学校人满为患，县城陪读、寄读现象日盛……，这些看似分离的教育困境背后贯穿着一条与城乡二元结构紧密缠绕的社会问题主线。它们呈现的是中国数以亿计的流动人口从乡村向城市迁移过程中遭遇的一个个现实教育问题。不论我们选择回避、旁观还是积极介入，涉及中国大多数儿童的"城挤、乡弱、村空"的教育现实和他们并不容易的成长经历都牵动着社会各方的敏感神经。

一、县城大规模学校：城乡教育矛盾的交汇点

在上述教育矛盾的光谱上，县城学校是衔接乡村与城市教育的矛盾集中点。一方面，大量农村劳动力的"离土"迁移导致村落社会和乡土文化走向终结（孙庆忠，2009），乡村学校在"撤点并校"中经

历了去农化、边缘化、工具化的过程（何善平，2005）。另一方面，城市一直是有选择地接收农村劳动力。越是经济发展水平高的城市，流动人口需要为随迁子女教育负担的经济和社会成本越高。在这样两难的情境下，很多农村或偏远乡镇的家庭加入择校队伍。城市教育资源已经成为吸引"乡→城"流动人口最大的力量。

根据全国妇联的统计，截至 2010 年，全国 0—17 岁城乡流动儿童规模为 3581 万人。其中县内跨乡流动儿童占全部流动儿童的比例最高，达到 38.25%。部分中西部地区的流动儿童在当地城镇儿童中所占比例异常突出，如宁夏、新疆、青海和贵州分别高达 41.76%、41.50%、35.79% 和 34.43%。（全国妇联课题组，2013）

具体到学校教育系统，2000—2010 年全国小学在校生城乡分布的历史变迁也折射了县镇一级学校所经历的生源扩张的办学压力（见表1-1）。

表 1-1　2000 年与 2010 年全国小学在校生数分布情况比较

	2000 年（万人）	2010 年（万人）	减幅（%）
城市	1816.7	1820.5	-0.2
县镇	2692.9	2770.0	-2.9
农村	8503.7	5350.2	37.1
总计	13013.3	9940.7	23.6

数据来源：2000 年、2010 年《中国教育统计年鉴》。

2000—2010 年，全国小学在校生数逐年递减，总减幅达到 23.6%。从地域分布来看，生源减少全部集中在农村地区。十年间农村小学在校生数减少了近四成；与此相反，城市小学在校生数与以往基本持平，县镇一级小学在校生数不减反升，总量增加了约 77 万人。由以上数据可以推断，在总生源数逐年减少的大背景下，2000—2010 年，数量庞

大的农村生源转移到县镇和城市教育系统当中。其中，县镇一级学校
成为吸收这些生源的主要机构。

伴随着学生人数的增长，县镇一级小学的办学情况又经历了怎样
的变化？学校数是否有明显的增加？表1-2中的数据显示，2000—
2010年，县镇一级小学随着在校生数的增长反而在大幅度减少，其撤
并幅度甚至超过了被广泛诟病的农村学校"撤点并校"的情况。

表1-2　2000年与2010年全国小学校数和教学点数比较

	2000年		2010年		减幅	
	小学校数（所）	教学点数（个）	小学校数（所）	教学点数（个）	小学校数（%）	教学点数（%）
城市	32154	5453	16400	205	49.0	96.2
县镇	81184	15088	30116	1289	62.9	91.5
农村	440284	157519	210894	65447	52.1	58.5
总计	553622	178060	257410	66941	53.5	62.4

数据来源：熊春文. 再论"文字上移"：对农村学校布局调整的近期观察
[J]. 中国农业大学学报（社会科学版），2012（4）：22-36.

与2000年相比，2010年全国县镇一级小学校减少了约5.1万所，
减幅达到62.9%，这个比例不仅高于全国平均水平和城市小学的减幅，
甚至比农村小学52.1%的减幅还要高出约10个百分点。县镇教学点的
撤并速度更为显著：2010年，全国县镇一级教学点已不足1300个，与
2000年相比，减幅达到91.5%。

一方面是明显增加的学生数，另一方面则是县镇学校大量且快速地消
失。这意味着留存下来的县镇学校必将走上一条大规模集中办学的道路。

大班额现象就是在这样的背景下产生的。这个现象背后有复杂的
社会、政策以及经济等方面的综合因素共同影响，显然已不是单纯的
教育内部事务，但它首先表现出来的是前所未有的教育困境和挑战。

二、处在断裂处的教师及其专业经验

2010 年前后，中西部地区很多县市级中小学中，七八十人的班额已趋于常态，一些学校甚至出现了超过 100 人的班级。大班额或超大班额深刻地改变了中小学的教育生态环境。其中爆发的诸多问题因涉及的利益相关方过多，表现得异常复杂，也常常给人无从入手、难以解决的无助感。

大班额的形成无疑与特定历史时期社会经济、文化快速变革的结构性力量嵌套在一起。它本身是城乡二元结构分化、乡土文化向以城市为中心的文化快速转型的阶段性教育现象之一，体现着社会经济、政治、文化的快速变革、重组。每日身处其中的学校管理者和教师，不仅面对着超出常规经验的需要守护和监管的大规模学生，在生源的多样性、流动性及文化价值的多元性乃至内部冲突的可能性上，他们也面临前所未有的挑战。随着乡村、中小城镇劳动人口向城市转移的程度持续加深，留守、异地陪读、频繁转学等"异常"学生情况日渐增加。当家庭对学生的成长过程整体发挥的支持性作用明显减弱时，学校作为公共教育机构则不得不承担起更加泛化和沉重的养育、监护、引导等责任，而中小学教师俨然成为城乡社会变革巨浪中努力守护学生成长的最后一道防线。

令人担忧的是，同样身处变革旋涡之中的学校管理者和教师，其自身经验在快速变化的社会文化中也面临着与情境需求不匹配、不适应，甚至自我价值观念难以达成一致性和连续性等危机。既有的教育经验和理论解释不足以支持教师理解和应对实践挑战，教师在学校组织中又往往是以个人为单位，孤立地开展教育活动，缺乏必要的支持其开展专业反思和行动探索的时空和制度环境，教师很可能以僵化的行动面对复杂情境和教育挑战。他（她）不仅将无法胜任这份守护、教育学生的重任，在极端冲突的情境下，甚至可能会使自己及学生的生命安全、身心健康遭到损害。

纵观我国近现代学校教育史，较大班额一直贯穿其中。我国具有有鲜明集体文化特色的教学方法、实践习惯，一些关于学校教育的根本假设是与大班额规模化教学这一现实情境相匹配的。但是，社会转型时期的大班额问题已经不是单纯的教育、教学问题。它是各种社会力量在公共教育领域博弈的产物。大班额教学作为社会发展特定阶段的过渡性问题，也对教育工作者的专业知识边界形成了挑战。面对这样的社会挑战和实践难题，中小学教育实践者应调整专业行动策略，重新定位自身的角色与社会责任，并在专业继承与实践创新的辩证统一过程中发展出更具有时代性和影响力的专业知识与教育话语，从根本上改善教育专业团体和儿童的生存处境。

基于这样的实践挑战和行动旨趣，教育实践者必然要采取一种基于对自身社群进行内在批判的规范立场，主要通过自我反映（self-re-flection）和实践探究来达到改造实践过程与外部世界的目的（阿吉里斯 等，2012：4-5）。行动研究成为教育实践者进入问题深处、直面大班额教学挑战的可能路径。而这样的探索过程也可为教育实践者弥合理论与实践的分离、专业团体教育实践性知识的断裂以至个人教育经验的分裂提供更大的机会与可能性。

三、一项行动实验的合作机缘

2010 年夏天，在参与一项全国性教育项目调研的过程中，我有幸与贵州省碧云县[①]教育局有短暂的合作。碧云县教育局教研室的老师们在调研过程中为项目组提供了重要帮助，我们也因此建立起联系。通

---

① 为保护相关人员的权益，研究所涉及的地点、机构及人员都采用了化名。

过那一次调研，我获得了碧云县义务教育整体办学情况的基础数据，得以从行政管理视角获得了对当地基础教育粗浅但相对立体的认识，也了解到当地城区中小学普遍存在大班额办学的困境（以小学最为突出）。当时虽然没有机会进行实地考察，但当地教育局管理人员在访谈过程中描述的大班额办学的日常状态已经在我的问题意识里埋下一颗种子，项目结束后我开始有意无意地关注这类现象及相关媒体报道、研究讨论。

（一）在乡村教育基础上诞生的城市学校：M 小学

2012 年初，我选择以西部大班额教学现象为对象聚焦博士论文选题，再次走进碧云县教育局教研室。教研室主任方老师向我介绍了县城主城区几所中小学的办学规模和学校特点。当听到我有意与当地一所学校合作开展研究，而且能够在较长时间内和学校老师一起研究和探索共同关心的问题时，方老师向我推荐了县直属 M 小学。这所小学坐落于当时县城新建城区房地产开发最集中的区域，是县政府为了吸引城市移民、满足城区快速增长的人口对优质教育的需求而规划配套新建的学校。建校之初，政府在学校周边审批了大量商品房项目。到 2012 年我走进该校时，周边的地产项目部分已经落成并迎来住户，更多的还处在如火如荼的施工状态。从建校起，M 小学大班额办学的压力就非常突出，从初期 80 人的平均班额逐年上升，最高时，学校平均班额甚至达到过 120 人。

方老师向我推荐这所学校的另一个原因是该校有一支优秀的教师队伍。为筹建新建城区的中、小学校，县政府首次面向全县乡镇学校公开招考教师。通过严格的笔试、面试，选拔优秀教师组成该校核心团队。在此之后，全县每年都会在中小学暑假期间组织公开的教师选拔考试，为县城学校补充师资。这一做法由组建 M 小学开始，一直延续下来，成为乡村教师尤其是中青年教师"离乡进城"的合法、透明通道。

在方老师眼中，M 小学是集中全县最优质中小学师资力量兴办的一所学校，这在当时以至后续若干年内都是县域内其他学校无法比拟的。建校之初，M 小学所有学科均已配齐学科骨干教师，这在碧云县基础教育办学史上开了先河。M 小学教师以 35 岁以下的年轻教师为主体，年龄结构合理，且整体学历水平较高，多数为专科以上学历，发展潜力巨大。由于教师普遍有三年以上乡村学校从教经历，学校整体工作作风淳朴，教师也都比较敬业。与此同时，M 小学的大部分教师经过严格选拔，在学习态度、学习能力方面表现得更加积极，整体呈现出良好的专业眼界和知识结构。从建校开始，M 小学的教师在各级各类优质课评比、专业技能比赛以及教育论文评选当中均有突出表现。这些都给县教育局教研室的老师们留下了深刻印象。

经县教育局教研室引荐，我很快和 M 小学的王宏山校长取得联系。王校长知晓我的来意之后，开门见山地和我讨论起大班额教学和管理的困境。他说，大班额也是一直令他苦恼却难以解决的问题。他还向我展示了厚厚一沓稿件。那是学校全体教师刚交给他的"寒假作业"——关于"如何在大班额班级开展教学"的小论文。王校长提出，希望我在开展博士论文调研期间能够以合作做课题的形式（最好是省部级课题）① 带领教师一起做研究，而这恰好与我对大班额情境中最佳的研究途径是行动研究这一判断相吻合。很快，校长与我达成以课题方式合作研究"大班额现象"的意向。他同时向我引荐了学校的教务主任孟秋，希望由她担任课题组的活动召集人。

孟秋是学校建校之初最早一批抽调到岗的骨干教师。1999 年从市属中等师范学校毕业后，她在县实验小学担任语文教师，因教学和班级管理成绩突出，很快成长为学校语文学科骨干教师和中层管理干部。

———————————

① 在这个项目之前，M 小学从未申报过省级以上课题，校长认为教师最缺乏的是关于如何做科研的指导。

2005 年，孟秋因突出的业务能力被县教育局抽调到 M 小学筹建小组，成为辅佐王宏山校长的建校"元老"，全方位参与了 M 小学从无到有、规模从小到大的发展历程。

和我谈起学校的发展历史时，孟秋情不自禁地流露出对学校创业之初工作氛围的怀念之情。建校前两年，M 小学的校舍还未完工，但已开始招收起始年级学生。学校在教育局的协调下，在附近中学借了三间教室办学，其中两间做教室，剩下一间就成为校长和全体教师的办公室。当时，十几位教师和校长刚从县内各乡镇调入，尚未解决家属随调和住房问题，绝大部分人租住在临时校舍附近。其中有不少教师合租一户、相互照应。而 M 小学的选址处在当时城市的边缘，周边除了村庄和农田，几乎全是荒山石坡。课余时间，教师们无处可去，几乎整日都待在这三间教室里。校长、教师、学生朝夕相处，快速结成一个如大家庭一般紧密联系的"共同体"。教师们课余常聚在一起，吐槽工作和生活中的困难，倾诉离家的愁绪，也畅想学校的未来。校长就像身边可亲、可敬的大哥，常给教师们出谋划策、排忧解难。不论学校还是教师个人遇到困难，大家都会一起想办法、共进退，整个团队真是"拧成了一股绳"。

但随着学校新建教学楼的启用，M 小学的招生和办学规模进入几何级数增长阶段，教师队伍也在加速壮大。每年都有一批优秀的乡镇学校教师通过考试进入 M 小学，他们中绝大部分人已经成家，在教学专业能力上也基本进入了成熟期，这意味着他们能够快速转变身份，承担新学校教学工作。同时，他们也要分出精力在新建城区安家置业，努力与亲人团聚。

随着学校规模的扩大，M 小学建校初期呈现的"拟亲化"团队文化迅速模糊，取而代之的是责权边界更清晰、人际关系更疏离的科层制行政管理文化。学校校长和中层管理成员的日常活动被数量众多的检查、会议、表格占据。繁重的行政事务不仅使他们离开了讲台，连参加校内教研活动的机会也一再被压缩。同时，班级人数的快速增加，使得整班教学、管理的压力空前突出，特别是在语文、数学这两门被列入区域教学质量标准化监测的"主干学科"（简称"主科"）上，教师们为了应对考核评比的压力，每天不得不花更多时间辅导学生，提升班级平均成绩。课间操、早自习，甚至非考核科目上课时间常常成为主科教师们明争暗斗的"资源"。学校教师之间的关系很快从最初亲密、互助的状态，向疏离甚至防御、竞争的状态演变。

（二）以课题研究探寻改变的可能

在校长和教务主任眼中，进入大规模办学阶段的 M 小学正在遭遇前所未有的挑战——超大班额带来的教学和班级管理难题。这些困难并不只是简单地由学生人数增加导致的，更突出的原因还是学校后续招考进入的几批教师在专业能力上参差不齐，而且，绝大多数教师从乡镇或村级学校调入，他们既不熟悉也不擅长大班额的教学和管理，对相应的挑战缺乏准备。但高强度的工作又使得教师们疲于应对每日常规任务，没有机会停下来一起分析问题、解决问题。因此，作为学校的教学主管干部，孟秋希望通过这项课题研究，深入分析大班额教学中的困难，寻找可能的出路，更重要的是，提升学校教师应对大班额教学挑战的专业能力。

综合王校长和孟秋对课题研究的意见，我们一起几次修改研究设计，并于 2012 年 3 月在 M 小学全体教师例会上，以宣讲会的形式向全校教师介绍课题的研究目的和计划安排，发出征集研究合作者的邀请。两个星期后，经过自愿报名和学校管理层的推荐，来自语文、数学、英语三个学科的七位教师和校长共同组成团队，准备针对学校突出的超大班额课堂教学质量和班级管理问题展开研究。在接下来的两年时间里，我作为课题研究的协同者和介入者，与这个团队一起开展日常工作中的变革。表 1-3 呈现了课题组七位教师的基本信息。

表1-3　M小学课题组教师基本信息（2013年3月制）

姓名/年龄/科目/民族	教龄/专业职称/校内职务（或是否承担班主任工作）	进入M小学的年份	任教班级
王宏山/46岁/语文/汉	25年/中学一级/校长	2005年	—
孟秋/35岁/综合实践/彝	17年/小学高级/教务主任	2005年	三（2）班
孙阳/34岁/数学/汉	11年/小学高级/班主任	2011年	三（2）班
舒萍/30岁/语文/汉	10年/小学高级	2005年	三（2）班
谭林/32岁/英语/汉	11年/小学高级	2005年	三（2）班、四（1）班、六（2）班
李美珍/32岁/语文/汉	9年/小学高级/班主任	2005年	六（2）班
丁叮/31岁/数学/汉	10年/小学高级/班主任	2011年	二（3）班

此后不久，我和孟秋共同撰写完成一份课题研究申报书，题为"教师的学习经验与大班额教学行为的关系——行动研究的取向"，并提交给贵州省教育科学规划领导小组办公室。几个月后，课题通过立项审批，成为第一届省级基础教育科学研究重点规划课题。课题组成员以课题研究的名义，开始针对自己和课题组同伴的课堂教学、班级管理展开深入的观察、思考和行动实验。

（三）聚焦研究问题

进入研究现场之前，我主要通过对当地教研员、小学校长和个别教师进行访谈了解大班额办学的困难和问题。我对于大班额办学的现实情况的认识，除了来自个人教育及生活经验①，更多是基于访谈资料产生的一些想象和疑问。当我第一次走进 M 小学的班级，呼吸着教室里浑浊、闷热的空气，看到被"塞进"教室各个角落、缝隙的密密麻麻的小学生，学生座位中间是仅能供儿童侧身通过，而成年人根本无法走进去的走道……，即使行前已经做了一定的心理准备，这些直接的感官体验还是给我带来很强烈的情感和认知冲击。在课后教师访谈里，一位年届不惑的授课教师无奈感慨："在大班额里，我能尝试的所有教学方法都失效了！"这更使我意识到，超出教育极限的班额数已经成为一个挑战教师现有教学知识和能力的极端问题情境。在这个情境中，教师对学校里常见的教学策略甚至行动原则都可能产生怀疑。而这种怀疑既有可能导致行动停滞，也有可能推动教师重构对教育教学专业活动的认识，回归真实问题探索新的教育行动和实践方式。正是基于这一点判断，我形成了以行动研究的思路理解和改造复杂问题情境，探索更适宜的教育行动及相应的教育实践知识的信念。也因这个信念，我和 M 小学七位勇敢的合作伙伴得以"相遇"。我们带着希望，带着不断叠加的怀疑和失败体验走到复杂、真实的问题之中去，努力撬开一丝行动变革的可能空间。

在这项研究中，教师们要面对的是层层嵌套在教育系统内、由多方因素合力形成的复杂实践困境。它的复杂性足以压倒最有经验的教

---

① 我的小学和初中主要是在厂矿附属学校度过的。由于有入学条件的限定，厂矿学校的班额通常都比地方直属学校小，一般在 35—45 人。虽然我曾经短暂转学到县直属小学和乡镇中心学校就读，对每班接近 60 人的办学条件有过直观感受，但由于当时我的学习成绩较好，在那两段学习体验中，我得到过老师不同程度的关注和照顾。课堂内外老师、同学与我的交往都比较丰富，因此没有明显感觉到班额大小对自身学习的影响。直到进入高中阶段，班额过大突然成为我难以适应高中生活的一个突出原因。在 64 人的重点班中，不再是最优秀学生的我很难获得课堂发言和讨论的机会，课堂学习的积极性和效果都明显下降。班级内同学之间的交往机会也非常少。高中毕业时，我和大多数同学甚至无法完整说出全班同学的名字……。高中阶段隐没于人群中，"原子化"的学习和生活体验是我对大班额的直接印象。至今，大班额课堂的学习经验还令我难以忘怀。这也许是我关注大班额问题的个人经验起点。当我走进小学的超大班额课堂时，我的感受可以用震惊来表达。我很难想象在最需要与同伴、与成人指导者建立亲密关系的小学阶段，儿童在接近百人的班级当中会有怎样的学习体验，这又会给他们的经验世界留下怎样的印迹和影响。

育工作者，让很多困于其中的人放弃行动的希望，陷入怨天尤人的"习得性无助"状态。因此，在这项研究中，我和团队的合作伙伴既要借助"理论之光"聚焦问题，锁定一线教师可做可变、能做能变的教育行动变革空间，又要在研究的全过程中防止因套用不恰当的理论、过度简化概念而失去创新和改变的可能性。

在这项研究中，我们始终关心的问题是：在大班额这一由（教育系统）外向（教育系统）内逐渐形成的教育教学困境中，教师及其团体的专业行动、经验及知识面临着怎样的挑战？哪些与教育教学有关的目标、原则、策略、方法在这个情境中遭到质疑甚至失效了？教师作为专业工作者可能的实验和创新空间在哪里？在真实情境中，教师开展了怎样的尝试？哪些探索过程及其结果被验证是有效的？哪些行动受阻，受到怎样的制约或阻碍？教师在新的情境中发展出什么样的关于社会与学校、教育教学过程、学生与教师自我的新认识与新行动？

这一系列问题罗列出来，层次繁多，不便于交流和持续推进。最终，我借助"行动科学"理论体系的视角，聚焦于"教师的使用理论"（teacher's theory-in-use）[1] 这个统整性概念，将研究的核心问题浓缩为：在探索大班额教学困境及其实践变革的过程中，教师及其专业团队觉知并发展出怎样的专业使用理论？

如果说，对大班额教育教学困境的社会学反思与梳理帮助我选定以行动研究建立教师专业知识研究与真实实践情境之间联系的整体思路；对教师的使用理论这个理论视角的确立则帮助我推进了专业思考的深度。一方面，这项研究立足于复杂实践情境，努力以坦诚、开放、系统、科学的实践探究过程探索典型困境中学校教育实践活动的创新空间；另一方面，在实践探索的全过程中，我们始终不忘回到对基本

---

[1] 阿吉里斯（C. Argyris）在《行动科学：探究与介入的概念、方法与技能》一书中给"使用理论"做出如下定义：使用理论是行动理论中的一类，与信奉理论（espoused theory）相对应，是指那些由行动者的实际行动推论出来的而非个体宣称他所遵行的理论。关于使用理论及其相关的理论介绍将在第三章详细展开。

专业问题的反思和讨论上，基于丰富的证据着力推动各方参与者的反映性对话，关注教育实践者身上承载和体现着的关于教育目的、教学过程、教师专业性、教师知识的根本假设和缄默性知识，在行动实验中尝试探索新的可能性，并尽可能地形成和表达新知识。整体而言，这项研究试图对教育教学的基础知识以及真实教学情境中的社会行动都有所贡献。

第二章 大班额教学困境与破局方向

一所学校、一个地区乃至一个国家的班额的可接受范围和实际运作情况直接折射出对应系统层次中人们关于学校教育核心价值、基本方向、适宜的教学方式等教育基础问题的理解，也和系统投放到教育教学活动中的社会资源是否充沛，如何分配、流动等条件息息相关。围绕班额大小、班额教学问题展开的讨论常常体现出更强烈的实践关怀，也意味着对于这类问题必须以教育系统所处的文化、社会、历史情境的意义框架进行再定义，才有可能找到理性行动的出路。

本章概述了不同社会文化语境下关于班额教学研究的视角，对我国关于大班额及其教学问题的讨论、探索做了主题式整理，最后结合我国新课程改革高度重视教师教育教学知识更新，希望以教师学习推动课程实践变革的背景，梳理了教师专业知识研究的脉络和范式转向，由此帮助研究者和读者在不丢掉班额教学实践复杂性的前提下聚焦相关问题。

一、不同文化语境下的班额及教学研究

在不同的文化语境中，针对班额的研究可能指向完全不同的问题现象，在问题意识、问题内容和探索方式上也体现出明显的差别。随着东西方教育文化对话的深入，东亚国家在大班额情境下取得优异教学成绩的现象引发英美国家对"小班化教学"的反思。从 20 世纪 80 年代起，"班额大小与教育质量之间的关系研究"在西欧、北美等国的教育研究中持续得到资助，也贡献了一批贴近课堂教学过程、有助于东西方教学文化对话和反思的研究成果。同时，随着人口出生率的下降，一些东亚地区开始出现小班化教学趋势。小班化给教师的教学行为、教学过程带来哪些影响？教学环境改变后暴露出的问题又与哪些深层的文化冲突和社会变革有关？来自中国香港的班额及教学研究也给我们带来一些有价值的参考。

（一）英美文化圈对班额问题的讨论

在西欧和北美文化圈，小班额（20 人以下）有助于学生取得更好的学业成就似乎是一个不言自明的教育命题。自 20 世纪 80 年代起，随着一些国家的政党开始将"小班化"改革纳入竞选纲要，"小班额意味着更好的教育"这一命题开始受到广泛的讨论。

一些批评者对比西欧和东亚国家在国际学生学业评价测试（如 PISA）中的表现来质疑"小班化"的合理性。他们指出班额普遍偏大（通常在 40 人左右）的东亚国家却在国际测试中取得更优异的成绩，班额似乎不是影响学习效果的主要因素（Reynolds et al.，1996）。同时，也有"小班化"的支持者通过实证研究论证小班额更有利于学生的学业进步，尤其是非认知领域的发展。这其中影响最广的是美国田纳西州开展的师生学习成就比率计划（Student-Teacher Achievement

Ratio，简称 STAR 项目）。这个项目涉及 79 所学校从幼儿园（5 周岁）到 3 年级（8 周岁）的 7000 名学生。学生所在班级根据规模分为小型班级（13—17 人）、常规班级（22—25 人）和常规班级配置全职辅导教师三种类型。研究通过对比三种类型班级内学生学业成绩的分布情况，发现低年级段小型班级的学生在数学和阅读学科上要比常规班级学生表现好。（Word et al.，1990）但是有研究者指出，小型班级与常规班级学生的学业成绩差异并不显著，而且这个差异在配备全职辅导教师的常规班级中进一步缩小（Slavin，1989）。因此，有学者认为相比其他一些教育改革措施，减小班额可能是效果最不显著而且成本高昂的政策（Robinson，1990）。

布拉奇福德（P. Blatchford）和莫蒂莫尔（P. Mortimore）对小学阶段班额研究所做的综述指出，已有研究证明，小于 20 人的小班额有助于提升学生的学业成就，这些影响在低年级段（1—3 年级）和处境不利的学生身上表现得更加明显。但是研究也发现，单纯减少班额并不能保证课堂学习质量的提升。只有当教师的教学过程和风格与小班额相匹配，能够充分利用小型学习团体带来的学习机会时，教学的质量才会真正提高。（Blatchford et al.，1994）换言之，班额大小并不是影响学生学习成就的直接因素，它必须通过"课堂教学过程"（classroom processes）这个中间变量才能起作用。不过布拉奇福德这篇综述仍把课堂教学过程视为一个神秘的"黑盒子"，没有深入探讨不同教学情境（包括班额等客观因素）中教学过程的差异、特点及实际效果。

佩德（D. Pedder）将研究的关注点从班额大小这一外部因素推进到与课堂教学环境相配套的教学决策和判断（teaching decision and judgement）上来。班额大小在他的研究中被视为给课堂生活带来影响的重要的情境因素之一。佩德通过对相关实证研究的综述，梳理出不同班额条件下，教师针对学生学习机会的数量、质量和分配情况会采取不同的教学策略。比如，在较大的班级中，教师用于教学内容的时间相对减少，会将更多的时间用在整顿纪律、强调行为规范、开展团队建设等课堂管理当中，这些强化措施实际上是为了控制甚至减弱班额增加给课堂学习机会数量所带来的负面影响。在班额不同的班级中，教师呈现知识的结构化程度、课堂提问的形式、课业任务的类型以及在师生互动中使用形成性反馈的情况都有明显差别。而相应的教学策略和行动会直接影响学生课堂学习的质量。（Pedder，2006）总之，佩德的研究为分析班级规模、课堂教学过程和学生学习效果之间的关系奠定了理论基础。其结合班级规模和学生学习效果两个方面对课堂教学过程进行的整理为教学研究提供了独特的视角。

布拉奇福德等人在 2011 年开展的大型实证研究进一步将课堂教学过程聚焦到课堂参与度和师生互动两个维度上，考察了班级规模在小学和初中阶段给教学过程及学生的学习情况带来的影响。研究发现，班额越小，学生能够获得的教师个人化的关注度越高，师生互动的活跃性也越强；但是随着班额的增加，学生的课堂参与程度会下降，这个现象在学业水平较低的初中生身上表现得尤其明显。由此，布拉奇福德建议，小班额应该成为学生在教育体系中的一项具有教育意义的基本权利。它对学业水平较低的学生更有帮助，而且有利于教师基于学生需求探讨更加灵活、有针对性的教学过程，并能够促进多样化课程开发。（Blatchford et al.，2011）

（二）文化比较视角下的东亚大班额教学

如前所述，在讨论"小班化"的问题时，一部分欧美学者将东亚的教育文化和效果作为反观自身行动的一面"镜子"。而他们对班额与教学的关系研究反过来对我们分析本土的教学、教育问题有深刻的借鉴意义。

如果说，很多关于不同班额条件下教学过程的讨论集中于课堂管理方法、教学策略等技术层面，托宾（J. J. Tobin）等对日本幼儿教师的课堂教学过程及文化信念的研究则扎根于文化和情境当中，为人们理解不同文化背景下常规班额共识的达成以及相应的教育行为提供了深入的解释。他们的研究发现，日本幼儿园的教育特别重视学生与教师或其他学生之间形成的多重的群体关系的作用。大班额或较大的生师比为维持这种多重群体关系提供了保证。相应地，日本的课堂教学过程、方法甚至教育理论通常都以整个班级作为对象，而非以每个学生个体作为单位。这一点与欧美国家非常不同。作为一种文化现象，大班额实际上体现了日本社会和文化中更深层次的价值观。（Tobin et al.，1987）换言之，托宾的研究揭示了教学过程以及人们对班额大小的选择会受到不同社会文化因素的中介作用。

严格来讲，从 20 世纪 80 年代开始，西欧与北美的研究者经过近 20 年的努力也没有找到持续、有力的证据来证明"小班化改变了教学过程和结果"。1998 年，《国际教育研究杂志》（*International Journal of Educational Research*）第 29 期以专刊形式比较东西方国家和地区在班级规模与教学过程、教育文化上的差异，以此系统地反思过去 20 年关于班额与教学关系的研究。

比格斯（J. Biggs）的研究指出，儒家传统文化使得东亚文化圈的儿童在进入学校教育系统前后，不断通过相关的社会化过程习得符合大班额教学的学习方式，例如，强调通过记忆而不是独立思考来学习，倡导对学业成就的个人化归因或自我负责，以及引导学生在同伴群体中通过相互合作开展学习，等等。由此，课堂管理的问题就得到了最大限度的规避，教师也可以通过整班教学的方式（whole-class methods）专注于学生有"意义"的学习过程。（Biggs，1998）金（L. X. Jin）和科尔塔奇（M. Cortazzi）通过他们在中国大陆和中国台湾的民族志研究，剖析了中国教师如何在课堂中将同伴与小组活动（pair and group work）作为一种促进全班对话的"脚手架"来使用。他们的研究指出，中国大班额教学之所以取得成功，部分原因在于强调将整个班级作为对象进行对话的课堂互动技巧，但更根本的原因是特别重视学习者个人在集体互动中积极地"听"以及维护集体凝聚力的学习文化。他们提醒人们在研究中国大班额教学的问题时要特别注意将集体主义和儒家价值观这些文化特征考虑在内。（Jin et al.，1998）

高尔顿（M. Galton）的文章作为整期专刊的收官之作，指出关于班额的研究不仅要考虑文化的差异，还需要关注教育实践形态的现实区别。过去的研究之所以未能证明减小班额改变了教学效果，一方面是因为缺少大范围的历时性研究，另一方面是因为相关研究缺少对专家教师在小班额情境下教学实践的案例研究，因此没有提炼、整理出与小班额情境相匹配的教学策略、教育信念等，也难以对参与小班额教学的教师进行必要的教学培训。高尔顿提出要针对小班额开发一套基于西方本土文化的有效的教育教学法。（Galton，1998）这一想法与布拉奇福德等人对班额与教学效果的非线性关系的认识以及哈格里夫斯（L. Hargreaves）等人对小班化项目提出的建议（Hargreaves et al.，1998）是一致的。

（三）中国香港小班化教学改革的启示

在中国内地中西部地区班额不断膨胀的同时，作为中西文化交融地的中国香港，已经开始围绕班额调整展开一场教学改革。从20世纪80年代开始，香港部分小学尝试"活动教学法"，使得班额下降至35人以下，进入20世纪90年代，随着人口出生率的下降，香港中小学的班额已经普遍减少至30人左右。2009年香港特别行政区政府通过一系列政策，计划在5年内完成全港小学小班化（25人以下）教学改革。（叶建源，2010）在这个背景下，香港掀起一股小班教学研究的热潮。

和很多西方研究者的结论类似，香港本土的研究也发现，小班化有助于学生情感状态的提升、物理空间的释放，这些积极的变化都为教师尝试多样化教学方法提供了空间。教师普遍对小班化改革持欢迎态度，也表示愿意在小班情境中尝试新的教学方法以满足学生的需求，但实际的课堂表现参差不齐。"以教师为中心"仍然是香港课堂教学过程的一个突出特征。（Lee et al.，2009）不过，哈菲特（G. J. Harfitt）通过比较教师在同时教授大班（40人左右）和小班（25人以下）过程中的教学行为发现，教师在两类班额情境中的教学行为存在细微的差别。比如，在较小的班级中，教师常常会在课堂上针对一位或几位学生的具体经验提问，师生间个体与个体的经验互动明显增加，而在大班额情况下，教师更经常采用与全班互动的教学策略，互动内容更为抽象。（Harfitt，2012）这类实证研究不仅有助于理解香港本土的教育文化和教学实践，也为探索小班化改革和与本土教育环境相适应的教学方法奠定了基础。

（四）小结：班额与教学之间的关系

目前国际上围绕班额大小展开的研究集中于班额与教学过程、教学效果之间的关系问题。已经形成的主流观点认为人数少于20人的小班额更有利于学生在认知和非认知领域的发展。但是班额与教学效果之间并不是简单的线性关系。很多研究发现，在大班额情况下，教师如果采取合适的教学方法，也能帮助学生取得很好的学业成就。相反，很多教师从大班额情境转到小班额情境，由于教学方法和经验的制约，不能充分开发和利用小班额情境中的学习机会。班额因素必须经由教学方法、策略、过程等中间变量的作用才能对学生的学习效果产生影响。因此，西欧、北美以及中国香港等积极推行小班化的地区都在探索适合小班额情境的教学理论和方法。

对于东亚大班额的教学策略和文化，欧美学者从文化比较的视角给出了很多富有启发性的解释。但是，这些解释及其背后的价值立场还需要结合实践经验进行再检验和再认识。而且，近20年中国社会和文化体系正在经历剧烈的变革，教育的结构、外部文化和政治环境、人们关于教育的一些深层信念都已经有不同程度的变化。在 21 世纪前 20 年中国语境中谈论大班额现象已经与 1998 年英国学者关注的东亚大班额（40 人左右）完全不同。它不仅规模更大（已达到原来班额的 2—3 倍），而且从现象形成到具体的教学过程都已经不能用单一的教育视角来解释。它与更复杂的社会结构和价值观念演变联系在一起。研究者需要在英美学者建立的"班额-教学过程-学习效果"的教育学框架上，将中国社会转型时期一些重要的社会、政治和文化因素整合进来。

二、大班额问题分析

为了解我国大班额现象的历史发展和问题现状，本研究以"大班额"为关键词检索了 2003—2012 年公开发布的新闻报道、学术论文和年鉴资料。我试图结合这十年间城乡社会的变迁、教育改革的背景来理解大班额现象的发生过程和问题本质，而不仅仅将其简化为发生在课堂内的一类教学问题。

（一）大班额对教育教学的冲击

早在 2003 年，《中国教育报》已有文章描述黑龙江省课改实验区的大班额现象，并将它视为新课程改革的难题之一（李建平，2003）。2004 年 3 月 18 日，《人民日报》刊载了一位一线教师的文章，题为"大班额，师生心中共同的痛"。作者在文中不仅表达了对学生在大班额环境中难以健康成长的担忧，对于自己作为教育工作者的生存状态也表露出深深的无奈。（汪强，2004）2011 年 8 月 5 日，《中国教育报》关于教育部召开大班额问题专题研讨会的报道显示：截至 2010 年，全国小学 56 人以上的大班额班级数占小学全部班级数的 20.03%，其中 66 人以上的超大班额班级数占 5.42%；全国初中 56 人以上的大班额班级数占初中全部班级数的 51.34%，其中 66 人以上的超大班额班级数占 14.76%。大班额问题已经成为影响义务教育均衡发展与质量提升的瓶颈问题。（刘华蓉，2011）与此同时，全国很多省份，特别是中西部省份不同程度地存在城区班额过大的现象。一些校长和管理者哀叹："这样的城区教育不累死也要被拖垮。"（王友文 等，2011）

当人们将关注的视线转入班级生活内部，尝试关注师生在大班额班级中的生存状态和心理感受时，其中浮现的教学问题、教育危机显得异常严峻。研究者的视角首先聚焦于大班额的安全隐患、教室物理空间的变化以及卫生隐患等问题（白秀岭 等，2002；裴闰儒，2001）。随后，很多研究开始向教学质量、教学过程以及教育公平方面聚焦。例如，学生的座位安排；大班额对学生的全面发展构成的挑战；教学过程中学习机会的分配，作业的布置与评改；教师的工作压力与职业挫折感；等等（冯丽雅，2004；潘颖 等，2006；潘洪建 等，2011；贺芬，2011）。这些研究认为，随着班级人数的增多，学生的差异凸显，学生认知水平、学习成绩甚至出现两极化分布的状态，教师已经很难按照习惯的教学方式开展教学；大班额极大地压缩了教室的物理空间，会明显限制师生之间、学生之间的交流和互动。另外，人数增多使得作业批改和学生个别化指导方面的工作量显著增加，这些加剧了教师的职业倦怠感和挫折感，进而影响其教学行为和情绪。

（二）大班额现象：城乡社会变革中的教育危机

相比而言，专门分析大班额形成过程和原因的研究数量不多。一部分研究会在描述大班额问题时对相关现象的产生过程和主要影响因素进行说明。这部分研究认为城区大班额现象形成的主要原因是城乡之间和城区内部优质教育资源配置不均衡，是由城市教育的发展程度跟不上城市人口增长速度导致的。这些研究发现，择校和城市移民潮带来的新增生源是导致班额攀升的主要原因（贺芬，2012；李凌，2009；潘洪建 等，2011）。这部分研究的视角集中在教育系统内部，特别关注城市教育资源的补充与配置。它们虽然看到了影响教育系统的人口和社会结构等因素，但缺乏对这些结构性力量深层机理及历史过程的了解，也没有看清这些结构性因素和教育系统之间是怎样相互渗透、相互作用的。对于大班额的形成过程和原因，这些研究缺乏从社会变革角度展开的系统分析。

一批关注农村社会变革的研究者把城区大班额现象放置在整个城乡社会二元结构变革的脉络之中，指出大班额与农村教育萎缩之间存在因果关系。其中，农村义务教育学校布局调整政策（也称"撤点并校"）的过度推行导致农村学校网点的过度减少被认为是催生集中办学学校大班额现象的主要原因（袁桂林 等，2012）。一些地方在发展主义理念的支配下，盲目追求教育的规模效益，采取了大规模撤并农村中小学，即"村不办小学、乡不办中学"的调整策略，忽视农村人口的实际需求。这种做法既影响了农村的发展，也滋生出"巨型学校大班额""农村儿童上学远"等新的教育不公平现象（范先佐，2006；万明刚 等，2009；饶静 等，2012）。

有研究者认为，农村义务教育学校布局调整是农村教育边缘化的体现。葛新斌提出农村教育在社会中处于双重边缘化的境地。一是教育被政治经济边缘化。二是从教育系统自身来看，农村教育也被城市教育严重地边缘化。城乡二元分割的结构在教育系统中直接体现为城乡公共教育资源分配上的明显区隔。（葛新斌，2003）

讨论农村义务教育学校布局调整的起因和动力机制，除了人口出生率下降、城乡人口流动模式的变化等因素之外，也需要考虑给城乡教育利益格局带来全局性影响的政治、经济因素，如1994年的分税制改革、21世纪初开始的农村税费改革以及"以县为主"义务教育管理制度的确立。在现行教育管理架构下，农村义务教育管理工作由县级政府承担，但很多县级政府既无意愿也难以承担数量庞大的农村中小学的投资和管理；加之教育系统内部以城市，特别是以城市重点学校为中心，追求规模办学、效益最大化的主导思想影响，城乡之间、地区之间、校际义务教育不均衡现象持续恶化（叶敬忠，2012）。最终形成"农民择校—农村教育资源空置—撤并农村中小学校—更多农民择校"的恶性循环，使得农村教育走向几近消亡的地步。

郭建如从国家与乡村社会的关系入手，指出中小学的空间布局是社会力量所形塑的，是一种社会结构的反映。中小学空间布局的调整在一定意义上是利益格局的调整。如果我国在普及和推行义务教育的过程中主要是依靠国家力量将现代教育组织置于富含传统的乡村社会中，那么，义务教育普及后全国较大范围内发生的中小学布局调整则是从空间上使学校从最基层的农村中摆脱出来，集中在乡镇和更大的区域中心的过程。（郭建如，2005）参考费孝通先生分析民国时期乡村教育运动时提出的"文字下乡"概念，熊春文以"文字上移"来指称这种以农村义务教育学校布局调整为表象的教育系统与乡村社会的决裂过程（熊春文，2009；熊春文，2012）。从另一个角度来看，学校从农村社会的公共空间中的退出或抽离，也是城乡二元结构下农村社会从文化到经济再到意识形态"虚空化"（严海蓉，2005）的一种体现。

以上研究提醒我们，大班额现象虽然主要存在于城镇一级学校系统，但我们不能以孤立的视角将其视为某一地区或某一级教育系统的内部问题。它嵌套在中国社会城乡二元结构大变革的洪流之中，是基础教育追求现代化进程中一分为二对待城市与乡村、现代与传统的阶段性产物。城镇学校的大班额困境与农村学校的大面积萎缩成为农村义务教育学校布局调整在教育实践中最突出的两个矛盾爆发点。它们表面上相互对立，实则互为因果、相互依存。不论是理解还是解决城镇学校大班额办学的危机，都必须从城乡教育资源的分布以及教育在整个社会中得到的支持和关注着眼。本质上，大班额问题是深刻的社会问题。

三、大班额问题的解决对策与探索

围绕大班额现象，不同的利益相关者从各自的视角提出很多缓解或解决问题的建议。本部分主要综述了地方政府、社会学研究者、课程专家以及教育实践者四类主体的对策建议和经验探索。在评述相关观点时，我力图结合社会文化变革的视角，突出相关建议的价值立场和理论基础，从而帮助思考这些建议与问题本质之间的关系。

（一）地方政府的"消肿"政策

面对学校大班额的难题，河南、辽宁、陕西、四川等省份地方政府及相关职能机构先后出台宏观政策来帮助大班额"消肿"。相关内容包括：增加学校规划用地、优化城区学校布局、严格控制择校、鼓励强弱学校联合办学等。① 这些政策通常是主管部门出于社会稳定等压力紧急推出的一种解决对策，它们是在短时间内出台的"头痛医头、脚痛医脚"式方案，很难从城乡教育格局及其矛盾出发，把握和应对城区大班额的问题，难免引发新的问题。

另外，从国家到地方的政策文件中，我们很难看到对班额，特别是学校办学规模上限人数的严格设定。即使在一些文件中出现相关信息，也缺乏与之配套的具有法律或行政约束力的制约条款。而实际上，在很多地区，有条件的城区学校都在尽可能地借助政府和市场力量走大规模办学的道路。办学规模越大意味着教学质量得到更多认可，相应地能够得到更多的政治和社会资源，这已经成为很多地区默认的规

---

① 这些调控政策在各地的政府年鉴资料、教育类报刊专题中多有体现。

律。在这样的背景下，教育政策的制定者和地方管理者如果不改变"规模办学，追求效益""教育产业化"的管理思路，不对"优质教育资源""办学质量"这些根本的教育价值观进行本质性反思，所谓"消肿"的政策不仅难以解决问题，反而会导致更多超级学校、大班额班级的出现。

（二）社会学研究者给城乡教育危机的建议

坚持在城乡教育格局和社会变迁的大背景中理解大班额问题的学者，从城乡教育关系这个矛盾根源出发，对解决与大班额相关的教育问题提出了一些建议。不过这些观点因研究者的价值取向不同存在争议。

1. 城市中心取向

持城市中心取向的一方认为，现代化和全球化是导致农村和农村教育整体边缘化的根本原因。如果我们承认现代化是不可逆转的时代趋势，城乡教育就要认清和接受"农村是现代化的'弃儿'的命运"，只有加快推进农村社会的现代化尤其农村人口的城市化才能最终解决相关的问题；农村学校应责无旁贷地担负起社会"上升阶梯"的职能；农村教师不应以教授"本土化知识"为职责，而应更多地传播全国性乃至全球化知识，以便帮助那些不能进入高等学府者将来更好地适应在城市打工的要求。（葛新斌，2003）邬志辉等人认为，消解农村教育"离农""悖农"困境的前提是进行城乡一体化建设和确立系统化思维方式。农村教育的价值选择应定位在为城乡共同发展服务上。（邬志辉 等，2008a）"农村教育是公益事业，其获利主体不只是农村，更是城市"，"有什么样的农村教育就会有什么样的城市，农村教育的水平在总体上决定着城市的文明化水平"。（邬志辉，2009）

这一类观点强调农村教育与城市发展乃至整个国家现代化、全球化发展的联系，在现实语境中更容易获得主流政策话语的认同。但是，这类观点由于过度认同现代性发展的价值观，容易陷入只见结果无视过程的误区。他们既看不清农村社会的现代性转型在整个社会发展特别是中国的现代化过程中无可替代的作用，也无视教育中人与社会发展的多样化需求，而且从根本上忽视了教育在城乡社会转型过程中发展相对滞后的现实，回避了广大农村和城市边缘地带每个个体及其家庭所遭遇的现实困难甚至是苦难。鼓吹城市中心的观点从逻辑上看似成立，但将它用于解决现实问题很难具有操作性和针对性；由于对根本的价值判断缺乏批判性，一些观点甚至可能助长地方发展主义的实践逻辑，制造出更复杂的社会问题。

2. 农村中心取向

看似与前面一方的观点相反，一些研究者提出农村教育应该以农为本。农村教育内容应该集中于农业生产技能、技术和经营等方面，最终实现人才流向的农村化、教育对象的农民化、教育内容的农村化。（邬志辉 等，2008b）农村教育要培养"现代农业"所需要的"新型农民"（黄白，2008）。这些以农村为中心的"倾农"思想也被质疑。他们试图将农村教育和城市教育割裂开来，将农村教育的视野放在农村经济或农村成员个人眼前利益上，极易造成农村教育和农村社会发展的封闭性，使得农村教育继续维持在低水平（刘娟 等，2012）。而且，从社会转型的大背景来看，这种封闭的"向农"教育已经失去其社会基础。这一类观点本质上和"城市中心取向"的观点一样，都是在维持城乡二元格局的前提下提出的理论方案，虽然强调的落脚点不同，但都看重教育培养劳动力的工具性价值，忽视人的主体性和多样性，没有正视广大农民对教育的现实需求，缺乏对现实环境和问题的审慎思考。

3. 反思发展主义视角

第三类观点将反思的焦点指向城乡社会变革当中的"发展主义"理念。发展主义是一种认为经济增长是社会进步先决条件的信念

（姚国宏，2003），是现代性话语和理念。在其支配下，发展的实现途径是工业化、城市化和现代化，发展的衡量指标是经济增长（叶敬忠，2012）。在反思发展主义的视角下，研究者不仅看到了城乡二元分离的格局对教育乃至整个社会变迁的影响，而且能够借助"现代性"这个理论视角思考我国城乡二元结构下农村问题的根源及未来可能性；在研究方法论上也更有可能引入文化人类学的概念和知识论系统，使"三农"问题的研究能够进入一种微观的视域，并由此真正进入农民的内在世界（姚国宏，2003）。

　　针对农村义务教育学校布局调整及学校班额过大的问题，基于反思发展主义视角的研究提出，要实事求是地回到农民对教育的现实需求上来，要加大对农村教育的投入，真正基于农民对教育的需求进行农村教育建设。在农村义务教育学校布局调整的过程中，要从上至下规范县级部门的行为，建立自下而上的中小学布局调整决策和监督机制，根据农村人口的实际需要对农村中小学进行布局（叶敬忠，2012）。在教育政策上要给予农村学校校长更多的办学自主权，给农村学校更多的资源，鼓励特色学校建设等（袁桂林，2010）。对于农村学校布局调整带给农村家庭的额外经济负担和偏远农村学生的就学不便，国家和地方政府需要进行补偿（周芬芬，2008）。除了重视农村基础教育硬件条件的改善之外，还要注意提高农村现有的师资水平，尽一切可能为农村孩子创造有利于他们在本地就读的教育环境，缩小城乡、地区学校之间软硬件的差距，建立农村中小学陪读减缓、减少的预防机制（王晓慧，2011）。只有当农村地区的学校教育能满足当地生源和家庭的需要，城乡教育真正实现均衡化时，向中心城区集中的择校潮流才会从根源上得到控制，城市教育才有可能争取到时间和主动权，并根据当地发展情况进行有效的调整和发展，也才能从根本上解决大班额问题。

　　在反思发展主义视角下，我们需要思考的是如何让教育（包括农村教育和城市教育）从发展主义和市场取向的钳制中一点点挣脱出来，如何将这种愈益偏离本质的教育逐渐拉回到"培养完整的人"的轨道（刘娟 等，2012）。这一类观点有助于我们超越城乡二元对立的观点，回到连接城镇和农村教育这对矛盾的根本主体——在城镇化运动中流动的农民和新兴市民身上，实事求是地调查、了解他们对教育的真实需求。但是，以反思发展主义视角研究城乡教育问题在教育研究领域仍然处于边缘，目前这类研究主要由关注农村社会变革的社会学研究者推动。基于他们的研究目的和问题意识，这些研究者更侧重于以农村地区为边界，将教育问题作为农村社会诸多矛盾中的一个对象进行探讨。他们虽然指出了城镇与农村社会在教育危机上的同源性，但很难跨界对城镇学校的具体问题和现象进行深入研究；其研究问题和内容有待进一步结合教育实践系统内部视角，推动对于教育实践的深入反思。

（三）课程专家的"处方"：教师为主体的新课程改革

大班额班级出现之后，矛盾最集中也最尖锐的领域当属课堂教学过程。而农村学校布局调整和大班额班级兴起的历史时期刚好与全国新课程改革推行的十年相重合。以课程专家为代表的教育研究者，在大班额教学和新课程改革之间表现出矛盾的态度。

一方面，一些研究者承认大班额的现实教学条件和新课程改革倡导的关注全体学生"三维"目标的全面发展有根本性矛盾。大班额在一些教师眼中成为阻碍新课程改革全面深入的客观因素。而新课程改革的施行可能加剧学生的两极分化（常瑞丰，2005：Ⅱ），使大班额教学问题变得更严重。另一方面，面对饱受诟病的大班额教学过程和学生学习效果，很多研究者和教师将问题解决的希望寄托于新课程改革。一些人认为新课程改革提倡的参与式小组合作学习、过程性评价等新方法和新理念有助于教师应对大班额教学中暴露的问题（徐银，2005；

任娟，2007；周振宇，2011；黄建明，2011）。有的研究者甚至明确指出大班额孕育着合作学习的潜能（潘洪建 等，2012），"学习共同体"是大班额有效教学的基本载体，是提高教学有效性的根本途径（屠锦红 等，2011）。

围绕大班额现象，各利益群体看待问题的角度、阐发的内容虽不尽相同，但几乎所有人都表达出改革的必要性和紧迫感。正如哈格里夫斯（A. Hargreaves）和雪莉（D. Shirley）在批判教育改革的著作中指出的："很多时候，人们提出改革的要求只不过是出于希望事情得到改变这个想法，而不是因为改革可能带来的结果。"（Hargreaves et al.，2009：43）当我们聚焦复杂的大班额教学困境时，新课程改革在教育研究者和一线教师群体中建构起来的专业话语很自然地成为专业工作者聚焦大班额教学问题的一类"视框"，甚至具有优先合法性，成为"解决"问题的一剂"处方"。尤其是新课程改革矛头所指的问题和矛盾在大班额教学危机中体现得尤为尖锐。

不过，新课程改革作为一个宏大的社会事件，其推行期间始终伴随着激烈的争论和批判。"穿新鞋走老路"（郭华，2010；陈尚达，2010；纪德奎，2011；王策三，2010；王策三，2012）、"水土不服"、"教学目标和内容虚化"（余文森，2005）等尖锐的批评声音始终伴随着新课程改革的推进。在世纪交替之时启动的新课程改革，如同所有借助行政力量从上至下推行的改革一样，无法避开抽象化改革话语与具体教育情境以及缓慢演进的本土文化实践之间的根本矛盾。

在大班额教学情境下，理念与现实之间的反差至少与改变现实困境的需求一样突出。当班级人数突破一定极限，教师发出"教学失效了"的呼声时，变革的必然性已毋庸置疑。但是，少有人将这些"失范的"教学问题情境作为研究的起点和实证基础。很多研究是在变革对象和行动目标尚不清晰的情况下，将改变的媒介、方法、手段作为行动的优先原则或目标。这样一种面对问题的思路，实际上是对原有行动的目标和价值的默许。它回避了对问题情境中既有行动价值方向、实践原则的有效追问，寄希望于学习新方法、新技术来压制冲突，而非关注冲突本身并回应真实的问题。这样的思维和行动方式在新课程改革中最终体现为教育系统由上至下都将校内课堂教学视为改革的主阵地，有时甚至将之简化为新课程改革的唯一空间，广大一线教师责无旁贷地成为承担新课程改革重任的行动主体和责任主体。这一点从新课程改革启动至今从未中断、愈来愈受重视的各级各类教师培训项目中可以窥见。

然而，当教师被放置在变革蓝图的权力底层，仅被视为课堂变革的执行者而非问题讨论者、特定教学技术的模仿者而非教育实践的批判者、创造者时，教师很容易压制甚至失去自己在教学现场形成的对真实问题的深入感知和专业判断，在面对课程改革的复杂问题时更容易对自己的工作产生无力感，对变革失去信心。不论是倡导小组合作学习还是学习共同体，都可能会和原有的专业行动发生冲突，甚至会变成新的问题情境中需要面对和解决的一部分[1]。从西方理论世界舶来的新方法可能在大班额教学条件下经过"去情境化"（de-contextualization）和"再情境化"（re-contextualization）过程（杨帆 等，2013），与教师习惯的教学方法和信念嫁接起来。而在研究者眼中，这些"再情境化"的新组合很有可能存在认识论、方法论上的根本矛盾。

在极端的班额情境中，教师的教学行动是怎样被困住的？新课程改革的理念、口号以及具体运作在其中发挥着什么作用，怎样参与和推动着教师作为行动者建构对大班额教学问题的理解？对这些问题进行探讨恐怕要比提出具体或抽象的教学改革操作建议具有更高的优先性和重要性。

---

[1]　对于这类改革"怪象"，佩恩（C. M. Payne）在他的著作《变革之多，变化之少：城市学校的持续失败》（*So Much Reform, So Little Change: The Persistence of Failure in Urban Schools*）中有精彩的描述和分析。

（四）教育实践者的探索："中国化"合作学习

尽管本研究认为对问题情境及其特性的探索应该优于对变革方式或技术手段的讨论，但在新课程改革的推动下，以小组合作学习为主要表现形式的教学思想和学习方式改革已经广为我国中小学教师熟知，并悄然发展成为新课程改革中具有本土特性的一股新潮流。

1. 合作学习的理论引介

早在新课程改革启动之前，中国教育界已经在与国际同行交流、合作的过程中，以译著、工作坊等多种形式，将合作学习（cooperative learning）、参与式培训（participatory training）等强调学习者自主性、同伴资源在学习中重要性的教学方法及理念引入本土（马兰，2005：4-5；陈向明，2003a）。在 2001 年启动的新课程改革中，合作学习被视为体现以学生为中心等现代学习理论的一种教学和资源共享的方式、一种学习方法，甚至成为教师和学生在课程实践中的学习内容和希望被他们内化的生活态度。

伴随着新课程改革的推进，教育研究者引介了一批关于合作学习的经典著作，对合作学习的基本原则、历史发展也通过专题文章进行介绍。

合作学习是作为班级教学的一种补充和改进形式被引入新课程改革当中的。它主要针对传统班级教学中学生与学生之间缺乏实质性联系，学生作为学习者主体性较弱以及教学活动过于偏重认知维度、缺乏社会性互动等问题（郭华，1998）。作为一种教育理念、一套教学方法，合作学习是 19 世纪以来美国社会追求民主化的产物。早在 19 世纪后 30 年代，帕克（F. W. Parker）就成功地将合作学习的理想和公立学校对自由、民主和个性化的追求结合到了一起，为美国社会树立了典型而有活力的学校形象。帕克之后，杜威（J. Dewey）也把合作学习作为自己教学方法的一部分，通过其哲学思想的传播和教育改革行动的影响，合作学习的思想及组织方式在世界很多地方的教育发展中留下了印迹（大卫·W. 约翰逊 等，2004：18-19）。

不过，合作学习作为系统的教学方法得到广泛的认同和试验是 20 世纪 70 年代以后的事。其中，约翰逊兄弟针对合作学习进行的理论整理和实践改革起到了非常重要的作用。在导师多伊奇（M. Deutsch）的思想的基础上，约翰逊兄弟形成了有关合作的本质及其基本组成要素的理论模型，完成了由理论到教学策略、操作步骤的转化，并通过在明尼苏达大学建立合作学习中心，成功地把这些策略运用到课堂教学和学校团队建设当中（雅各布斯 等，1998：1-2）。

约翰逊兄弟之后，其他研究者基于不同的理论视角对合作学习提出诸多定义和理论模型。在北美的教育实践中，合作学习已经演变为一个基于实践需要产生的、包容性极强的概念。面对同一个问题情境，即使两个教师都宣称使用合作学习来开展教学，他们秉持的认识论立场及教学表现方式也很可能差异巨大。

面对多样化的合作学习实践模式，寻找合作学习的本质基础，对它进行清晰的理论界定变得尤为重要。斯莱文（R. Slavin）指出：合作学习首先包含了共同学习的想法，即学生在一起学习，共同对自己和组内其他成员的学习负责；除此之外，合作学习还必须包括小组学习的方法，即强调使用全组目标和全组成功的方法，只有全组成员都达到了教学要求才算达到目标。在这个定义中，合作学习包含三个核心概念：集体受奖、个人责任感和成功机会均等。与斯莱文相对，约翰逊兄弟和戴维森（N. Davidson）分别提出了合作学习的五要素和七要素模型（雅各布斯 等，1998：40-56）。

表 2-1 汇总了三类观点。

表 2-1　合作学习的必备要素（三类观点比较）[①]

斯莱文	约翰逊兄弟	戴维森
1. 集体受奖 2. 个人责任感 3. 成功机会均等	1. 积极的相互依靠关系 2. 学生面对面的相互促进作用 3. 个人责任 4. 社会技能 5. 教师确实了解小组达成目标的途径和小组保持成员间有效的工作关系的状况	1. 小组共同讨论解决难题 2. 小组成员面对面交流 3. 在每组中合作、互助的气氛 4. 个人责任感 5. 混合编组 6. 直接教授合作技巧 7. 有组织的相互依赖

从本质定义来看，合作学习是这样一套系统的教学方法：它特别强调通过小组成员之间的"相倚""互助""依靠""合作"来促进每一个小组成员的主动探究和学习过程。这套理论是合作探究思想在课堂教学实践中的具体体现，其核心精神包括师生之间共享的课堂权力、相互的学习承诺、彼此信任的人际关系以及指向真理的探究过程。

2. 小组合作学习的本土化实践

与理论介绍相比，我国教育界对小组合作学习的实践探索表现出更高的热情。不仅大中小学各学科教师参与到小组合作学习的课堂探索当中，很多学校和地区教育管理部门通过课题立项甚至以行政力量推动小组合作学习的本土化实验。在这个过程中，全国出现了一批关于小组合作学习和高效课堂的典型教学模式和明星学校。其中，最著名的有杜郎口中学"三三六"自主学习模式、洋思中学"先学后教，当堂训练"模式以及东庐中学基于"讲学稿"的教学模式等。

① 表 2-1 根据雅各布斯（G. M. Jacobs）等所著《共同学习的原理与技巧：通过共同学习学会共同学习》中的内容整理而成。

这几所处于全国教学改革潮头的典型学校，在改革之前都面临相近的问题处境，也经历了相似的变革路径。改革之初，它们都被视为绝对意义上的薄弱学校，存在不同程度的办学危机。之后，在以校长为领导核心的教学改革中，学校结合新的教学理念和自身条件，提出一套对教学组织的时间和空间形式、教学程序以及师生教学互动关系等方面做出详细规定的教学模式；借助行政和教研力量，督促教师形成相应的教学行为，强制教师将课堂主控权让渡给学生，激发学生的学习自主性（高维，2011）。为了实现"把课堂还给学生"的目标，山东杜郎口中学提出"10+35"的课堂时间分配模式（即一节课教师讲解不超过 10 分钟，学生活动时间大于 35 分钟）。同时，为了保证该模式的实施，学校甚至对教师提出"一谈二警三停"[①]的严厉措施（李卯 等，2009）。

这些以小组合作为特征的教学模式在新课程改革中引发巨大反响。全国各地的学校和教育管理部门竞相掀起学习、效仿这些模式的热潮，教育研究界也不乏对其进行理论探讨的声音。一些研究者认为"杜郎口模式"等打破了原有教学模式的束缚，能够充分发挥学生的自主性，很好地体现了合作学习模式的优点，实现了学生学习方式的转变，最终提高了课堂教学的有效性（杨秀梅，2010；赵明晖 等，2009；李运奎，2009）。有人认为，"杜郎口中学教学改革触及了当前我国教育改革的若干深层次问题，……是原生性、开创性，扎根本土的农村教育改革的先进典型"（茅卫东 等，2006）。对处于迷惘之中的农村地区教学改革来说，杜郎口中学的教学改革是一种重要启示（许爱红 等，2005）。还有研究者从教育本质入手，梳理相关教学模式在理论层面带来的转向。刘次林指出，洋思中学的"先学后教"模式体现了"以学

---

① "一谈"指第一次教师讲授时间超过 10 分钟者，学校会与其谈话，谈话内容涉及课程要求、教师角色、学生表现、课堂意图、教改意图等；"二警"是指第二次教师讲授时间超过 10 分钟者，学校会在学科组会上给予其警告；"三停"是指第三次教师讲授时间超过 10 分钟者，停课一周，通过听课学习教改理论、接受业务主任的专题辅导等提高课堂技能。

定教"这种日渐被认可的教育理念，是对传统教育观中"以教定学"的革命（刘次林，2011）。

　　与赞誉和经验推广之声相对，反思甚至批判的声音也不容回避。李卯和李林针对杜郎口中学"10+35"课堂时间分配模式，就在高强度学生自学压力下，教学目标的可持续性，学习过程中学生思维训练的全面性和深入程度，以及教学主体性过分向学生倾斜，评价体系与教学方式是否匹配等方面提出疑问。针对全国出现的"杜郎口"热潮，李卯和李林提醒教育界要更理性地对待这些改革模式，警惕"拿来主义"甚至教学改革"大跃进"式的态度（李卯 等，2009）。张婷的研究指出，"杜郎口模式"等教学模式映射出教师在教学中主体性减弱、教学观念无所适从以及专业发展不充分等困境。她提醒，典型教学模式的过热过快推广会造成教师创造力被扼杀，使教育停留在技术理性和工具化层面，最终导致课程改革的一元化和教育的衰落。不论教师、学校还是地区，在探索教学变革时都应立足本土，寻找内生的教育发展生命力。（张婷，2010）陈云奔的研究则从反思课程改革的整体状态入手，指出基础教育改革存在四种教学异化：教学观念化、教学权威化、教学复杂化和教学幼稚化。这四种异化使教师被外在观念困扰，实际教学能力下降，导致教学形式越来越复杂而教学要求越来越低，最终直接危害我国的基础教育发展。（陈云奔，2009）

　　以上讨论主要集中于班级教学的组织模式及其外围管理、制度层面。具体到小组合作学习的过程、效果和规律，现有的实证研究还非常缺乏。在有限的关于本土小组合作学习过程的讨论中，我们能看到如下一些判断。教学观念不清晰、学习功能定位不明确、课堂问题质量低、学生小组规模大、合作不真诚是制约小组合作学习质量的几大典型因素（张素兰 等，2009）。流于形式的"伪合作"现象比较普遍，这一点特别值得人们警惕和反思（郑英，2009）。另外，教师在组织和管理小组时也出现一些颇具本土化特点的做法。例如，学生的学科成绩是教师优先考虑的甚至是唯一的分组原则，很多教师通常指定成绩好、组织能力强的学生担任各个小组的组长，通过这些"小助手""小老师"来减轻教师教学管理的压力（池春姬 等，2003）。在一些课堂上，即使座位格局突破秧田式的限制，师生的互动模式仍以"教师问—学生答—教师评价"为主，而且在小组活动的设计和实施中，组间和组内的竞争是激励学生参与活动的最主要方式（周振宇，2011）。

以小组合作学习为表象的中小学教学实验展现出中国基础教育实践经历的一场由"传输型教学"向"学习型教学"转变（Barr et al.，1995）的范式变革。这个转变不仅涉及具体教学法，更是认识论的巨大转向，关涉教学的根本目的、性质，教师在教学中的角色、意义，以及教育在社会活动系统中的价值定位和功能。若不将这一转变过程及其细节放置在本土文化实践的情境脉络之中，辨识变革行动与系统之间的关系，就无法认清真正困扰变革者的关键症结，改革就可能陷入价值模糊地带，最终难以避开"穿新鞋走老路"的循环。

（五）对各方对策的再评价

通过上述分析，我们看到与大班额现象相关的利益主体不同程度地做出了反应。地方政府具有从制度环境和物质条件上调控大班额现象的可能性，但从出台的政策来看，地方政府及各级教育管理部门缺乏对自身"发展主义""城市中心"理念的反思，没有将城乡社会的整体发展和教育自身规律纳入决策过程中。相关社会学者虽然看到大班额现象背后深刻的社会危机与复杂的影响因素，但他们的研究对象集中于范围更广的城乡社会矛盾和典型的社会现象。对于教育场域的大班额现象，社会学者较难有机会和精力进行有针对性的深入讨论。另外，在社会变革和课程改革双重进程的影响下，教育研究者和实践者处在空前复杂的话语空间和实践范式变革之中。改革，尤其是以北美教育经验为摹本的课程改革成为解决本土教育问题的"万能钥匙"。

一方面，这导致我们看不清本土教育问题的本质，找不准解决问题的切入口；另一方面，在学习西方优秀经验的过程中，本土实践"嫁接"出一批奇特的"中间态""混合物"，例如各种模式化的教学过程。这些产物可能既体现本土教育传统和改革话语之间的矛盾与融合，映射出教育场域内深刻的社会矛盾，同时，也可能与地方发展主义的"改革"话语及力量进一步结合，阻碍人们与现实问题情境的对话，压抑本土实践者的创造力和主体性，并最终损害基础教育的质量。此外，直接受大班额影响的学生和家长群体缺乏发声的机会和途径，这是非常值得关注和反思的现象。

大班额情境是多重矛盾的极端交汇点，对大班额情境下的教学过程进行研究极有意义。这类研究不是为了解决甚至消除大班额教学的种种困境——这显然超出了教学研究的能力范围，而是要将教师在大班额情境中开展教学行动的探索过程作为一个"棱镜"，折射出相关的社会矛盾、教育改革中各方的斗争与妥协以及教师在相应文化情境下的行动策略。这样一个"光谱"不仅是教师在行动中开展反思的对象，还为我们觉察、反思本土基础教育教学改革的可能路径提供线索。

四、教师知识研究的范式变革与本土探索

纵观世界各国教育改革的历史，教师都被寄予厚望。尤其是第二次世界大战（以下简称"二战"）以后，专业化一度被视为推动社会进步的重要力量；教师专业知识及能力的优化也被视为推动课程改革，从根本上提升教育质量的最主要途径。近几十年在国际、国内受到高度关注的教师知识研究正是在这样的背景下不断发展，并对一些假设、观点提出挑战、进行革新的。本部分以实践者的缄默知识研究为主线，综述了有关教师作为专业实践者，其使用理论及实践性知识的相关研究现状。这也是本研究的重要基础之一。

（一）知识研究的范式转向：个人知识与缄默知识

20 世纪下半叶以来，关于知识的讨论不仅成为西方哲学界和知识界的热点，也在各个行业内逐渐升温。在经济全球化和信息技术变革大浪潮的推动下，虽然不同地区和文化背景中的人们对知识的看法仍有差异，但人们开始越来越频繁地面对相似的知识现象。一些哲学家开始放弃从信念及逻辑证真的角度界定知识，转而从信息的意义的角度来定义，认为知识就是正确的信息（胡军，2006：11）。关于知识的研究已经不仅仅是西方社会特别关注的哲学问题。全球范围内越来越多以知识为纽带组成的共同体都开始以具体的知识现象为对象，研究知识的本质、特性、功能、产生和创造过程（竹内弘高 等，2006：178-180），以及知识与权力的关系等。

与此同时，关于知识本质和性质的讨论也开始迎来深刻的范式变革。越来越多的研究者开始超越主客分离的知识观，试图恢复知识中热情的、个人的、人性的成分。波兰尼（M. Polanyi）指出"知识是一种求知寄托"，因而所有的科学知识都必然包含着个人系数（波兰尼，2000：中译者序5）；人的知识分为明示知识（explicit knowledge）和缄默知识（tacit knowledge）两类（博兰尼，1985：5-6）。缄默知识是一种存在于人的实践-认识活动中，无法用言语表达，但却起着决定性作用的、某种主体的功能性隐性意识系统（波兰尼，2004：207）。波兰尼深入阐释"个人知识"和"缄默知识"等概念之后，20 世纪 60 年代，其理论被引入英美教育理论研究中。其中，"缄默知识"的概念几乎影响了所有的教育学家。缄默知识及其价值为越来越多的研究人员和实际工作者所理解和重视（石中英，2001）。

同时，在专业实践及其知识特点的研究领域，应对实践中某些主要现象的艺术性方法，却又不符合专业知识的严谨性，即被实证主义认识论所约束的实践者面临的"严谨或适切"的两难问题（舍恩，

2007：35)，愈发成为一个尖锐且重要的问题。舍恩（D. A. Schön）对科技理性支配下的专业知识模式提出了批评，认为这些专业知识已经遭遇合法性危机，无法帮助社会实现目标和解决问题。他倾注数十年心血研究各行业优秀实践者的专业识知（professional knowing），提出有能力的实践工作者所知道的常多于他们所能说的；专业实践并不是如科技理性观点所认为的那样，只是将严谨的专业理论应用到具体情境之中从而解决问题的过程，在复杂的问题情境中设定问题并找到适切的解决办法才是专业实践的核心。这个过程本身具有高度的复杂性和艺术性。在实践者开展专业行动时，他展示了一种难以言说甚至不易被自我察觉的"实践中识知"（knowing-in-practice）。这种与实践情境高度相关的缄默知识，要么因为日用而不知，要么由于内嵌于行动当中难以呈现，在以往关于专业知识的研究中几乎都被有选择地忽略掉了。（舍恩，2007：40-48)

舍恩的研究将波兰尼缄默知识的视角具体而深入地延展至专业实践领域当中。他提出的实践认识论，特别是"行动中识知"（knowing-in-action）与"行动中反映"（reflection-in-action）的概念为后续研究者理解和分析实践工作者的缄默知识提供了一套可行的概念框架和方法论视角。

（二）教师知识研究的范式转向及本土研究

舍恩的实践认识论以及阿吉里斯团队的行动科学对北美教师知识和教学过程的研究产生了深远影响。从20世纪80年代开始，北美、西欧逐渐出现教师专业知识研究范式的转变。教师的专业知识研究转向对实践感、情境性、缄默性、身体化、反思性等特性的强调。

1983年，艾尔巴茨（F. Elbaz）出版《教师之思：实践性知识研究》一书。她首次对教师实践性知识做出定义：教师以独特的方式拥有的一种特殊的知识；这种知识突出了教师在情境中行动和做出决策的属性；它以特定的实践环境和社会环境为特征，是高度经验化和个人化的。1986 年，舒尔曼（L. S. Schulman）撰文批评以往与教学有关的政策和研究都忽视了教学当中的理解（comprehension）和推理（reasoning）、转化（transformation）和反映（reflection）过程。为了突出教学的情境性和个性化等特点，舒尔曼提出在日后引起广泛关注和讨论的新概念——教师的学科教学知识（pedagogical content knowledge, PCK）。PCK 被舒尔曼认为是最具有典型性的一类教师专业知识。它是教师在面对学习者时，能够根据学习者的需求和学习特点将准备学习的内容做恰当处理并通过教学形式有效呈现出来的知识。（Schulman, 1987）虽然 PCK 的概念界定至今在国际教育学界仍充满争议，舒尔曼本人也曾公开表示这是一个"有缺陷的概念"，但 PCK 的研究与实践性知识一样，都试图强调教师在教育情境中的独特探究过程，都希望将对教师专业知识的表达从分离、固化的命题式陈述转向一种与实践情境和行动者的决策过程紧密相关的过程性描述。

从 20 世纪 80 年代至今，教师的实践性知识作为教师研究的一个分支延续下来，甚至有成为教师知识研究主旋律的趋势。从研究内容上来讲，教师实践性知识研究重点关注实践性知识的本质、构成、状态、特点和影响因素等。在研究方法上，这类研究特别重视能够深入教育情境和教师个人经验之中的方法，从早期的课堂观察、开放式访谈等常见的质性研究方法（Elbaz, 1981），到后来的教育叙事（Connelly et al., 1990）、现象学（Van Manen, 1995），甚至混合研究方法（Verloop et al., 2001）。从研究对象来讲，实践性知识的研究也从早期关注教师专业知识的各个组成部分到后来整体性关注教师的生活体验和身份建构，同时也更注意追踪教师的生命史以及个人与社会文化情境的交互作用。

中国关于教师实践性知识的研究兴起于 2000 年之后。早期研究主要集中于概念介绍和理论探讨。鲍嵘（2002）、陈向明（2003b）、钟启泉（2004，2005）都试图结合我国教师发展的基本特点来介绍和界定实践性知识概念。其中，陈向明对实践性知识的界定影响最广。她认为实践性知识是教师真正信奉的，并在其教育教学实践中实际使用和（或）表现出来的对教育教学的认识。除了缄默性之外，实践性知识还具有反思性、实践感和行动性等特点。钟启泉则指出教师成为反思性教学专家的核心是对自身实践性知识的认识及推动自身实践性知识的成长。这个观点确立了本土实践性知识研究的基本价值。

在介绍理论的同时，国内也有一批学者和研究团队扎根于本土教学情境，开展教师实践性知识的田野研究。鞠玉翠（2003）采用叙事探究方法对教师实践理论展开探索，姜美玲（2006）利用叙事探究和行动研究相结合的方法对教师实践性知识的内容、表征方式和发展途径进行探索。这两项研究既扩展了教师实践性知识的文化外延，也丰富了本土教师专业知识的内涵。但是由于主要依靠教师的叙事作为分析材料，这两项研究未能深入教师在具体情境中的行动层面，难以揭示和理解本土教师信奉理论和使用理论的矛盾。

北京大学陈向明教授带领的研究团队多年来一直坚持与中小学教师合作，通过现场观察、访谈、参与式讨论等质性研究方法研究教师实践性知识。他（她）们的研究成果涉及教师实践性知识的定义、内容、表征形式、生成机制、生成媒介，以及中国文化背景下教师实践性知识的特征等（陈向明 等，2011）。从研究对象来看，团队成员根据自己的研究兴趣和可用资源，有的关注新手教师在师徒制互动当中的知识互动与生成（王红艳，2010），有的研究教师在办公室交往中实践性知识的变化（杨帆 等，2011）。其中，李莉春对实践性知识本质的探索在该团队中具有承前启后的作用，她的博士论文综合呈现了五位中学英语和语文教师的教学实践过程，以此为基础对教师的实践性知识进行了再定义。她认为，教师实践性知识是教师在实现个人教育意象的热情驱动下身心合一的知与行，其本质是一种行动中识知与行动中反思的动态机制（李莉春，2012：148）。

李莉春的研究为教师实践性知识研究提供了一个更具系统性的分析框架。她提出的定义特别强调对教师作为独特个体，其身心合一知与行的观照，因此她的研究对几位教师的"实践中识知"做出了生动且有说服力的分析。但是，李莉春的研究对教师的"行动中反映"过程只做了理论层面上的分解。对五位教师在具体情境中展开"行动中反映"的探究过程，她的论文并没有充分展开。这一点可能是导致其研究结论中对"实践中识知"分析层次展开不足的根本原因。另外，李莉春的研究偏重对教师个人直觉、情感体验和内在理性的分析，对外部文化情境与教师的相互影响关注较少，这也导致她的分析停留于个案的描述和比较，缺乏结合行动者的社会经历和文化处境给出的"他何以如此"的解释性甚至批判性分析。

整体来看，强调情境性、缄默性和反思性的实践性知识正在成为国内教师知识研究的一个流派。这个理论视角虽然从西方语境中移植而来，但从研究兴起之时，研究者就特别重视扎根于本土教育实践场域，理解教师个人及其团体在复杂问题情境中的探究历程和行动理论。经过十年的探索，教师实践性知识研究已经从理论探讨转向基于实践和推动实践的研究立场，发展出一套与本土教学实践相匹配的研究方法和术语。

但是，教师实践性知识研究的本土化努力才刚刚开始。以往的研究多以教师个体作为研究对象和研究单元，虽然一直重视在课堂、办公室等专业场所中观察和理解教师的专业生活和专业行动，但是研究问题往往是由研究者从外部带入，带有很强的理论先行的特点。研究者常常难以捕捉或者有意回避教师真正关心、感到困惑的教育问题。在研究资源和时间有限的条件下，很多研究不可能对教师在问题情境下持续的行动中反映予以追踪甚至提供必要的支持。本土的教师实践性知识研究已经将教师知识的缄默性、情境性、反思性推到了研究的前沿，但对于影响教师专业生活的重要社会问题及其与教师个人行动之间的辩证关系还缺乏深入洞见和有力的回应。这些都是我们后续研究特别需要突破的地方。

（三）组织学习中缄默知识的研究：使用理论

舍恩对实践者专业知识的分析通常以一段典型的专业互动场景来展开。这其中，专家型实践者与其学生围绕一个典型的专业任务展开师徒互动的过程是常见的分析对象。通过对专家型实践者的"行动中识知"和"行动中反映"的分析，舍恩发现，行动者与情境进行"反映性对话"的能力直接受到其行动理论影响。（舍恩，2007：190）行动理论恰恰是联结个人的行动、所处环境以及行动对应的意义和目的的控制理论。在舍恩与阿吉里斯的合作研究中，两人区分了行动理论中的信奉理论（espoused theory）和使用理论（theory-in-use）。其中使用理论更接近于波兰尼提出的缄默知识，同时又特别突出行动者所遵循的具有公共性、情境性的规则。他们指出，在统一文化内部，有相同教育经历的人具有模式大致相同的使用理论。（阿吉里斯 等，2008：10）

通过对不同组织系统的研究，阿吉里斯团队总结出第一型、第二型两个使用理论模型。其中，第一型使用理论描述了抑制行为系统学习的一些特点和支配因素，它导致人们在互动过程中不断重复错误、学习能力低下；第二型使用理论则致力于帮助行动者对自己所创造的世界进行反映，并学习去改变这个世界。很多时候，第二型使用理论更像是理想化的信奉理论，不容易在实际行动中看到。不过行动科学者（介入者）恰恰要以此为指导，协助当事人进行反映和学习。（阿吉里斯 等，2012：59-72）由于阿吉里斯团队提出的行动科学和使用理论的体系是本研究的重要基础，本书将在第三章对相关理论进行更详细的介绍，在此不赘述。

在使用理论研究视角的启发下，出现了一批富有启发意义的研究。它们的问题视角涉及教育、城市规划、政策分析、组织管理、心理咨询、文化分析等多重实践领域。其中，舍恩主编的《反映回观：教育与咨询实践的案例研究》一书，集中体现了使用理论等实践认识论理论视角对实践工作的深刻解释力，同时也借不同案例阐明和发展着反映性思考、叙事和行动科学的细部操作。在这本书中，埃里克森（G. L. Erickson）和麦金农（A. M. Mackinnon）两位科学教师合写的案例，聚焦了柯林老师在一堂课上指导三名学生学习与串联-并联电路实验有关的知识。两位作者称柯林的教学法为柯林式"反映性教学"。不过他们对柯林反映性教学的分析是通过柯林与他指导的实习生罗茜一起观看并讨论两人各自的课堂录像引出的。在师徒二人的对话中，柯林试图帮助罗茜看到他们各自教学方法上的差异，同时对这些差异以及自己的教学行动理论进行反映。（舍恩，2010：15-24）

班伯格（J. Bamberger）的研究采用介入程度更深的研究立场。她和两所小学的科学教师共同建立一个"制物实验室"，在这个实验环境中，学生在教师指导下不断往返于实物（齿轮、建筑材料等）和计算机语言（LOGO 语言编写的程序）之间，建构出"能够运作的意义性架构"。这项研究关注的是一组教师的对话，它们发生在教师进行实验和对这个实验加以反映的时候。研究重点分析学生或教师如何真正捕捉到重要的问题并且阐述问题，以及教师如何协助学生对他们不断演进的实质性知识进行反映。在研究者和教师的共同工作中，"镜室"（hall of mirrors）的概念被开发出来。在镜室中，教师对自己的学习进行反映，研究者则从旁协助，推动这样的反映。而这个反映性学习的过程也成为他们在制物实验室中与学生开展共同探究的雏形。（舍恩，2010：25-49）

巴昂（D. Bar-On）则对生命实践的意义进行了深入探索。他研究的主题是"二战"之后纳粹施暴者子女的家庭回忆。作为"二战"中受到迫害的犹太人后裔，巴昂在这项研究中由一个疏离的社会研究者角色逐渐走向一个介于临床心理治疗师和投入的同理者之间的位置。他发现，不论施暴者还是受害者的子女，很多人在他们恐惧经验的外围筑起了一道墙，而已存在的家庭建构准备吞没大屠杀的经验。在和访谈对象互动的过程中，巴昂发现，"在特定的情况下，我们大部分人都可能成为（大屠杀中）这样的凶手"；无论对施暴者子女还是受害者子女而言，"走出"是一种认识、了解和感觉这些冲突矛盾感受的缓慢过程，也是承认真实发生的事件、创造以往所没有之希望的机会。（舍恩，2010：353）

使用理论的研究视角为个人、组织以至更广泛的文化搭起灵活往返的桥梁，将人们对知识、专业实践及学习的探索从封闭状态进一步引向与情境、人际和历史文化即时互动创生的立体格局。在研究与组织学习配套的行动者使用理论和行动中反映的过程时，为了使研究产生实效，研究者的自我认同、研究目的以及研究关系都有可能相应发生变化。有一部分研究者开始将研究视为一项实践而非纯粹的智性工作。研究者在其中不再只是冷静的旁观者和解释者，而且要成为与情境对话的人和教育者：要能在探究过程中进行反映，对探究本身进行反映，并且运用这些反映为他人设计教育性过程。这也就是阿吉里斯和舍恩等人在组织学习中发展行动研究的必然之路。

五、本章小结

大班额是中国社会在转型时期的一个特殊社会现象。围绕这一现象展开的讨论，数量庞杂且涉及不同的学科领域。本章以班额问题为出发点，整理和评述了如下几类与班额问题相关的文献资料：欧美等国对班额与教学的关系的研究、社会学者对我国大班额现象与城乡社会改革的讨论、教育学界针对大班额现象的研究以及教育界展开的与大班额相关的实践探索。在此基础上，结合研究者本人的问题意识和理论视角，本章得到如下几点基本结论。

（1）西欧和北美国家对班额与教学过程的研究为我们聚焦教学情境、理解和反思我们的教学文化和行动模式提供了积极的参考，但本土大班额现象在本质上不同于欧美研究者早期关心的"大班额"概念。我们必须将这一现象与中国城乡教育布局调整、城乡二元结构及城镇化这些重要的外部力量整合起来进行观察和再定义。

（2）城镇学校的大班额办学危机本质上是复杂的社会问题，它与整个社会结构化转型联系在一起。相关的社会学研究为我们从社会结构转型角度理解大班额问题奠定了基础。但目前针对城乡异型（过大或过小）班级的研究很难有机会深入学校现场揭示教育场域中发生的深层危机和复杂机制，对教师这个专业群体在极端问题情境下的职业危机和应对过程也缺乏深入的描绘、分析和干预。这些都是本研究试图有所推进的方向。

（3）针对大班额现象的对策和建议很多，但各方行动主体——地方政府、社会学者、课程专家和教育实践者，都以孤立的问题视角看待大班额现象，在行动目标和方式上缺乏对话，缺少以问题情境为核心的综合性分析。

（4）在新课程改革和城乡社会变迁的双重作用下，小组合作学习在中国本土教育实践中"嫁接"出一批具有独特"风貌"的本土教学模式。这些教学模式有的已经渗透到中国很多农村地区的中小学教师专业生活中，成为一种权力话语。对这些本土教学模式以及合作学习本土化过程在城乡教师的专业生活中起到怎样的作用，与它们相匹配的文化、制度环境具有什么样的特点，这是教学研究中非常值得深入研究的问题。

（5）教师是专业实践者，其使用理论研究是理解教师专业知识、推动专业变革的重要研究方向。但在国内教师研究领域，相关理论视角还不为大家熟悉，与本土问题情境相结合的研究也极度缺乏。针对大班额问题情境展开的研究有必要引入行动者使用理论的研究视角，纳入教师、学生等直接相关者的言行，并发展各方在真实情境中行动反映和相互对话的能力。

第三章

辨识教师大班额教学知识的理论视框

在上一章的基础上，本章重点介绍本研究的理论基础：阿吉里斯倡导的行动科学和恩格斯托姆（Y. Engeström）等人发展的第三代活动理论。二者的理论源流虽不尽相同，但本质上都由合作探究精神一以贯之。在本研究中，行动科学尤其是使用理论的视角构成研究的基本问题意识，第二型使用理论不仅构成研究过程中创设人际互动环境的原则，还和活动理论共同成为介入者展开行动中和行动后反思的技术框架。本研究的问题、核心概念和主要方法、路径的设计均依托对应的理论视框展开。

一、研究的理论基础：行动科学与活动理论

本部分虽然将分段讨论合作探究、行动科学和活动理论这几个主题与相关的理论思想，实则是以合作探究思想为主线介绍行动研究的现代发展历程。其中，阿吉里斯团队提出的使用理论模型、第一型与第二型使用理论和恩格斯托姆等人发展起来的第三代活动理论共同构

成本研究的理论基础。在这两个理论体系的启发下，本研究选择教师的使用理论作为研究问题，并设计出有针对性的概念框架。

（一）合作探究精神的起源与现代复兴

合作探究（collaborative inquiry）在中国语境中似乎完全是一个舶来的概念。新课程改革启动之后，合作、探究作为这次改革的核心思想，就成为中国基础教育界频繁出现的词语。但是，教育界关于"合作探究"精神的本质、源流及其与本土条件的关系仍然缺乏细致的整理和明确的共识。

乔伊纳（B. Joiner）在他的博士论文中对"合作探究"的概念源流和历史演变做了详细的梳理。他指出，欧美文化中"合作探究"的思想可以追溯至古希腊时期的雅典民主政治思想。当时，人们认为政治活动的本质就是所有城邦公民合作参与的实践活动（praxis）；它的目的是要达成所有人对"共同的善"（common good）的共识，并通过这个过程促成每个人作为城邦共同体公民的自我实现。在古希腊哲学家看来，决定民主政治活动质量的根本因素就是共同体成员的行动中探究（inquiry-in-action）和自我探究（self-inquiry）。（Joiner，1983：19）因此，从行动路径上看，探究与合作具有合一性；在目标上，探究指向的知识与实践也具有合一性。这种合一性与当时人们持有的与现代技术理性截然不同的一元的实践理性是一致的。在乔伊纳看来，古希腊政治生活中出现的"合作探究"思想只是昙花一现。古希腊哲学家虽然因此看到"合作探究"作为人的发展与存在的一种可能性，但是这些思想只能作为一种启发，它们已不适用于当今理论与实践相分离的社会条件。

乔伊纳认为，直到20世纪30年代，社会心理学家勒温（K. Lewin）和他的团队开始持续探索一种新的社会研究方法——"行动研究"之后，"合作探究"的精神才得以在现代实践生活中找到复兴之路。勒温的研究思想受格式塔心理学影响很深。他发现个体和环境之间始终存在一种动态的相互依存的关系。借用原子物理学的"场论"（field theory）和格式塔心理学家发展起来的"心理场"（psychological field）概念，勒温提出"生活空间"（life space）的概念。这个概念被界定为"个体在自然环境中主观体验到的全部的心理环境"，用于解释环境给个体行动过程带来的整体的、持续的影响。早期，勒温的研究主要从心理空间的视角来理解个体在具体情境中有目标的实践活动。从德国移民到美国之后，勒温开始关注团体行动的过程和特点。他发现管理风格不同的团体，其生活空间和行动的方式、结果都有差异。在这一项关于不同团队的比较研究中，勒温还成为第一个以实验为目的对研究情境进行控制研究的心理学家。此后，勒温的团队以更积极的态度介入实践团体之中，他们的研究兴趣渐渐从解释人们的行动过程转向寻求一些关于如何促进人们学习和改变的规律，从而通过这样的介入性研究使人们更好地认识社会现实并学会在实践中更有效地行动。勒温统称这样的研究为"行动研究"（action research）。

勒温等人的行动研究特别强调介入者和实践者达成一种民主协商、共同探究的相互关系。这样的研究关系及其原则是和研究目的相匹配的。行动研究的目的不仅仅是解释行动过程，而且是要在理解行动主体生活空间及其作用机制的基础上帮助行动者解决实践情境中的具体问题。从研究的关系和目的来看，行动研究的确重拾了"合作探究"精神，有效地弥合了知识与实践之间断裂的关系。

（二）实践工作者的"使用理论"

阿吉里斯从 20 世纪 50 年代开始进行大量现场研究，致力于发现并改变个体与组织之间相互影响、相互依赖的动态机制。他的研究具有鲜明的介入和推动行动变革的色彩。其研究均以改进个体在组织中的生存状态，同时提高组织的行动效率为目的。20 世纪 50 年代至 70

年代，阿吉里斯的研究基本沿袭了勒温开创的"行动研究"的路径，主要通过组织管理层的自我诊断和介入者提供的实验室培训（laboratory training）来促进组织及成员的变革。但在 1970 年出版的《介入的理论及方法》一书中，他开始批评勒温以降通过实验室培训来开展行动研究的局限性，转而再次强调要关注组织当中的人际互动和人际关系，认为这一点才是介入个体、团体或组织行动的切入口。

此后，阿吉里斯和舍恩将彼此的学术观点相融合，合作研究师徒专业指导过程中指导者是怎样通过将自己缄默的技巧和行动中反映过程展现出来从而实现有效的专业指导和人际互动的。在这个基础上，他们发展出一套更有利于开展有效专业行动的人际互动和组织发展理论。

在 1974 年出版的《实践理论：提高专业效能》一书中，阿吉里斯和舍恩指出，虽然人们是自己行动的设计者，而且作为行动者，要对自己的行动负责，但人在实践过程中常常出现言说与行动的不一致。书中用信奉理论和使用理论的分裂来解释这一现象。而这个现象也呼应了波兰尼等人提出的默会知识观：我们实际知道的知识比我们能够阐述的多得多，更远远多于我们的行为能够体现的知识。（阿吉里斯 等，2008：9）

阿吉里斯及其团队指出使用理论是一种默会知识，是人类赖以设计行动的隐含的认知图示（tacit cognitive maps）。研究者和行动者对行动的"反映"可以揭示出信奉理论和使用理论的不一致性，整体呈现行动主体的行动理论。（阿吉里斯 等，2012：59）阿吉里斯及其团队的研究就是要通过有效的介入帮助行为主体以多种可能的方式呈现并检验自己的使用理论。

1. 单路径与双路径学习

为协助行为主体建构自身的使用理论，阿吉里斯等人提出使用理论的基本模型（theory-in-use model）（见图 3-1）。这个模型不仅为研究者提供了观察和检验行动者行动理论的方式，也能够协助当事人系统地反映他们的行动理论，并学习新的行动理论。

图 3-1　使用理论模型

　　在这个模型中，主导变量（governing variables）是行动者在行动中寻求并维持的价值观，是行为主体想要达到的目标。行动策略（action strategies）则是行动者在特定情境中为满足主导变量而采取的一系列动作。一般来说，行动者会根据以往的实践经验和所在环境的情境特点选择主导变量和行动策略。在行动过程中，行动者对于行动策略可能带来的结果具有一定的预期，而且相信行动结果能够满足行动的主导变量。但是，当行动结果遭遇有效性危机，陷入一些困境的时候，行动者就会根据行动结果的反馈信息回到行动策略和/或主导变量上展开反思和行动调整。主体的行动经验就有可能在这个过程中得到发展和重构。

　　对于行动者的反思和调整过程，阿吉里斯等人也做了区分。他们指出，人们对错误或意外的第一个反应是寻找另一个可以满足同一主导变量的行动策略来取代前者，这样的调整过程就可以被称为单路径学习。即行动策略、方式虽然发生了改变，但主导变量没有变。另一种可能性是改变主导变量本身，这就是双路径学习。它关切的不只是在一套既定标准之内，如何在多条相互竞争着的手段-目的推理链中做选择，而且是在相互竞争着的多套标准（架构或范式）之间做选择。真正的双路径学习涉及"设计与他人共同决定是否讨论冲突的方法"，因此要处理双路径问题就涉及处理人类的防御机制，必然要关注人际互动以及个体与组织的关系。

　　2. 第一型与第二型使用理论

　　与单路径学习和双路径学习相对应，阿吉里斯等人在解释主体的行动理论的过程中发现了两类使用理论模型。它们的主导变量和相应的行动策略以及给行为世界和行动者带来的结果都有很大的差异，最重要的是使行动的有效性有了本质区别。第一类是第一型使用理论，它是各类行动主体在实践过程中最广泛存在的一类行为模式，但实际上会抑制组织和个体双路径学习的发生，阻碍人们针对行动理论展开合作探究（见表3-1）。

表 3-1　第一型使用理论（阿吉里斯 等，2008：69）

主导变量	行动策略	对行为世界的影响	对学习的影响	有效性
界定目标并试着达成	单方面地设计与管理环境	行动者是防御性的、不一致的、竞争的、控制的，害怕成为脆弱者，隐藏感觉，过度考虑自己或他人	自我封闭	降低有效性
尽可能赢，不要输	把持与控制工作	防御性的人际与团体关系（如依赖行动者，极少协助他人）	单路径学习	
压抑负面感觉	单方面的自我保护（如：论断式的表达，缺乏直接的、可观察的行为证据；通过防御性手段减少不和谐情况）	防御式的行为模式（如不信任、缺乏冒险性、顺从、强调外交手段、权力中心的竞争行为、对抗）	很少对自己的理论进行公开检验，多半对自己的理论进行私下验证	
强调理性	单方面保护他人不被伤害（把持资料、创造规则来检查资料和行为）	不太允许自由选择、缺乏内在承诺以及冒险		

　　阿吉里斯等经过大量的案例研究，发现人们的信奉理论多种多样，但使用理论几乎没有什么变化，换句话说，绝大多数人的使用理论都和组织学习的第一型使用理论一致。而且，人们在有潜在威胁或困窘的情境中，特别容易采取带有第一型使用理论特征的行动。也就是说，

往往最需要双路径学习的情境也就是最易产生第一型使用理论的情境，第一型使用理论抑制了双路径的学习。

与第一型使用理论相对，阿吉里斯等人还发现一套能够提高主体行动有效性、推动行动主体展开合作探究的行动模式，即第二型使用理论（见表3-2）。

表3-2 第二型使用理论（阿吉里斯 等，2008：86）

主导变量	行动策略	对行为世界的影响	对学习的影响	对生活品质的影响	有效性
有效的信息	设计情境或环境，在其中成员可以体验个人基本假设、行动策略与行为结果的因果关系	行动者体验最低程度的自我防御（成为促进者、合作者和选择的创造者）	证明自己行动理论不正确的过程	在生活品质上，积极影响多于消极影响（如更真实、更自由）	提高长期有效性
自由及信息充分的选择	工作是参与双方所共同控制的	在人际关系和团体的互动中体验到最轻度的自我防御	双路径学习	更有效地解决问题，尤其是有难度的问题，并进行决策	
对自己的选择有一个内在承诺，并持续监督其执行情况	对自我的保护是一件双方共同合作的事情，而且它是成长导向的（以直接的、可观察的行为资料来讨论）双向的保护他人（指非一方单方面保护另一方）	以学习为导向的行为规范（如信任、个体性、遇到困难的事件敢公开面质澄清），即行为的规范以拓展与催化参与者的学习为重	可公开试验的理论		

第二型使用理论中的主导变量和行动策略不仅是行动者提升自身行动有效性的目标和理想原则，也是阿吉里斯开展行动研究、有效介入组织专业实践的概念框架。在《行动科学：探究与介入的概念、方法与技能》一书中，阿吉里斯进一步指出研究者开展介入性活动时，在人际互动层面必须具备的三个基本进程（processes）：有效的信息、高度自由的选择权、相互的内在承诺。这三者也被称为介入性活动的最基本任务。实际上，这些条件的达成正是为了营造低防御性的人际和团体关系，从而增加各类主体（个体、团体和组织）开展双路径学习，或者说合作探究的机会，最终提升行动的有效性。

（三）走向跨组织合作的活动理论

如果说阿吉里斯等是通过人际互动原则找到介入实践者及其所在专业团队的学习和发展过程的入口的话，那么活动理论（activity theory）则更进一步。这一理论流派主要通过实践者所用媒介看到个体与组织、社会、文化之间的关系，由此找到不同组织之间能够彼此介入实践过程、相互合作、有效学习的一套思路和方法。

活动理论起源于维果茨基（L. Vygotsky）提出的媒介（mediation）理论和三角模型（triangular model）。维果茨基认为人（主体）必须也只能通过使用具有文化性质的媒介（如实物工具、符号、语言、心理活动等）才能实现对客体世界的认识和改造。他用图 3-2 所示的三角形表示这种主、客体与文化媒介的关系。在我们的研究中，这个理论可以类比理解为，教师必须通过适当的工具或文化媒介活动才能实现对学生的了解，开展师生互动和教学。这个媒介的形态很多，有形的有作业和课堂教学中使用的教具、课本等，无形的有师生的语言交谈、教师头脑中的教学计划等。

列昂节夫（A. N. Leontyev）承继维果茨基的思想，指出个体行为与个体所在集体的活动方式是分不开的。在这个基础上，一批研究者

作为媒介的人工制品

主体　　　　　　客体

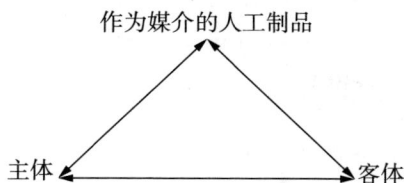

图3-2　维果茨基关于主体-客体-媒介的三角模型

将维果茨基的媒介活动三角形与更大范围的集体活动系统联系起来，建立了更大的三角关系（见图3-3）。

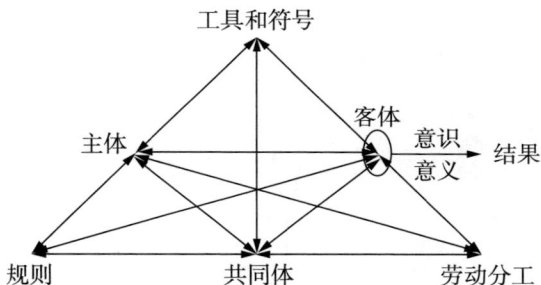

工具和符号

主体　　　　客体
意识
意义　结果

规则　　　共同体　　　劳动分工

图3-3　第二代活动理论模型

　　第二代活动理论不仅看到主体在活动中使用媒介受到所在共同体文化的影响，而且主体的自我认同、身份建构，主体对客体对象的界定和行动都受到共同体以及共同体内外的劳动分工、相关规则的制约，反过来，主体、客体以及媒介工具的变化也有可能影响共同体、规则和劳动分工的变化，整个结构是处在高度互动和持续变化的过程中，个人的行动也与个人的文化和社会处境、所在集体的活动范围及活动规则鲜明地联系在一起（Engeström，2011：86-104）。

　　在这个基础上，关注不同活动系统、跨文化群体之间对话、合作的第三代活动理论应运而生。在信息化、全球化时代背景之下，人们面临的很多危机和问题都具有高度复杂性，往往需要不同文化群体和组织相互合作，跨越很多文化的、实践的、理论的边界才能创造性地理解和解决问题。以第三代活动理论为核心框架的拓展性学习（expansive learning）开始成为很多行动研究的指导框架，在组织学习和跨领域合作当中具有愈来愈重要的影响力。

第三代活动理论的核心内容如图3-4所示。这个图呈现了两个或以上活动系统相遇并合作探讨同一问题情境时，能够达到的理想合作效果是实现一种对问题对象共享的、交互的目标建构。这种对问题情境的框定和再认识是不同实践共同体产生拓展性学习的标志和结果，也是进行跨界合作、对话的目标所在。

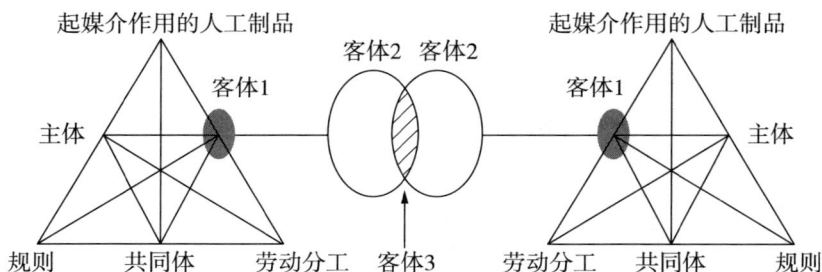

图3-4　两个活动系统的互动模型（Engeström，2001）

但是，拓展性学习理论只是揭示了不同活动系统在相遇时可能出现有效学习现象和相关因素，对于实际行动中该如何具体推进不同系统的合作探究过程，该理论还缺少一套系统、有效的方法论。从促进不同主体的反映性对话这个目标来看，阿吉里斯的行动科学与恩格斯托姆的活动理论视角可以相互补充，为行动变革和介入提供更立体的方法和方法论的支撑。

二、研究问题及研究目的

提出真实而有意义①的问题是一个不断演化、发展的过程。对本研究而言，这个过程显得尤其漫长和艰难。从一开始单纯的好奇和情感关注，到进入现场后将大班额困境视为教师反思和调整教学行动的典型问题情境，希望介入教师行动过程，再到行动研究启动后不断与课题组教师回到与情境的对话，重构研究问题的边界和主题，整个过程不仅是对智性的发展和挑战，更是艰苦的情感劳动。本部分初步勾勒研究问题的演变阶段，重点阐述整项研究的核心问题和关键概念。对于研究问题更细致的发展过程和相关的行动探索，我将留至后续资料分析部分具体讲述。

（一）研究问题的演变与聚焦

作为大班额教学行动的外部介入者，我关心的核心问题可表述为：教师在大班额情境下开展小组合作学习这个过程体现出怎样的使用理论？

受研究的理论视角和研究过程的影响，研究问题分为以下几个子问题。

（1）研究初始，教师如何框定在大班额班级中开展教学这个问题情境？

（2）教师怎样看待小组合作学习在大班额教学中的作用？其教学行动体现出怎样的使用理论？

（3）教师围绕大班额情境开展了哪些关于小组合作学习的行动实验？体现出他们怎样的使用理论？

---

① 这里指的"有意义"至少包含三重含义：有助于学术界增长知识、对实践界解决问题有实际的价值、对研究过程本身具有重要和持久的意义。

（4）教师的使用理论包含哪些要素？这些要素及相互关系经历了怎样的变化？

（二）核心概念界定

为了进一步明确研究问题，我对问题表述中出现的一些核心概念进行操作性定义。它们分别是行动研究、使用理论、大班额、教师、合作学习、行动实验和要素。

1. 行动研究

宽泛地讲，行动研究（action research）是指由社会情境（教育情境）的参与者为提高对所从事的社会或教育实践的理性认识，为加深对实践活动及其依赖的背景的理解所进行的反思研究（陈向明，2000：448）。根据研究对象和研究方法的不同，行动研究者可能会采取不同的方式来推动实践工作者的反思过程。在本研究中我采纳阿吉里斯等人对行动研究以及行动者反思的界定。

阿吉里斯等人认为，行动研究的基础建立在一群实务工作者身上。他们创造条件公开检验自己的思想和做法，公开质疑既存的知识和现象，并提供有效的资料以促进讨论和学习。行动科学致力于将埋藏在人们日常生活行动中的逻辑彰显于一个抽象层次上。（阿吉里斯 等，2008：30）这个抽象结果可以用行动逻辑的模型，即使用理论来表征。

具体到本研究，参与研究的各方人员共同关注的目标是"如何协助教师在教学行动中做出清楚明确的选择以创造具有教育和教学意义的课堂生活"。作为介入者，我的兴趣在于帮助教师设计及付诸行动，推动其与情境、与同伴、与自我的反映性对话。研究的理论结果，也就是提出的使用理论模型应该要能连接上具体的问题情境，重点在于发现推进或抑制教师在行为系统中学习的使用理论具有哪些特点。

2. 使用理论

随着近代知识研究的转向，越来越多关于专业知识的研究指出，人类的行为总是遵守他们所无法言说的规则。使用理论与信奉理论相对，是指那些从实际行动中推论出来的理论。它可以被理解为人类赖以设计行动的隐含的认知图式（阿吉里斯 等，2012：59-60），也可以直接描述成在相关前提下，行动者要达成预期目标所需采取的行动。总体来说，使用理论包含以下几个要素：自我、他人、情境以及行动、结果与情境之间的联系（阿吉里斯 等，2008：6）。

作为本研究的核心概念，教师的使用理论不仅包括他采取的教学策略、方法和技巧，还有与这些做法相关的，关于学生、学习、教育教学目的、情境以及教师自我的各种观念；不仅如此，对教师使用理论的分析要在这些具体的做法、策略和观念知识的基础之上，分析支配教师在行为世界中开展行动的主导变量，探及他与自我和外部世界互动的模式与根本价值信念。本研究希望结合具体的文化和制度环境，通过分析教师教学的动态过程，找出教师开展专业行动的使用理论。

3. 大班额

"大班额"是建立在经验比较之上的概念。它隐含着某一文化范围内人们对能够发挥正常教育功能的班级容量的直观感受和共同假设。凡是班级人数超出一个文化群体关于班级容量假设的上限时，人们就会称其为大班额。对于西欧和北美的教育研究者而言，常规班额为20—30人，因此超过40人就被称为大班额。但在东亚地区，中小学45人左右的班额被认为是适合开展常规教学的。我国教育部曾经规定：中小学班级规模原则上应控制在50人以下。从教育部公布的统计资料来看，56人以上才被视为大班额，66人以上的被称为超大班额。

在本研究中，M 小学所有班级的人数都超过了80人。在预调研过程中，地处西部欠发达地区的 M 小学教师认为自己能够胜任教学的班级容量应该在80人以下，在超过80人的班级，教学效果难以保证。由此可见，班额的承受限度是和行动者的经历以及文化情境联系在一起的。本研究认为，当班级人数过多，以至于课堂教学难以按照教师习惯的方式开展时，就可被称为大班额。本研究将超过 80 人定义为大班额。这是针对具体的问题对象和问题情境做出的极端定义，不能简单推而广之。

4. 教师

教师一词有两重含义，既指一种社会角色，又指这一角色的承担者。广义的教师泛指传授知识、经验的人；狭义的教师是指在学校中传递人类科学文化知识和技能，进行思想道德教育，把受教育者培养成一定社会需要的人才的专业人员（顾明远，1990：230）。

在本研究中，教师一词特指参与此项行动研究的六位任课教师（包括同时兼任教务主任的孟秋）。她们是该行动研究过程的主体，在研究期间不仅直接面向学生开展教学，以促进学生身心发展为首要职责，而且坚持在研究当中对自己和同伴的专业行动过程以及所处的环境进行反映和行动实验。她们的行动方式和探索过程一方面与自身的经历、性格特点有关，另一方面也反映出当前教师群体和教育文化的一些深层次问题。因此，这六位教师也是本书的核心分析对象。

5. 合作学习

从逻辑界定上讲，合作学习目前仍是一个比较模糊的概念，它包含差异显著的多种具体的合作学习方法。不过所有的合作学习方法都有一个核心的观念：学生共同学习，既要为别人的学习负责，又要为自己的学习负责。结合研究背景，本研究为合作学习下的定义为：与竞争的个人化学习方式相对的，主要以异质化学生小组为载体，促进学生之间、师生之间积极的相互依靠关系，进而促进彼此的学习过程和效果的一种教和学的方式。

在本研究中，合作学习是教师面对大班额困境时选中的一套技术工具，并最终演变为教师开展课堂教学变革的切入口。随着行动过程的展开，合作学习已经远远不是一套术语或理论指导思想，而是和教师行为习惯、价值信念以及客观的教学条件结合起来，有了丰富的本土化发展。这些发展变化不仅不能避免，还是本研究最关心的几个问题之一。本研究尤为看重合作学习理论的几个关键要素：个人责任感、积极的相互依靠关系、合作技能，以及小组集体荣誉。我希望结合教师实际的行动过程，重点分析我们在本土教育文化的语境下会对"合作""个人责任""（课堂内师生之间、组内和组间学生的）人际关系"做出怎样的发展和解读。

6. 行动实验

行动实验就是教师在行动研究中针对自己的教育教学展开的反映性行动过程。以严格的次序而论，它包括行动者表达是什么引导了他们的行动，然后相互观察和反映行动者的行动，看它是否符合先前建立的假设，进而投入到"改变实验"（change experiments）中来改变先前认定的模式。这个"改变实验"的阶段也是行动者开展学习活动的过程。（阿吉里斯 等，2012：46）

在本研究中，行动实验主要指课题组教师围绕大班额情境展开的整体性探索和教学空间的改变，以及教师针对自己及同伴的课堂教学行动和与教学相关的课堂外围行动所展开的反映性实验。关于这些行动实验的分类，将在第四章介绍行动研究的实施与分析框架时进行分类说明。

7. 要素

从阿吉里斯对使用理论给出的模型图（见图3-1）能够看出，他对使用理论的关注焦点落在行动策略和行动的主导变量上，特别突出了行动者在人际互动中的防御和竞争的情绪。这是从关系层面对使用理论做出的界定，针对具体的专业行动，还需要结合一些实体要素做进一步的分析。

要素在本研究中指构成教师专业行动过程的既独立又联系的基本实体成分。从逻辑层面来说，每个要素应该是相对独立的子系统。本研究结合活动理论和教学要素的视角，重点研究教师在教育教学专业行动过程中对如下几个要素的认识和处理：学生、课程、使用的媒介或技术工具、教师、所处的情境（共同体、任务分工等）。

（三）研究立场及研究目的

本研究选择困扰 M 小学师生的大班额现象作为最突出的问题情境。这是一项行动研究，我希望和教师一起通过研究提高她们的行动能力和行动质量，帮助她们理性地面对现实情境中的具体困难，并根据实际条件改造现实处境从而实现教育目标。但是，本研究无意为中国中西部中心城镇学校广泛存在的大班额教学困境寻找样板式解决办法。为了防止不必要的引申和误读，我必须在此重申、强调本研究对大班额教学现状坚持的批判而非维持的立场。

大班额现象的产生固然有社会结构转型时期人口流动等宏观因素的影响，但具体到一个地区、一所学校，大班额现象的产生和持续却是社会各界漠视教育规律、轻视甚至忽视教育活动中人之价值的"病灶"表现。我们以课堂教学活动作为切入口来审视大班额情境，其目的是通过体验、经历、探索现有条件下可能不同的教育活动方式，帮助师生、家长、学校管理者觉察到自己是如何通过具体的行动过程参与并维持大班额现象的，在这个基础上，才有可能从课堂内部生发出改变那些与大班额问题困境相匹配的教育价值观念和具体的行动策略的有生力量，真正有效的实践变革才有机会破土而出。本研究的目的和产出绝不是维持甚至鼓励大班额教学。我们始终坚持从时代性、文化性的视角聚焦大班额现象，将其视为在中国社会转型期各种社会矛盾集中体现的一个暂时性历史现象。我们这项研究的探索和思考恰恰希望贡献一己之力，聚焦更值得深思和警惕的关键性问题。结合所处的区域和学校环境，本研究希望从具体问题和课题组教师自身情况出发，推进每一位行动者在行动实验中与问题情境、制度文化系统、自身经验的反思性对话，基于行动实验所得的具体经验证据，聚焦大班额教学中的中心问题，并针对可以改进的问题对象提出有理有据的批评及建议，从自我行动出发，由内而外地推动课堂教学的变革，尽可能地争取外部系统支持，同时也潜移默化地改变系统。

另外，本研究植根于教师真实的专业探索历程，除了要通过教师参与研究推动其专业实践活动的发展外，还希望结合教师的实践过程探讨其开展专业行动的深层理论或实践性知识。目前我们对本土教师的专业知识研究主要以理论探讨和比较研究为主。近几年开始出现一批扎根于教师专业实践过程的研究，着力探讨本土教师的实践性知识本质、特点等。但是这些研究基本是由研究者主导的解释性研究，虽然有助于人们了解教师工作的职业特点和专业旨趣，却难以深入实践活动所处的情境脉络，推进教师与复杂情境的对话，促进教育教学实践的发展与创新。行动研究的基本原则与教师实践性知识研究的问题意识在本质上都源于合作探究的民主思想。本研究希望在合作探究精神的指导下，不仅与所有参与者一起关注实践、改进实践，同时也贡献对本土教师实践性知识的深度理解。

三、研究框架

本研究对于问题情境的理解首先基于这样的假设：大班额情境中爆发的教学危机是原有教学实践目标、原则和行动策略推进到极致的典型问题；该问题类似于阿吉里斯所说的需要行动者展开双路径学习的、具有潜在威胁的窘迫的问题情境。在教育的外部环境发生深刻变革的背景下，大班额的教学危机已经不是单纯的教学策略和方法的有效性危机，因此不可能单纯倚靠引入新方法、要求教师调整教学行动策略就可以回应。大班额的困境关涉教育与外部社会结构之间的矛盾，指向当前语境中充满争议、日渐模糊的教育本质和教育精神，更涉及教育者如何在新的问题情境下重新定位与学生、自我、外部环境的关系问题。

（一）关于研究概念的"冰山"互动模型

小组合作学习理论虽然从始至终贯穿于大班额教学的行动研究之中，但它在其中的角色经历了由单一目标向核心媒介的演变过程。随着合作学习理论的定位发生变化，教师在行动研究中的主体性逐步加强，研究对问题情境的框定、对每一步行动的目标定位也趋于开放、务实。到了研究后期，课题组教师在教学研究过程中成长为反映性实践者的行动目标基本达成。课题组教师相信：虽然行动研究短期内无法从根本上改变大班额教学的艰难现实，但是我们仍有可能作为反映的实践者，通过在团队中相互映照，反观并调整自己的使用理论和相关行动过程，渐进地改善自己和学生的生存环境及生命状态。

作为外部介入者，我的行动目标和角色定位也经历了巨大的变化。研究初始，我对问题情境和研究目标有很多理想化的想象，对合作学习理论寄予了过高的期望，认为只要教师真正实现教学观念和行动方式的转变，教学中出现的问题就会得到有效的解决。随着问题情境复杂性的逐渐展露，我和参与研究的教师、校长开始放下对小组合作学习的过高期待，将研究焦点调整至对问题情境和教学行动过程的分析上。小组合作学习变成我们开展行动实验的工具或教学思路之一。

另外，对于研究参与者各方的关系，我也经历了从理想化期待到接纳现实、促进对话的转变。出于对行动研究和合作学习背后合作探究精神本质的坚持，我一直以恩格斯托姆提出的第三代活动理论作为指导本研究中各方关系的理想模型。我希望通过介入性活动使理论研究者、学校管理者与一线教师之间的沟通壁垒松动，通过建设研究共同体使三方主体①能够尽可能地共享平等的权力，建立彼此信任的人际

---

① 本研究重点关注教师的行动过程和知识，没有把学生视为主要的活动主体。学生是研究未来需要关注的活动主体。

关系，并围绕共同的研究目标充分对话和合作。这样一种合作和探究的关系毫无疑问是研究者想要追求的，但在现实情境中，这个目标太过脱离实际。我们最终必须承认，中小学教师和学校管理者都始终牢牢嵌套于严密的教育行政管理系统之中。这是开展中小学教育研究的最大前提，我们只能在这个大框架之下理解和拓展教育者的行动空间。

　　本研究从始至终都没有形成研究参与者三方平等互动的格局。我以图3-5的"冰山"模型形象地描述在研究过程中三方参与者实际形成的互动关系，并以此作为分析教师使用理论的基本概念图。

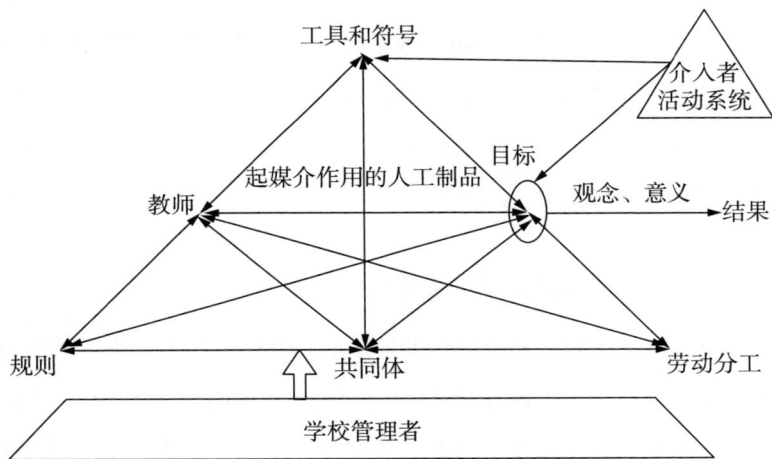

图 3-5　教师—管理者—研究者的"冰山"互动模型

　　与第三代活动理论平行的互动模型图不同，在本研究中，教师和学校管理者之间并没有明显的特征以显示两者是相互区别的活动系统。二者之间更像是同一个活动系统中互为表里的关系。学校管理者在劳动分工上并不直接承担课堂教学和促进学生个体发展的任务，他们更多是通过学校内外事务的分配、协调来强化社会对教师责任的要求，保证教师开展教学活动的质量。班级教学是本研究的核心研究对象。由于研究不仅要理解、框定具体情境中的问题，还希望变革教学环境，提高行动的有效性，日常隐于教学过程背后的关于教学的目标、规范、资源分配等问题都因此浮现到研究问题的表面，学校管理者和一线教师的参与和对话都变得必不可少。这样的一种对话虽然很难达到活动理论理想模型揭示的程度，但在外力介入的条件下，也会向着以共享的行动目标为中心的拓展性学习方向发展。理论研究者在研究中所做的，就是以促进对话为目的的介入性行动。

理论研究者所在的介入者活动系统给教师活动系统带来的影响是通过双重路径发生作用的。其一是影响教师开展教学活动的媒介，比如对惯常使用的教学方法进行反映，引入新的教学方法和教学工具，如学生分组讨论和有针对性的任务单等。其二是和教师、管理者共同聚焦具体情境中的行动目标，反复框定问题情境并在达成共识的基础上开展行动实验。后一点是决定行动研究质量的关键点，也是研究过程中最具挑战性的部分。

（二）行动研究的过程性框架

怎样在现行学校文化中建设平等互动、信息充足的专业对话空间，是本研究最大的挑战。除了借鉴阿吉里斯团队的第二型使用理论外，我还将行动研究的步骤逐一分开，和本研究的问题对象结合起来，图3-6展示了行动研究的实施与分析框架。

整体上看行动研究由一轮接一轮螺旋式递进的行动实验组成。每一轮行动实验都可以概括成如下几个步骤的组合：理解问题情境——松动破冰，对现有的认识和行动进行反映，质疑一些认识的合理性——重新框定问题情境——根据新的问题拟订行动计划，改变环境和行动过程——根据行动取得的结果再次回到对问题情境的认识上。在本研究中，根据研究对象和研究过程，教师的行动实验大致分为四个阶段：（1）由座位空间的紧张和矛盾引发的教室空间的变革；（2）对师生课堂行为规范的反映及相应的合作技能学习；（3）各学科

阶段四	变革的可持续性探索：教师与课堂外部文化的对话
阶段三	各学科的课堂教学探索
阶段二	课堂行为规范与合作能力建设
阶段一	座位空间的矛盾与调整

理解问题情境　松动破冰　框定问题　拟订行动计划、改造环境　行动结果

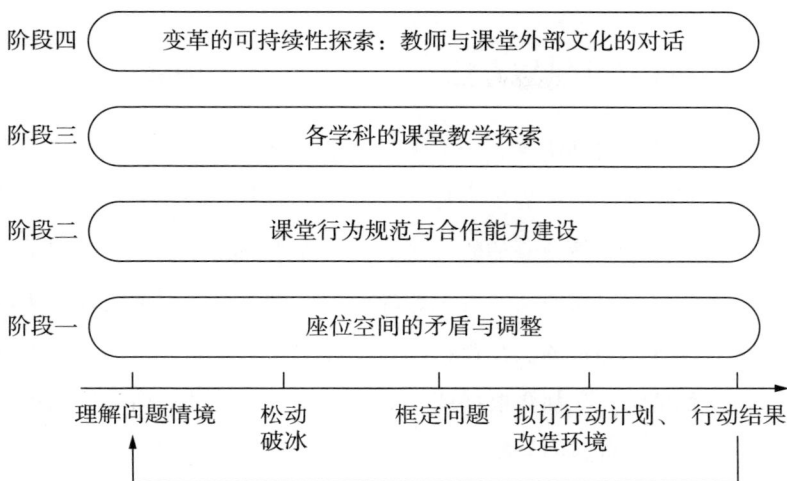

图 3-6　行动研究的实施与分析框架

教师对课堂教学行动展开反映并以合作学习为媒介进行教学行动的探索；（4）在课题组教师的课堂教学行为体现出明显变化后，教师开始走向课堂教学的外部，探索这些变革与学校乃至更大的地区教育现状之间的关系，进而调整自己的变革范围和行动计划，为行动实验争取必要的物质和文化的支持。每一个探索阶段都可以放置在行动实验的步骤框架下进行具体的分析和总结，这也是本书第二部分的主要内容。

在研究关系和行动研究过程框架两个理论框架基础上，本研究最终要回应的核心问题是教师的使用理论。它不仅体现在教师在行动研究各个阶段的探索过程之中，也灌注于教师的人际互动、自我角色定位以及对大班额教学情境行动目标的动态界定之中。本研究就是要透过行动研究中教师活动系统的动态运作过程来揭示教师的使用理论，增进我们对教师实践性知识的理解。

四、研究过程与方法

研究者具有何种研究立场、倾向于以哪类研究方法认识世界本身会影响其对研究问题的提出和界定，进而影响研究的具体过程。本研究以行动研究作为最核心的研究方法，研究周期相对较长，采取的具体研究方法也都以面向实践者创造的行为世界、有助于推进课题组教师开展合作探究为目的。在资料收集过程中，只要能够帮助研究参与者缓解防御情绪，我都会根据现实情境灵活引入促进对话和行动中反映的方法。研究资料的分析则主要采用话语分析的思路和方法，系统呈现教师的行动过程和使用理论。

（一）研究过程概述

从 2012 年 3 月我第一次进入 M 小学算起，本研究的田野调查共持续了一年零七个月。这期间，由于我需要不时回到我所在的大学完成相应的学业，田野调查主要分为相互联系的五个阶段：

（1）2012 年 3 月至 4 月，我与学校全体教师见面，征集研究合作者，组建课题组并开展第一次课题活动；

（2）2012 年 6 月至 8 月，我基于理论视角提出课题研究计划，以参与式活动聚焦研究问题和行动边界，开展读书会活动并确定接收"实验班"；

（3）2012 年 9 月至 10 月，课题组结合具体班级情况再次框定问题，并从小组座位格局入手改造教室情境，开展小组团队建设专题课程，各科教师初步进入学科教学的探索实验；

（4）2013 年 5 月至 8 月，教师在个人教学行动中展开更细致的专业行动探索，开始探讨课堂教学之外的教师团队文化建设以及学校教学文化对教师行动的影响；

（5）2013 年 10 月，我结题回访，课题组开始系统分析、整理资料，撰写结题报告，我撰写研究论文。

（二）收集资料的方法

结合具体的问题情境和教师的工作特性，我主要通过下列相互配合的具体方法来收集参与者的行动资料以及影响问题情境的资料。

1. 访谈法

其中包括对课题组教师的课后刺激回忆访谈、深度访谈和面向各利益相关者的随机访谈。课后刺激回忆访谈与专门的团体课后研讨不同，它主要发生在我和授课教师之间，时间频率上更随机，形式也更多样。通常在听完课题组教师的常态课后，我会选择课堂上出现的一两个典型事件或典型行为追问教师的行动逻辑或更深层次的识知，希望教师通过在课后及时回忆典型情境及过程信息触发行动反思，使其能深入地梳理行动过程及行动理论。

要真正理解教师在工作情境中的行动过程，还必须尽量了解其生活经历、兴趣理想等更个性化的一面。省去一些随机的主题访谈不计，我在研究过程中对每位课题组教师都进行过专题深度访谈，其中孙阳 3 次、孟秋 3 次、王宏山 2 次、舒萍 2 次、谭林 3 次、李美珍 2 次、丁叮 1 次。深度访谈的过程对于我与参与者建立深度信任关系的作用尤其明显。通过访谈，教师得到系统反思自己专业经历和身份认同的机会，这对他们进入行动实验过程也特别有帮助。

在研究中，我还特别注意向所有可能的对象收集与研究现象相关的信息。学校教师、学生、门卫、校园周边的小摊贩、学生家长、接送学生的面包车司机等都是我随机访谈的对象。这些访谈极大地加深了我对 M 小学乃至当地教育系统处境的理解。

2. 参与式活动

参与式活动是我组建研究团队、建设团队文化过程中重点使用的介入方法。其中，大量以"破冰"为主要目的的体验式活动帮助我和课题组教师建立彼此信任的深层联系，画问题地图、头脑风暴等团队活动则在分析问题情境、整理复杂信息时起到至关重要的作用，而且成为教师设计小组合作学习活动的经典模板。

3. 教师的教学行动实验

这个方法源于我想单方面推动的课例研究或"共同备课、磨课"计划，随着研究团队中防御性情绪的减弱，教师参与课堂观察和行动反映更深入，每个人开始从自己的行动问题出发小范围地尝试一些专业行动变革。行动探索的思路和结果又可以带回到研究团队中进行讨论、修订和再验证……，如此循环推进的行动实验最终将合作探究的精神和行动方式带入更广泛的专业生活之中。

4. 辅以录音的课堂观察及课后讨论

课堂观察是外部研究人员进入教师专业行动领域最直接也最有力的途径。最初我进入教师的课堂进行观察更多是出于为理解和解释教师专业实践过程提供直接资料的目的，录音只是一种辅助记录的手段。但随着研究立场和取向的转变，课堂观察成为所有参与研究的教师观察同伴行动、探索行动中隐含的前提性逻辑结构的必要手段。在课堂教学结束后，课题组教师将根据收集到的课堂观察资料推论行动理论，而课堂录音不仅成为保障资料效度的技术手段，还有助于避免参与者在回忆行动过程时感到困窘或者出现选择性遗忘等情况。在整个实地研究过程中，研究团队共开展了 16 轮辅以录音的课堂观察及课后讨论，推动了教师的相互研讨，也提升了研究者对情境和教学行动的问题意识与研究能力。在研究的中后期，辅以录音的课堂观察还和教师的行动实验结合起来。

5. 影子观察法

在研究中有一位课题组教师由于工作任务琐碎，一直没有精力进入行动反思和行动实践中。对于这种特殊情况，我特别用"影子观察法"跟踪观察这位教师一天的专业生活状态。借此，我希望和她一起拼接出一幅影响其专业行动的关系图，促进教师对自己的认识和反思。

6. 叙事探究

在研究过程中区分研究者的个人目的、悬置研究假设是非常重要的。在研究过程中，我主要通过教育叙事来帮助自己反观对于问题情境持有的假设和"前见"，也协助梳理自己与研究相关主体的交互关系。同时，教师作为参与者和研究者，也在这个过程中通过教育叙事及分享推动自己与同伴的成长。非常有趣的是，到研究后期，有教师探索出一种将教育叙事与教案、教学反思相结合的叙事方式。教育叙事终于有可能成为一种能够与教师的常态教学工作相结合的发展工具。

7. 实物收集

在研究过程中，我还特别注意收集与学校文化、周边社区历史、当地教育发展等相关的档案资料和实物资料。研究结束时，我共走访了 M 小学周边的两所中学、两所小学及县教育局教研室、档案室和金顶经济开发区中心校档案室，收集到档案材料影印件 5 份、地图 1 份、地方教育统计数据 2 份、学校宣传手册 1 份、学科导学案 2 本、学校绩效考核文件 1 份、M 小学自评报告 1 本，以及相关照片近 200 张。

（三）分析资料的方法

本研究历时长、涉及范围繁杂、收集的资料偏细碎，因此资料的分类、编码和保管显得尤其重要。一开始我以主题、时间为单位对资料进行分类，例如所有课堂观察的录音和记录文本统归到一个文件夹下，重点记录行动过程中关注的主题和事件发展等。但到研究中期以后，我发现资料的数量及其复杂性已经远远超出预期。这时参与研究的各位教师也已经开始呈现不同的行动状态和理论风格。于是我开始以每个参与者为单位，在收集各位教师的资料的同时进行简单编码、说明，并给每位教师写出一个简要的大事表以提示他（她）的行动探索过程。与此同时，课题组的共同活动或课题组教师之间的交互性活动也开始明显呈现出与个人资料之间的呼应和对话。我在将相关的谈话录音、会议记录、思维导图进行分类、编码的同时，也有意识地将它们与个人的编码进行对照和横向分析。

至于研究资料的整理，首先，我尽可能对所听的课和课题组研讨活动进行录音并做现场观察记录。在每次活动后，我都及时将当天的观察记录整理成研究备忘录，有可能的话，再对录音内容进行编码和登记，以便分析资料时对应查找详细内容。对于深度访谈资料，我通过逐句整理分类、编码，力图提炼出与教师行动理论相关的本土概念和核心理论。在研究现场时，我坚持定期以教育叙事的方式写研究日志，记录并分析自己的问题意识和隐藏观念，而教师与我分享的教育叙事或教学案例，我都尽量在阅读后的第一时间向她们反馈，在征得同意的情况下对相关文本进行初步编码分析，整合到对教师个体行动理论分析的图示当中去。这样的分析不仅是为了日后形成书面报告时构成理论分析的基础，也是在行动研究过程中帮助介入者理解相关现象和个体行动者的重要步骤。

在正式进入研究过程的分析之前，有必要对研究对象所处的地理环境、当地历史变迁以及社区和学校文化进行梳理。这既是了解行动研究过程的基础，也是研究面对的问题情境的一部分。不论是教师、学校管理者，还是作为外部介入者的我，在该情境中开展具体行动时都直接受到这些环境因素的影响。我所做的努力是在直面现实的前提下，通过对话、实验寻找一条既能与周围环境相协调又有所超越的行动之路。

一、M 小学的时空背景

本研究几乎所有的行动探索都发生在 M 小学及其周围空间范围内。本部分将采用由远及近逐级聚焦的方式呈现 M 小学所在地区、周围社区及其自身的情况，帮助读者获得对本研究所处时空背景和社会环境的系统认识。

（一）远景：碧云县城市化进程及城区小学班额的演变

M 小学地处碧云县金顶经济开发区。金顶自古就是由滇入黔直至各省份的重要交通枢纽。20 世纪六七十年代以来，"三线建设"和铁路大发展进一步突出了金顶独特的地理优势，南昆铁路、沪昆铁路、320 国道、贵昆高速等交通主干线均在此交汇。这使得金顶逐渐成为中国西南地区面向东南亚的便捷的物资集散地和出海通道。1995 年，金顶镇获批成为省级经济开发区，由此更名为金顶经济开发区。1998 年，碧云县人民政府将主要职能机关从有 300 年历史的老县城搬迁至金顶经济开发区。依托铁路、高速、国道等区位优势，金顶经济开发区迎来了经济和人口迅速增长的黄金发展时期。

金顶经济开发区办公室提供的数据显示，截至 2012 年 9 月，开发区常住人口已突破 11 万人。这与 1992 年金顶镇不足 1000 人的常住人口规模形成了令人惊叹的反差。[①] 这座由石山荒野华丽变身的经济新城，已经成为碧云县的政治、经济中心。地方政府借助当地能源和区位优势，积极吸引资金和劳动力向金顶经济开发区聚集，致力打造滇、黔、桂三省交汇处最具发展潜力和竞争力的新兴城市。

随着金顶经济开发区人口的快速增长，教育资源建设滞后与受教育人数急剧增加之间的矛盾突显出来。金顶经济开发区必须完成从基础建设薄弱的乡镇社会向新型城市转型的跨越式发展。就基础教育而言，金顶经济开发区首先需要面对如何定位原有乡镇和农村学校，规划并发展好新建城区学校的问题。比较 2002—2003 学年至 2012—2013 学年金顶经济开发区新建城区与周边村庄的小学在校生数，我们能看到以新建城区为中心的金顶经济开发区逐年增加的教育需求（见图 4-1）。[②]

---

① 相关数据引自金顶经济开发区官方网站。
② 此处所用教育统计信息均由金顶经济开发区中心校提供，由课题组整理汇总。2007—2008 学年、2008—2009 学年的统计标准变更，相关数据做缺失处理，后同。

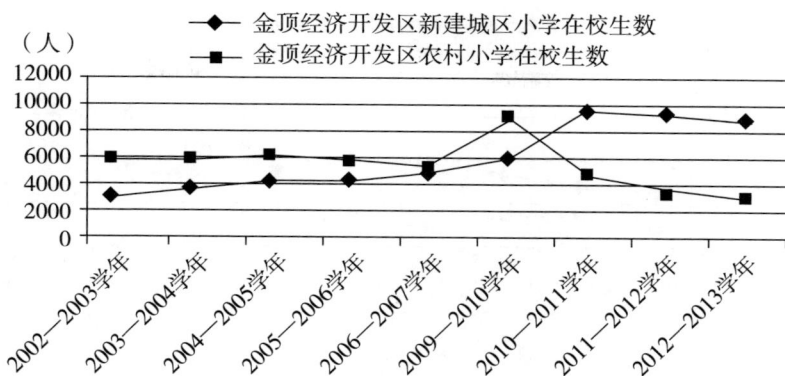

图 4-1　2002—2003 学年至 2012—2013 学年金顶经济开发区城乡小学在校生数

在周边村庄小学在校生数整体减少的情况下，金顶经济开发区新建城区小学的在校生数却在快速增加，并呈现高位稳定的趋势。十年间，金顶经济开发区新建城区的小学在校生数已从 2002—2003 学年的 3127 人增长至 2012—2013 学年的 9000 人左右，增长了近 2 倍。与此同时，金顶经济开发区内的小学学校总数却在减少。由 2002 年的 8 所减少为 2012 年的 5 所。撤销、合并的学校均为新建城区周边的村庄小学。金顶经济开发区内的县直属学校，特别是地处新建城区的学校只能在有限的师资和教育资源限制下，尽可能地增加班级数和班额，以应对不断增长的学生人数。图 4-2 描绘了十年间区内小学的班级总数和大班额（56 人以上）班级数的变化历程。

十年间，金顶经济开发区小学的班级总数随着学生人数的增长不断增长，但增长幅度不及学生人数的增长幅度。2011—2012 学年小学班级总数达到最高值（157 个），约为 2002—2003 学年（62 个）的 2.5 倍。从图 4-2 还能看出，十年间，56 人以上的大班额班级在辖区内小学中一直存在，且在 2009—2010 学年至 2012—2013 学年表现得异常突出。2009—2010 学年，金顶经济开发区小学共有班级 91 个，其中

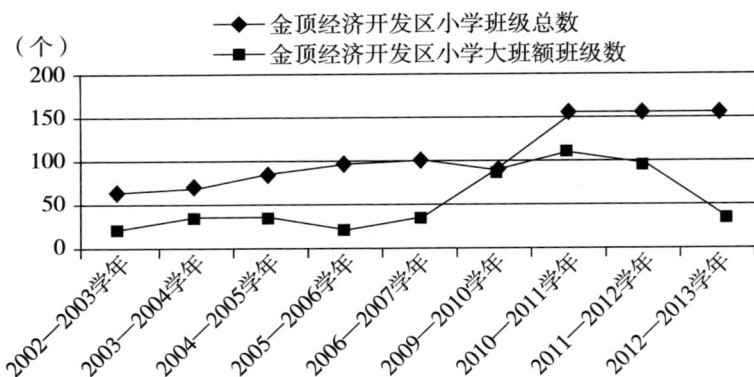

图4-2 2002—2003学年至2012—2013学年金顶经济开发区小学的班级总数及大班额班级数

只有3个班级的人数在56人以下，而66人以上的超大班额班级达到74个，占小学班级总数的81.3%。此后三年，辖区内66人以上的超大班额班级的数量一直很多。M小学也在这三年间不断刷新着最大班级人数和学校平均班额记录。最多时，全校各年级平均班额达到120人之多。

长期得不到缓解的大班额现象背后，累积的是教师、学生、学生家长以及社会各界人士关于教育等公共服务的不满和焦灼情绪。2009年是金顶经济开发区小学班级总数变化的一个拐点，从这一年开始，新建城区小学班级数有了大幅度的增加，大班额现象在一定程度上得到缓解，特别是超过100人的极端班级数明显减少。2012—2013学年，随着生源总数的下降，辖区内超过66人的超大班额班级数量基本回复至2006—2007学年的水平，但仍有19个之多。大班额现象仍是当地基础教育中的突出问题。

（二）中景：M小学周围社区情况简介

M小学是应城市移民潮的教育需求建立起来的学校。这所学校从成立到后续发展，每一步都与整个城市的变化紧密联系在一起。在 2013 年秋季学期以前，金顶经济开发区新建城区只有 2 所县直属公立小学。[①] 1999 年成立的 Y 小学是新建城区第一所县直属学校，由香港邵逸夫先生和县级政府共同出资兴办。当时本地城市化进程刚刚起步，Y 小学作为重要规划项目，位于县政府机关所在地丹霞社区。随着城区人口的快速增长，新建城区在原先乡镇主干道的基础上开始沿着南北走向的 320 国道不断向四周扩张。至 2005 年前后，新建城区已基本形成由七个社区组成的城市格局（见图 4-3）。M 小学于 2005 年规划成立，坐落在商业地产开发最集中、市民人数也最多的红岩社区。

在新建城区中，丹霞、红岩和南河三个社区是人口最集中的中心区域。从功能区分上看，丹霞社区是城市的行政和商业中心，红岩和南河两个社区则逐渐成为地产开发、市民置地安家的热点区域。这和当地政府的规划以及一系列市政建设工程分不开。

在金顶经济开发区最早的规划方案中，人民医院和第七中学、第八中学两所中学的选址已经明确出现在远离行政中心的城市南端。只有两车道宽的云海路将这三家县直属文教、卫生单位连接起来，奠定了红岩、南河两社区的基本格局。此后，地方政府又先后将培智学校和 M 小学规划至云海路一侧，最终使云海路成为新建城区名副其实的"学区路"。2008 年之后，随着当地房地产市场的兴盛，商业楼盘如雨后春笋一般涌现在云海路附近。其中，因为 M 小学周边的交通最为便利，又毗邻新建的城市体育馆，学校周边的楼盘开发最为密集。在我驻扎 M 小学期间，校园四周遍布正在施工或者刚建好正待销售的楼盘。这些建筑物的外墙上印着如下广告标语："离学校近一米，等待少一点，享受多一分"，"新兴城市中心，优质教育资源"。

---

① 2013 年 9 月，新建城区第三所县直属小学 S 小学开学。这所学校规划招生人数约 2200 人，班级数达 42 个，也是一所规模庞大的超级学校。不过在班额上，S 小学采取了更严格的态度，通过入学测试将平均班额控制在 50 人以下。

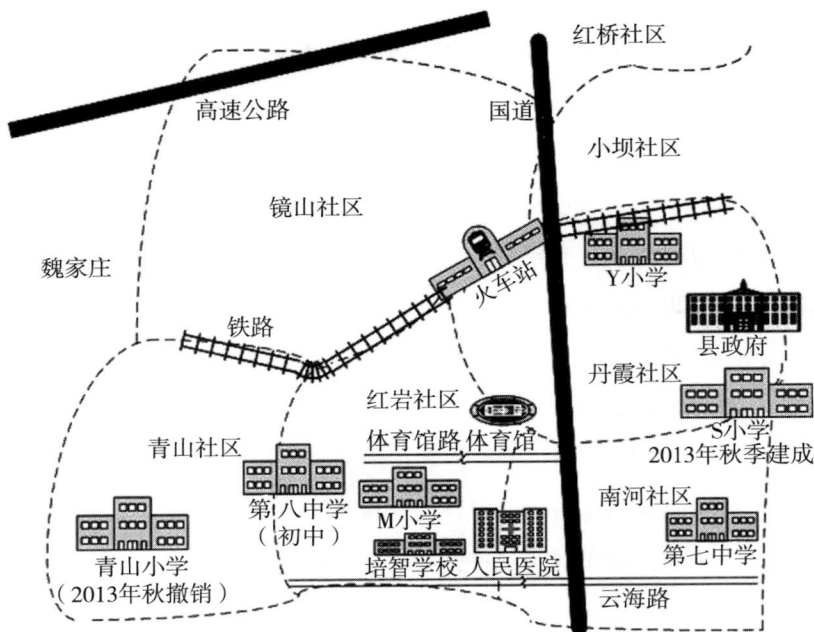

图4-3 碧云县新建城区学校分布及M小学社区地图

由学校教育资源引发的新一轮人口聚集在学校生源类型上也有所体现。按计划，M小学的招生区域原本只面向金顶经济开发区的红岩和南河两个社区，但实际上学生不仅来自金顶经济开发区管辖的各个社区和乡村，还有相当一部分是本县其他乡镇和其他县市择校至此的流动生源。2012年9月，学校共有登记在册学生2423人，其中本县外乡镇学生有1125人，外县学生有279人，二者合计占总人数的57.9%，学校计划外生源总比例更是远远高出这一比重。

当初地方政府组建M小学的动机固然包括缓解城区教育资源供不应求的情况，但从周边社区和整个城市的发展来看，学校又发挥着吸引城市新移民、为周边社区特别是商业住宅楼增值的效果。M小学的出现为金顶经济开发区创造出更多关于优质教育资源的想象和需求，无形中强化了当地城市化的进程和幅度，更在不知不觉中使自己陷入一个在日益局促的环境中大规模办学的窘迫困境。

（三）近景：校园环境与空间格局

在县直属的 7 所公立小学中，M 小学的人均校园面积最小。学校总占地面积为 19200 平方米，其中校舍面积 6965 平方米，已建成运动场地 1000 平方米，尚有 8000 平方米规划用运动场地迟迟未能开工。校园的主体建筑只有一块操场和沿操场而建的两栋楼房。从 2012 年 3 月第一次进入 M 小学到 2013 年 10 月最后一次回访，我在约一年半时间内见证了 M 小学内部和周边环境渐进又极具张力的变化。

1. 合拢而成的校园"边界"

M 小学地处云海路和体育馆路之间，但学校不临街；加之四周遍布正在修建的高层建筑，不熟悉的人如果不特别留意，很难从街道上发现这所小学的存在。我第一次去 M 小学时，恰好是学生早晨上学时间。在云海路上看到成群的学生，我心里暗想，只要跟着那些戴红领巾的孩子一起走，就能到 M 小学。孰料沿着马路走了几百米后，孩子们陆续右转进入一处乱石岗，熟练地翻过去就不见了。我向在路边售卖快餐的小贩打听之后才知道，M 小学的正门应该从北侧体育馆路进入，而这处乱石岗通向学校的一条小路，不知什么原因迟迟没有开发。从云海路一侧居民区到 M 小学，走这条小路是最便捷的。

跟着孩子们翻过乱石岗，迎面看到培智学校的围墙。沿着围墙根能看到一条长约 300 米的羊肠小道。这是 M 小学师生日日行走出来的痕迹。小路一侧紧挨着围墙，另一侧是十几米深的沟。在沟对面的山坡上，一栋正在修建的电梯楼已经快要完工。工地上的废弃石料和垃圾倾倒在山坡上，十分显眼。小路的尽头消失在一片依然乱石林立的工地边。场地上停着两辆运送土石的大卡车。那里就是 M 小学规划修建运动场的地方。在后来一次对校长的访谈中，我向他询问学校一直没有利用那片场地的原因。校长无奈地解释说，学校周边有很多正在开发的工地，那片土地刚好处在几个工地运输材料的要道上。其中一些工程因为与某些机构有关，学校只能搁置修建体育场的计划，为施工单位开方便之门。时间长了，这也成为一种惯例。在学校看来，似乎只有等周边土地悉数开发完成之后，才有可能动用这片土地。

工地正处在学校综合楼背后。综合楼和旁边培智学校的围墙之间形成一个宽约 3 米的通道，正中间放置着一个巨大的垃圾箱。走小路的师生通常都是从这个通道进入学校操场和教学楼的。绕过那个巨大的垃圾箱就能看到整个校园的中心，一个约三个标准篮球场大小的操场。虽然场地狭小，但这里是全校学生每天做课间操、每周升国旗以及学校举行各种文艺演出等集体活动最集中的地方。学校的主教学楼是一栋 L 形的三层小楼，分布在操场的东南角（见图 4-4）。

图 4-4　M 小学操场及东南面的主教学楼

操场西侧是校园的最高建筑——一栋六层高的综合楼（见图 4-5）。校长和学校中层领导在五层、六层办公。学校的功能教室，如科学实验室、音乐教室、舞蹈室、图书室等，分布在这栋楼的一至四层。全校教师集中开会的大会议室则在一层靠近教学楼的一侧。每周二下午放学后，全校各科教师都要集中到这个会议室听校长和分管领导对学校上一周各项工作的评价以及对未来工作的部署。由于学校教学班级过多，主教学楼教室不够用，综合楼二层又另外开辟出三间教室供新入学的一年级学生使用。

图 4-5 2012 年 6 月底学校毕业演出时拍摄的校园西北角

操场北侧是一段长长的围墙，上面除了有学校教学楼功能分布图以及校领导分管信息的公示之外，还贴满了宣传文字和图片，如禁毒标语、防灾减灾宣传图、"廉洁教育"警句等。其中最显眼的是操场入口处两块巨大的防灾减灾宣传语："无论春夏与秋冬，积极防灾不放松""防灾减灾，守卫我们的生命与家园"。围墙对于 M 小学的功能不只是展示相关的教育信息，它更根本的功能是减少墙外施工工地对学校的干扰。随着墙外建筑日复一日地增高，矮小的围墙虽然无法挡住噪声和粉尘，也不可能阻拦工地起重机的长臂从校园上空旋转而过，但至少可以保证孩子们不会太靠近危险的工地，也为校园内的师生提供了一点区隔和保护的暗示。

M 小学没有一处真正意义的校门。学校仅在操场西北角靠近综合楼的一侧，建了一个印着"公安"标志的简易板房。这个板房和旁边的围墙勉强构成一个进入学校的通道，加上学校的门卫兼保安尹大叔对陌生人进行盘查，这些多少给人留下一点"门禁"的印象。但是在我关注 M 小学的第一年里，学校既没有一处标示学校名称的大门，也没有配备足够的安保人员。日常上课时间和需要清校的特殊时间，学校基本做不到杜绝无关人员进入校园。每周升旗和每日上下学时间，我都会看到成群的家长聚集在板房门外。一些进城陪读的妈妈甚至带着活计，三五成群坐在综合楼下，等着孩子放学。

2. 被蚕食的"井中校园"

这所缺乏规划、总在尽可能为周边单位提供方便的学校，校园环境注定会随着外部环境的变化而改变。2012 年 6 月，我第二次进入 M 小学，发现学校周边环境发生了很大的变化。学校综合楼后的荒地已经用石料填平，上面停放着运输车、挖掘机、水泥车等大型机械。在这片荒地的西侧霍然出现深深的巨型地基。据说这里又要建一座 20 多层高的电梯楼。不知是学校还是施工方在学校空地和工地的连接处插了一块警示牌："严禁到乱石堆玩耍"。不过每天放学后我还是会看到成群结队的学生走到地基边缘好奇地向下打探。

为了避免破坏市政道路，施工方选择从学校一侧运送建筑材料。一段双向行驶的坡道直接连通了地基和学校西侧的荒地。施工车辆从这段坡道出来，再通过学校门前狭窄的通道就能到体育馆路这一主干道上。这样一来，校园主入口处变得隐患重重。为了防止施工车辆影响学生进出，施工方会避开上下学的高峰期。但运输车的往来还是给校园带来大量的尘土和噪声，遇到大风天气，师生们必须停止校园户外活动。另外，施工方对学校荒地的占用使学校教师失去了原先停车的场地。很多教师开始把汽车停到学校操场上。这直接影响了学校课间操和体育课的正常开展。为此，学校保卫室在进入校园的主干道正中间放置了一块警示牌："为了孩子的安全，车辆禁止入内"。作为表率，校长每天早晨都会将自己乘坐的学校唯一一辆公车停靠在这块警示牌旁边。其他教师的车就只能停到更远的体育馆路上。为此，教师们反复向校长抱怨，这样停车随时可能被交警开罚单。

与此同时，学校东侧大型住宅小区已接近完工，北侧两栋电梯楼也越来越高。早前学校师生站在教学楼和操场上还能看到北侧围墙外隐隐的远山。现在那些令人心情舒缓的景致一点点被墙外高楼遮住，四周建筑大有合围之势。到 2013 年春季学期，学校北侧的电梯楼接近竣工，这座最早落户该区域的小学校彻底被置于高楼的"深井"之中。图 4-6 显示了 2013 年儿童节从 M 小学操场上拍到的校园西北角景观。

图 4-6　2013 年儿童节从 M 小学操场上拍到的校园西北角景观

随着周边高楼的增多，校园的空气质量、光线以及师生的心理感受都趋于恶化。教师们戏称自己是在"风吹不到、水泼不进"的"井校"里培养"井底之蛙"。2012 年 12 月我和学校教师针对该校三年级一个班所做的问卷调查显示，92 名学生中有 69 人明确表示希望学校的环境能够变得更好。学生提出的建议包括改进校园卫生、空气和光线状况，增加绿植、改造操场以及修建围墙等。他们坦率、质朴又异常集中的愿望表达使我这个观察者感到如坐针毡。

3. 难以避免的突发悲剧

面对周边环境的持续变化，学校管理层一直难以做出明确的回应。如果不是 2013 年 5 月发生的意外事件，M 小学的师生还会一直以无奈、麻木的状态感受和参与校园及周边环境的演变。

山区多雨，每年入夏时节又是一年中降水量最大的时候。2013 年"五一"劳动节前，碧云县连续下了十天暴雨，很多地方出现道路滑坡、房屋倒塌等灾情。5 月 3 日，恰好是周五。放学后，很多学生沿着学校北侧的体育馆路回家。道路两旁密布正在施工作业的工地，施工方临时修建的围墙首尾相连，沿着道路两侧延伸。围墙外还常常能看到堆放的砂石、钢筋等建筑材料。每天上下学时间，很多孩子为了避让车辆都紧靠着这些围墙行走。那天放学后，道路一侧县体育馆工地的一段围墙突然垮塌，M 小学三年级的一位学生被当场掩埋，事发地见图 4-7。虽然这位学生被紧急送医抢救，但仍因伤势过重不幸离世。

事发之后，我从教务主任孟秋那里听到了整件事情的经过。透过她在学校管理和教学工作中所处的独特角度，我也看到这个突发事件对学校管理和教师心理带来了巨大而隐秘的影响。事发当时，学校大部分师生已经离开校园。遇难学生是在周围居民和接送孩子的家长的帮助下被救出并送到医院去的。当校长和学校教师得知事故消息时，这名学生已经在医院接受抢救。为了安抚家长情绪，学校行政领导和学生的班主任轮流在医院陪伴家长度过了一个周末。在此期间，学校管理层紧急展开调查，通过测量出事地点与学校之间的距离，排除了

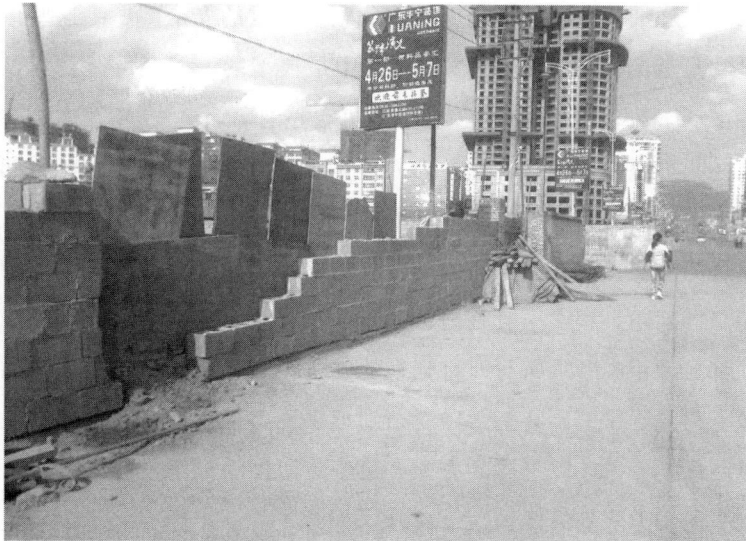

图 4-7　2013 年 5 月 3 日事故发生地

学校在这起事故中的责任。这无疑让学校管理者放下了一些负担。但是学校大部分教师都意识到，不论这件事最后归责于谁，学校都将很快迎来上级管理部门派来的"安全检查工作组"。这件事对于遍布安全隐患的 M 小学而言，绝对是可大可小的难题。

转眼到了周一，事故消息已经在师生中不胫而走。一条幼小的生命在身边以如此惨烈的方式消逝，悲痛、恐惧、对现实环境的愤怒与无力感……，种种复杂情感异常强烈地冲击着 M 小学每一位师生的内心。令大家意外的是，早晨升旗仪式结束后，校长破例让学生先回到教室，将全体教师留在操场训话。校长指出事发之后 M 小学的教师没有第一时间赶到现场参与救助，严厉斥责教师"缺乏责任心""麻木了"。这一通"当头棒喝"令在场教师人人自危，上周五发生的悲剧也立即成为学校上下三缄其口的敏感事件。

在随后召开的学校行政会议上，校长要求中层管理干部和他一起商量应对上级专项检查的方案。参与会议的孟秋回忆，在这次会上，她第一次详细地了解到学校里有如此之多严重的安全问题。这些信息令她"后背的汗都被吓出来了"。其中最典型的一个问题是：学校周围的围墙多数是"空心围墙"。所谓"空心围墙"，就是不用水泥，简单把砖头堆叠起来，然后在外表面整体抹上水泥，刷上石灰，看起来像围墙。这样的墙壁内部缺少基本的稳固性材料，成为安全隐患。岌岌可危的围墙、缺失的校门、校园防盗安保问题、周边施工工地的安全隐患等问题头一次一股脑地被摆到学校行政会议的台面上，其中每一项都是棘手难题。面对即将到来的安全检查工作组，这重重叠加的隐患变得尤为紧迫，甚至已经复杂到近乎无解的程度。学校的行政班子只能优先考虑该以怎样的方式、策略应对即将到来的检查，尽可能将问责的压力降到最低。

会议中，校长提议让孟秋担任这次迎接安全检查工作组的组长，主抓校园环境的专项整顿。一向和顺的孟秋坚决反对。事后在与我谈起这件事时，孟秋仍然很激动，她说："这个责任我担不起，也不该由我担！……刚建校时，我们条件艰苦，总想着以后会越来越好。这么多年过去了，都做了什么？家长们求人、找关系，挤破头把孩子送到我们学校来，可是我们2347名学生在这里得到的都是什么样的待遇？树无一棵，草无一坪，做课间操连胳膊都伸不开！"（说到这里孟秋哽咽了，眼里强忍着泪）"……谁该来承担这个责任？谁都不应该，也承担不了这个责任。"

4. 学校还能守护儿童安全吗？

最终，校长担任了那次学校安全整改工作的全权负责人。在随后的一个星期里，M小学的校园环境出现了自我入校观察以后最大的一次改变。学校首先在主教学楼入口处和东侧正对操场入口的二楼阳台上挂出两条红底白字的宣传横幅。横幅上分别写着："普及防灾减灾知识，提高防灾减灾能力"，"开展防灾减灾活动，增强防灾减灾意识"。之后，从学校西侧建筑工地派来的泥水工人开始在校园里忙碌起来。

几天时间，他们先对学校原有的围墙进行了加固。所谓"加固"，就是紧贴着围墙，每隔五米左右砌起一个一人高的梯形水泥垛。据说，这样可以防止围墙垮塌。图4-8展示了学校在安全整改期间加固的围墙和设置的临时大门。

图4-8　安全整改期间学校加固的围墙与设置的临时大门

另外，工人用木板钉死了从云海路一侧进入学校的小路入口，并且以此为起点建起一面阻隔学校和西侧建筑工地的"混搭"的"围墙"。这面围墙中靠近主干道路的一段由水泥和砖头砌成，但是往学校走就变成由彩钢板和木料搭成的简易隔断。在彩钢板隔断和水泥墙之间，也就是正对着学校操场入口的地方，施工方特别建起了一个大门，供工地的工程车出入。同时，学校北侧的工地不知出于什么原因，也将自己工程车的出入大门改到靠近学校这一侧。这样一来，本不宽敞的学校操场入口处竟成为两个工地车辆进出的要道。每天早晨学校各班开始上课后，满载泥土、石块的卡车沿着新旧围墙形成的甬道鱼贯而出。那样的情景不禁让人担心，学校的整改工程究竟多大限度降低了校园周边的安全隐患，抑或在降低的同时又增加了另外一些不确定因素。

不过最令人意外的是，新建的围墙几乎将学校闲置多年，准备用作体育场建设的土地全部划到了西面工地一侧。后来学校一位副校长告诉我，就在那次校园环境整改行动后不久，学校和西侧的地产开发商达成协议，将这片土地委托给开发商开发。开发商承诺用三年时间将这里建成一座综合体育场。综合体育场的地面部分是标准化足球场，产权归 M 小学所有，地下部分将成为综合停车场，产权属地产商，但 M 小学的教职工拥有免费使用权。

在快速推进的城市建设大潮当中，身处这座城市开发热度最高区域的 M 小学，想要守住早先依靠市政规划得来的校园土地很艰难。随着周边楼盘对校园土地和高空区域的缓慢"蚕食"，学校也一步步从被动的妥协、退让转向和周边地产商共建共有、俱荣俱损。这一层关系的转变奠定了 M 小学文化生态的"底色"。对这层关系及相关文化规则的体认和反思也是此次行动研究中非常重要的一部分。

二、课题组的组建背景及成员介绍

行动研究课题组虽然希望促进教师、管理者和理论研究者之间的平等对话，最终针对问题情境提出更具共识性的研究问题和行动计划。但是，在组建行动研究课题组时，参与者难免会基于自己原有的经验、专业、职责、分工对研究提出不同的期待。本部分将对不同参与者在进入课题组时的个人教育经验背景和对大班额课堂教学持有的基本假设进行"白描"。这些背景信息是课题组得以凝聚的前提，也构成了这项研究持续推进的基础。

（一）课题组教师的专业"剪影"

进入 M 小学之前，我并没有明确的开展行动研究的计划。这主要是因为行动研究对参与者的主体性、积极性有更高的要求，而且由于行动研究很可能触及对学校文化、管理方式的讨论甚至变革行动，如果没有争取到包括学校管理层成员在内的处在问题现场的一线行动者的支持，研究将很难深入开展。真正促成这项行动研究启动的关键人物是 M 小学的校长王宏山。在校长的大力宣传和支持之下，课题组除了我和校长之外，最终有三位语文教师（包括教务主任孟秋）、两位数学教师、一位英语教师加入。M 小学从建校以来就采用考调的方法从其他乡镇学校选拔优秀教师，课题组教师又是优中选优。因此进入课题组的教师不论从职称、教龄来看，还是从日常教学工作表现来看，都堪称学校乃至全县各学科小学青年教师的业务骨干。

1. "无为而治"的校长

已过不惑之年的王宏山校长在被抽调到 M 小学筹建组之前是一所乡镇中心学校的校长。1988 年他开始担任初中英语教师，因为教学成绩突出，工作仅四年就开始承担学校管理工作。对于碧云县教育的基本情况特别是乡镇一级的教育问题，王校长非常熟悉，也有自己的见解。

论及做校长，王校长称自己信奉"无为而治"的管理原则。通常情况下，教师们很难在教学楼里遇到校长，因为学校大小事务都交给各位分管的中层领导负责，校长只在每周全校教师例会上，对过去一段时间的工作进行点评或者分配各项新任务。但是当学校出现一些突发事件时，校长就成为追究责任到个人的"审判员"。在他看来，作为校长，他只跟教师要结果，至于过程如何进行他不希望自己过多干涉。

大班额办学现状是最令王校长烦心的一件事。虽然他并不认同小班额教学一定比大班额效果好，但动辄八九十人的班额还是令全校师生怨声载道。校长也考虑过和城区另一所直属学校 Y 小学一样设定班额上限，所有新生入学都要通过考试筛选，但最后他还是放弃了这个想法。他解释说："有关系的（家长）我得罪不起，没关系的连续几天守在办公室门口求你，你也不忍心拒绝他。"由此 M 小学的办学规模远远超出了几乎同等条件的 Y 小学。不过令王校长有足够信心敞开门办学的最重要条件，他坦言是 M 小学教师的敬业精神，"没有这些教师们这么努力地做工作，这所学校可能早就出问题了"。

正因为这样，王校长对学校教师具体的教学过程不做过多的检查和干预。甚至县教育局要求参加的一些教学改革项目，他也顶着压力一一拒绝。对于本土具体的教学实践和大范围推广的模式化教学改革之间的关系，校长有自己的一套见解。他认为，教学这件事是几代教育人积累传承下来的一套文化，它本身有自己合理的一面。所有的教学改革只要能在现行做法中发现一星半点的不足之处并做出改良或改进，这对教学来说就已经是非常扎实而且了不起的事情了。对近些年此起彼伏的教学新模式、新方法，王校长显得不以为然。在他看来，其中绝大多数不过是过去的"题海战术"换了一些新名词、新形式的变体。它们的效果可能比原来单纯的"题海战术"还要糟糕。这也成为他接连几次拒绝参加"教学模式"改革项目的根本原因。

2. "教研相长"的孟秋

作为课题组的总协调人，30 多岁的孟秋不仅是 M 小学的建校元老，也是拥有十几年教龄的"老教师"。1996 年，她以优异的专业成绩从中等师范学校毕业，到当时的碧云县实验小学担任语文教师和班主任。说起她带的第一届学生，孟秋会满怀深情地回忆当年孩子们偷偷凑钱买来蛋糕到宿舍为她庆生的温馨场景。自小在教师家庭长大的她，对于教育有自己的一套理解："即使孩子不爱学习、不愿学习，做父母的也要多理解，……找一找问题出在哪里。强迫是没有用的。"

"孩子也有自尊心，什么时候都要给他（她）留点面子。"

2005 年 8 月，在县内语文教学领域已经小有声望的她被县教育局抽调到 M 小学的筹建小组，参与了选址、建校到招生的全过程。建校至今，孟秋一直担任学校教务主任一职，负责全校课程计划的制订、学生学籍管理、教学质量监控以及教师教研、培训等繁杂的工作。尽管有教务工作的重压在身，孟秋仍坚持承担每周 2—3 个课时的教学工作量，主要给学生上信息技术、综合实践活动这类"非考核"课程。我问她，学校中层以上干部都已经不承担教学任务，她为何坚持每学期给自己排课。她淡淡一笑解释道："我心里认定自己是一个上课的老师。要不是手里这摊工作没人愿意接，我早就不想干教务这些活了。当语文老师，给学生上课很多时候是件幸福的事。……现在学校的工作越来越不好做，只有和孩子们在一起，看到他们一点点成长还让我感觉自己的工作有意义。"

孟秋这种对教学特别是语文学科教学的强烈认同还表现在她的教学研究当中。进入 M 小学之后，由于参加各级教师和管理者培训的机会增加，她的语文课堂教学进入活学活用、积极创新的阶段。2005—2008 年，孟秋和语文组几位教师针对低年级段学生的识字教学进行研究，研究成果不仅获得省级论文评比一等奖，也为自己的语文课堂教学带来很多新的思路和元素。2008 年她先后获得小学语文优质课评比的县级二等奖和市级三等奖。此后，虽然由于教务工作的影响，孟秋离开了语文教学的岗位，但她仍积极参加语文组的课题设计和申报。语文组先后针对学生习作、阅读的能力和方法申请过课题，这其中都能看到孟秋积极的身影。

不论是对语文还是语文教学，孟秋一直保持着学习的劲头。这可能和她的彝族身份以及自小学习汉语的经历有关。在一篇回顾自己学习汉语拼音经历的教育叙事中，孟秋借用她同是小学教师的母亲说过的一段话，来描述汉语学习在彝族教师生命中的角色："你可以 1 小时学会彝语，30 年学会英语，但是 30 年未必学会汉语，她需要你一生的学习，即便如此，可能也只能学习到皮毛而已啊！关键是要坚持学习才能有所成就。"

3. "巧思至上"的孙阳

孙阳是课题组中最晚加入 M 小学的教师之一。2011 年 8 月，她通过县教育局组织的考试，调入 M 小学，担任六年级一个新组合班级的数学教师。在这之前，孙阳大专毕业后在一所乡镇矿办子弟小学教了十年。说起之前的教学经历，她总会表现出一种又爱又恨的情感。一方面，她认为矿办学校在办学质量和教师专业水平上比地方直属学校更好，连普通话都说得更有"那个味"；但另一方面，她又很不喜欢矿办学校繁复的管理和过于紧密的人情关系，加上几年前矿办学校收归地方，学校的待遇、生源质量都逐渐失去优势，孙阳也加入了乡镇教师向县城学校流动的大潮。

2012 年暑假，课题组开展第一次正式活动时，其他教师戏称孙阳"在学校放了颗卫星"。她调至 M 小学第一年接手的班级在刚结束的毕业班升学考试中取得了全县数学单科平均分排名第一的好成绩。如果说排名让孙阳崭露头角，那么她在一年时间内给这个毕业班带来的改变和她的专业能力则足以给全校教师留下深刻印象。这个班是学校在新学年开学前为了减少毕业班班额、保障教学质量，临时从其他各班抽调学生仓促组成的新班级，学生管理、教师配合、师生互动习惯等常规工作都得从头做起，任课教师能在这样的班级中保证教学的正常开展已实属不易，更何况孙阳作为班主任兼数学教师还取得了令人瞩目的好成绩。与此同时，孙阳的工作方式极大地激发了同事们的好奇心。作为刚加入学校的新教师，一年来她的办公桌上几乎看不到学生交来的作业。这在课业压力极大的 M 小学是不可想象的场景。她是怎么做到几乎不留作业又能让学生取得良好考试成绩的呢？这是我在 M 小学期间听到教师们问孙阳最多的问题。这位平日大大咧咧、喜欢插科打诨的女教师，每次遇到这个问题反倒谦虚起来："一次考试，那是运气好！不能说明什么。不过话说回来，我平时是留作业的，只是留得少，学生在课堂上或者中午回家就做完了。课间我坐在教室里一会儿就判完发给他们。所以办公室里基本看不到学生的作业。"

访谈孙阳需要有特别的耐心和专注力。她的思维跳跃性很强，遇到一时难以说清的事情她会突然皱起眉头说："不好玩！等我想好了再告诉你。"这种随心所欲的个性在她的课堂教学中也很鲜明地体现出来。有一次，她正在黑板前给全班分析一道应用题，中途她突然停下，看着几个神思恍惚的学生说："不好玩！我们先看后面一道题吧。这个题等我想好怎么让你们都能听懂再来讲。"她私下告诉我，平时她会经常参考杂志或教参上对一些知识专题的分析和教学设计，但除了应对检查，自己日常上课几乎从不写教案，因为她的课从来没有按照预先设定的方案老老实实、完完整整地上下来过。

4. 兢兢业业的舒萍

舒萍是 2005 年建校时考调至 M 小学的第一批教师，但在办公室里，她比任何新加入的教师都更勤勉，丝毫看不出有"老人"的架子。每天上班，舒萍除了在教室上课、监督学生自习之外，其余时间几乎都在办公室批改作业。语文组教师的办公桌上常常堆着如山一般高的学生作业，舒萍的桌上也不例外。她不仅坚持全部批改，而且很细致地登记每个学生的作业表现，对他们进行分类和跟踪评价。

舒萍的丈夫在离县城几十公里的乡镇上班，家里年幼的孩子平时和爷爷奶奶同住，一家人只有在周末或者节假日才能团聚。除了上班，舒萍甚少有业余活动，就连学校同事私下组织的"麻将联络"活动她也几乎不参加，反倒有人看到她好几次午休时间订了外卖到办公室，省下外出吃饭的时间来批改作业和辅导学生。

作为语文教师，每次接触到一些新的教学方法或技巧，舒萍就会积极地用到自己的课堂教学中去。她的教学也因此包含了一些不同于传统讲授方式的教学活动。比如，在她最重视的生字教读环节，她总会花上三五分钟让学生谈一谈是如何形象地记住某个生字的。在她的引导下，她班上的学生都有用发散式联想思维来解读和记忆生字的习惯。

尽管舒萍在 M 小学历次教师绩效评比中都名列前茅，但她对自己的课堂教学效果一直不满意。她告诉我，自己很清楚那些考试成绩都是用教师和学生的时间垒出来的。一方面，教师教得辛苦；另一方面，学生每天被逼迫着反复背诵枯燥的内容，学习的兴趣、好奇心也几乎都被磨没了。一想到几年之后自己的孩子也要上小学，舒萍总是很无奈地说："到时候哪位教师拼成绩拼得不厉害，我就把孩子送到哪个班。要不才一、二年级，孩子就要被教傻了！"

5. 左右为难的谭林

谭林是课题组中唯一一位英语教师，也是学校英语组的组长。第一次开课题会时，我问有没有教师不是自愿报名参加课题组的。谭林发言说，她内心想报名，但英语组其他人都没反应，她也就一直没行动，后来孟主任打来电话，让她动员英语组教师参加，她想自己作为组长也躲不过去，这才报了名。

作为第一批加入 M 小学的建校"元老"，谭林当年以专业考试第一名的成绩从当地著名的农村办学典型学校彝乡中学调入。由于建校时教师紧缺，头两年，谭林还教过高年级的数学。她的工作热情和专业能力在当时给全校师生留下了很深的印象。但是随着结婚生子，特别是孩子幼时多病，谭林的生活重心大幅度地向家庭倾斜，连她自己都说："我根本没有精力顾及教学，很多时候就是靠自己原来打下的底子应付着上课。"

对于谭林的工作状态，王校长并不掩饰他的不满。有一次我和他谈起谭林，他直接评论道："她的能力很强，但是目前这种教学状态和成绩只能说明她不用心、不努力！和英语组一些教师比起来，她显然在学生身上花的功夫太少了。"与此同时，面对学校安排的 3 个班的"跨头"教学工作量以及强压下来的英语教研组长职务，谭林也是满腹委屈。在个人谈话中，她不止一次对我表示，由于英语组有校长的亲信在，英语组教师人人自危，平时说话都小心谨慎，要想开展一些合作性的活动更是难上加难。谭林每天忙于应对 3 个班的教学任务已经不堪重负，还要不时处理组里的各种明争暗斗，这更让她烦闷。归结根源，谭林认为学校出现的很多问题和校长的管理过于专断有关。在一次全体教师会议上，谭林甚至公开反驳校长对英语组工作的批评。不过绝大多数时候，谭林和其他教师一样更愿意保持沉默和疏离。2013 年暑假，城区新建的 S 小学公开招考，谭林第一个递交了参加考调的申请。虽然最终没能获得批准，但谭林表示，只要时机成熟，她还是会想办法离开令她感觉压力重重的 M 小学。

6. "大姐姐"李美珍

李美珍是课题组三位语文教师中的一位。在正式启动课堂观察之后，由于她担任毕业班班主任，课题组给她安排的听课任务相对较少。加之课题后期将课堂研究的焦点集中到孙阳等人任教的三（2）班中，李美珍和丁叮的课堂教学活动更少得到被观察和讨论的机会。她们花了大量的精力帮助课题组其他同伴聚焦课堂教学中的问题和现象。

李美珍算是教育世家出身。她的父亲是当地一所乡镇小学的校长，姨夫、姑父、几个姨妈和表姐也都是当地中小学教师。李美珍师范学校毕业后到了父亲所在的学校任职。在那里她连续教了两届学前班。用她的话说，那两年基本就不能算是当老师，更像是教幼儿园大班的"大姐姐"，带着一群孩子开心地玩耍。

李美珍热爱朗诵，取得了普通话水平测试二级甲等证书（这在当地即使是语文教师也是很难做到的）。2003 年她被借调到县电视台工作。两年后，考虑到电视台的工作无法落实编制，丈夫也已经调到县城工作，李美珍参加了 M 小学的招考，顺利成为该校教师。在 M 小学，李美珍带了两年一年级才接手现在的班级。说起来，这是李美珍第一次以大循环（即从一年级连续带班到毕业班）的形式带班。她对一年级学生的心态、需要教学的内容都已经太过熟悉，但是对一年级以上的教育情境和学习内容是完全陌生的。课题组教师去听李美珍上课时，她提前跟每一位教师强调，她感到高年级教学和班级管理的复杂性几乎超出自己的能力范围。实际上她常常感觉自己已经无法在学习内容上满足学生的学习需求，所以大多数时候她会借助她和学生之间亲密的师生关系，引导他们自学及相互辅导。讲解课文时，带领学生感情充沛地朗读文章也成为李美珍根据教学参考书讲解课文之后最常见的教学方法。

李美珍说，教过高年级才意识到自己在专业知识上存在多大的缺陷。虽然现在带的班级考试成绩还不错，但这不能说明她可以胜任高年级的教学。如果真要总结的话，能顺利带下这个班的教学任务主要得益于她和学生之间亲密的师生关系以及低年级时她坚持培养学生阅读课外书的习惯。送走毕业班后，李美珍准备针对学生和自己的学习订一份计划：不同阶段重点培养学生不同的语文学习能力，同时也要好好完善一下自己的语文学科基本知识。

7. 沉稳的丁叮

丁叮是课题组里除孙阳之外的另一位数学教师。由于课题组申请立项时有严格的人数限定，丁叮并没有进入省级课题申请的正式名单之中。但是在历时一年半的课题探索当中，丁叮全程参与，而且为课题组特别是孙阳的教学探索提供了不可缺少的专业支持。临近课题结题时，丁叮正式提出退出申请。我试图挽留并承诺除了课题结题报告之外，其他正式发表的作品中都将会写上丁叮的名字。出乎意料的是，课题组其他教师都同意丁叮退出，因为大家都感受到丁叮坚持参与课题组活动的同时承受着来自学校同事的压力。

几乎所有与丁叮相熟的教师都会问她，坚持这样一件没有实质好处的事情，究竟是为了什么？又得到了什么？临近结题，丁叮对我说，以前可以不管别人怎么说，但是快要结题了，她害怕面对学校发结题报告那个时刻，其他人都领到了证书，自己却两手空空。就算别人不说什么，自己心里还是会难过。她提前退出也是希望向全校教师表明态度，只希望到那一天不会听到一些让人难过的话。

丁叮和孙阳是同一年考调到 M 小学的。之前她在临近县城的一所乡镇中心小学任教。由于爱人、孩子都在县城新建城区，丁叮为调入县城学校连续准备了很多年。成功进入 M 小学后，虽然被安排到一年级，但是她心里还是很紧张，总担心自己能力不够、教学成绩不行。

在课题组，丁叮会带着自己教学中的疑问来学习理论以及其他同伴的经验，但她不会很快就把一些做法引入自己的课堂教学中。在没有透彻理解一些教学思路和方法之前，她更愿意花时间去观察同伴们具体的做法或者详细地询问她们的想法和逻辑。从这一点来看，丁叮和孙阳之间又形成了极佳的搭档关系。丁叮耐心细致的倾听和不急不慢、稳健的性格常常在不经意间让思路跳跃的孙阳放慢节奏，思考自己的行动过程；而孙阳敢于尝试、乐于创造的性格也激励着丁叮不断推动自己的教学变革。在课题组开展参与式活动时，丁叮也总是最先站出来尝试新活动的人。她内心似乎有种不同寻常的安全感和信任感，而这一点在课题组每次遭遇困难或希望冒险尝试一些改变时，总会给团队成员带来莫大的鼓励。

在当地城镇化浪潮中，课题组成员都有一段由乡到城的迁徙、转变历程，这其中包含着非常丰富的个人体验，也为每个人的专业身份和风格特点的确立奠定了基础。校长在学校管理中延续着他在乡镇中学形成的一些专业判断和习惯。他将对考试科目教师的管理视为整个学校管理的核心，通过树立自己的威权形象以及建立严密的教师绩效考核制度，督促教师追求更高的学生考试成绩。从老县城直属学校升迁至 M 小学的孟秋，更相信追求教学卓越带来的专业力量，但受困于繁重的教务管理工作，她难以按照理想充分发挥和施展自己的教学专长。一路通过选拔考试"离土进城"的谭林、舒萍、丁叮，对于标准化考试抱有朴素的信仰，但又对自己的教学过程、专业发展思路受到应试文化束缚的地方有强烈的反思和探究的愿望。从矿办子弟学校调至县直属小学的孙阳，内心深处仍有相对于地方教师的隐隐的专业优越感，但她也对自身作为教师的专业发展保持着更加开放和敏锐的学习状态。曾经担任幼儿教师和电视台记者的李美珍，在教学中几乎处处彰显着这段经历带来的独特风格，她也在努力学习如何胜任小学中高段的教学和学生发展指导。

当我从每位教师的人生经历来理解他（她）对教育教学问题的看法和处理方式时，我们更能够相互理解并进行对话。这些经历本身也构成了影响教师教学使用理论的重要因素，不容忽视和回避。

（二）介入者的研究立场与价值辨析

1. "我"的研究倾向与假设

行动研究的参与者不可避免地要从自身的经验视角出发去理解和框定问题情境。因此，在研究现场保持尊重和开放的心态，克制先入为主的评判意识对于介入者而言是至关重要的核心能力，也是保证研究效度的重要因素。在进入现场之前，我反复提醒自己要保持开放，"悬置"判断。进入现场之后，我才在一个接一个的讨论、辨析甚至冲突中觉察到自己对现实持有的缄默的判断、认知。很多时候我是在介入的过程中，以及在对具体过程的事后反思之中觉察到自己的判断和价值立场的，事先反复准备的"悬置"并不会在我还没觉察到它们之前自动发生。

我的研究视角是在研究过程中伴随着与其他参与者（教师、管理者、学生、家长甚至学校周边社区居民）经验世界的互动、讨论过程开始外显和对象化的。整体来看，有两个与我个人经历直接相关的教育信念直接影响了我看待问题现象的角度。它们分别是：（1）对由西方引入的合作探究学习方式及背后的建构主义学习观的高度认同；（2）以发达地区（如北京、上海）的教育、文化水平为参照，认识和反思中国西部教育的差距和问题。

在进入大学攻读博士学位之前，我曾经在北京一所中学短期担任过物理教师。促使我脱离中学教职并转向教育学研究的一个重要原因，是我对参与式合作学习的热情。在硕士研究生和从教阶段，我因为参与一些非政府组织的教育项目，接触到参与式培训这种在欧美国家广泛使用的成人学习方式。参与式培训坚持的学习理念和它展现出来的学习深度对当时的我而言产生了振聋发聩的效果。我的内心如雪山崩塌一般，不再能接受过去习惯的单纯依靠记忆-练习的学习方式。在短暂的中学教学过程中，我坚持每节课都给学生做演示实验，要求自己必须将抽象的科学知识点与直观现象真正融合，然后才能将它们展现在学生面前。在教学实践的过程中，我不断追问自己：如果科学的本质是对自然现象的不断探究，那么探究的本质是什么？学校里的教学方式如何引导学生去体验科学探究，并最终养成一种探究的生活方式？作为教师，我们又有多大可能在现实条件下获得一种探究的专业生活？正是这些无法在当时环境中找到答案的问题带我走进了博士研究生阶段的研究团队，并在随后的学习中引导我向行动研究的取向靠拢。

另外，我从小在西部山区长大。接近二十年的学校求学经历为我搭起一个由西向东，由政治、文化的边陲不断向中心迁徙的流动阶梯。受教育经历使我获得了思考中国教育问题并不宽广但有一定深度的经验背景。城市/乡村、东/西部地区在我的经验世界中都有具体图景可以呼应，彼此也不是截然断裂或者对立的关系。它们就像一张白纸上环环相套的一幅靶标，相互对照，相互映衬。不过我的关注焦点始终是中国西部特别是乡村的教育问题。这也许是我人生中绕不开的问题方向，其中包含着很多难以言明的个人情感需求和成长发展的机会。

在以中国西部教育，特别是西部农村教育为关注对象时，我会不自觉地以东部发达地区的经验作为参照，有时甚至会选择欧美国家为主的"国际经验"作为更大的参照系，总结西部教育与"先进"经验的差距。这样一种参考思路在当下中国的教育、生活情境中是如此普遍，几乎成为一种常识。这种视角既是对当下城乡教育格局的一种呼应，对于我而言也成为一套等级化看待现象和问题的视角。在优先关注差距的比较视角下，我不可避免会错失问题情境中的很多重要细节，对行动者在研究过程中采取变革和行动实验的合理性、独特价值欣赏不足。

当我决定抓住 M 小学这次行动研究的机会时，内心多少有点以"合作探究"精神为矛冲向"风车巨人"的堂吉诃德式的激情与莽撞。但是在我走进课题组教师的内心世界，冷静观察和体验大班额问题情境中的"变"与"不变"后，我对自我、对教育实践的觉察变得更清晰，对理论与实践的辩证关系有了更丰富的理解，而对课题组的教师也生出由衷的尊重和信任。

2. 校长对行动研究的期待

在第一次见面时，我向校长介绍了自己对大班额教学困境持有的解释主义研究立场。王校长听完后，明确提出希望我和学校合作，不仅仅观察和解释，最好能深度介入教师的常态教学，指导教师研究大班额教学，提高教学的有效性。

在王校长看来，班额过大是 M 小学自建校以来一直伴生的典型问题。一方面，它给全校师生的教学和学习生活带来巨大困扰，近几年在持续过大的教学压力影响下，学生厌学、教师倦怠的情绪已经开始显露在常态教学当中，而且有越来越明显的趋势。另一方面，大班额以更低的办学成本解决了大量学生的就学问题，在地方政策制定者和教育管理者心中是经济成本最低的一种办学方式。从地方政策的发展趋势来看，短期内 M 小学大班额办学的状况不会得到本质改善。怎样在现有办学条件下提高教学的有效性、减轻教师的工作压力，这是王校长希望这项研究直接回应的问题。

在讨论研究计划时，王校长还提到他个人对研究的另一个期待。那就是：把大班额教学作为 M 小学的一个特色，总结出一套针对大班额的教学模式，以后要在全校甚至更大的范围去推广、实验。这个想法和他对"教学模式"改革的批评似乎又构成了一对悖论。在研究后期，我试图向校长追问他对"教学模式"的矛盾态度，但他先后两次都笑着回避了问题，只是强调在这个阶段我们的研究不一定要整理出一套模式。而在研究开展接近一年的时候，校长在一次课题会上发言："虽然我参加课题会的机会比较少，但我一直在关注这个课题的进展，……希望老师们努力在课堂上进行尝试，收集好资料，等研究到一个阶段，我将跟在大家的后面，做理论整理的工作。"对于校长心中对相应理论成果的期待我一直没有机会和他进行确认。但在课题组教师看来，校长想要的也就是一套能够推广的"教学模式"。几位教师对此颇为担心，她们认为，如果因为这个课题出台了一个要求全校教师必须遵循的教学模板，课题组教师将成为全校教师的"罪人"。不过教务主任孟秋曾经轻描淡写地说："就算弄出一个模式出来，在这个学校也推广不了，放心吧！"

作为外部研究者，当校长提出可以提供更大的合作空间以介入日常教学过程时，我内心感到既兴奋又异常犹豫。一方面，我意识到这是一个开展行动研究的极佳机会，这样的机会对于研究者而言是可遇不可求的。另一方面，我作为一名正处在学术训练期的博士研究生，不论是研究能力、教学经验，还是人生阅历，都很有限，大班额问题情境的复杂性对我而言是极大的挑战。这也是我从一开始就将研究定位于解释性研究的原因。更何况，校长提出总结"大班额教学模式"的想法和我关于教学与教师专业工作特点的理解相去甚远。如果开展行动研究，我并没有把握能协调好校长的行政力量和倡导"民主、沟通、协商"的行动研究之间的关系。所以，我一时也不知道如何回应校长对研究提出的个人期待和他事先声明的"半参与"研究状态。

尽管心存疑虑，但我意识到校长提出的介入需要既是机会，又是我进入现场的条件。而且，不论我的博士论文采取何种研究方法，最终是否只限定于对问题情境的描述和解释，研究者的在场效应必然会影响师生的教学过程。我需要考虑的更根本的问题是：作为研究者，我要如何对待自己的"在场效应"？对这个问题的回答似乎是在一个行动光谱上寻找与情境相匹配的状态点。光谱的一端把研究者对实践现场的影响视为需要时刻反思和控制的"次变量"，尽量减少研究者对现场的"破坏性分析"；光谱的另一端则把研究者的"在场效应"看作必要的研究工具，通过研究者和行动者之间的对话、互动，有意识地推动实践变革。我必须先进入现场，然后再根据情境条件调整自己的研究角色和作用。介入程度更深的行动研究方法是我必须要考虑在内并有所准备的研究取向。

3. 研究方案与课题组的成型

在达成共同开展课题研究的意向之后，我和校长在课题组教师的选择范围上有一段讨论。我希望把研究范围控制在一个学科之内，最好选择同一个年级的几位教师开展合作。但校长希望学校语文、数学、英语三个主要学科的教师都有机会参与研究。考虑到我个人的能力限制，我们关心的问题又与大班额现象有关，难免涉及班级管理等方面的问题，最后我提出，课题组人数应控制在7—8人，条件允许的话，尽量将课题组教师协调到同一个班任教。此外，由于课题研究的任务非常重，我希望从全校教师中征集志愿者，再由学校从报名的志愿者中选择合适的成员。最终，我们商定，在第二个星期的全校教职工例会上，由我给全校教师做一次关于教育研究方法的讲座，借此机会，我们正式向全校教师介绍这项研究的计划，同时面向语文、数学、英语三科任课教师征集课题组成员。

商定好合作基本事项之后，校长叫来了学校教务主任孟秋。他告诉我们以后跟课题研究相关的事务性工作都交由孟秋负责协调（在此后的两年时间里，孟秋也确实承担起整个课题组的协调、管理等主要工作，一直尽心竭力地推动着研究的持续开展）。几天后，我向全校教师介绍了研究方案，发布征集合作者的消息和相关要求。两周后，孟秋给我发来一份教师名单。她告诉我，教师报名很踊跃。她共收到 11 位教师的申请。考虑到学科分布还有教师的个性、能力和教学经验的差异，学校最终推选出 7 位教师进入课题组。

2012 年 4 月，课题组召开第一次课题会，邀请 11 位提交了申请的教师一起参加。在这次会议上，我与课题组的教师通过参与式活动形式相互认识，一起讨论大家参与这项研究的目的和需求。当有教师提到，她对研究能否改变现在的教学状态没有信心，更多是出于好奇，想跟着学习如何做研究才报名参加课题时，我顺势提出，在现实条件下，有很多事情是我们无法改变的，但至少我们可以改变自己，从改变自己的思维方式开始一点点改变我们的行动，进而影响和改变我们的环境。这一点就是整个课题的基本假设和价值立场，也是课题组对所有教师提出的行动和情感层面的要求。

第五章

课题组教师对问题情境的感知与框定

认识问题情境是所有行动研究的起始步骤。课题组也首先从整体认识和框定大班额问题情境来启动我们的探究过程。在这一轮活动中，课题组教师关注的问题对象经历了由具体的课堂体验，到结合学校和校外因素综合理解情境，然后再聚焦课堂情境的"一放一收"的循环。通过对问题情境的梳理，课题组教师对大班额情境的理解更丰富、更有层次性，研究的关注焦点和开展行动实验的范围也更加明确。

一、对问题情境的描述与分析

大班额教学情境并不等同于我们要解决的问题。"（专业实践者）需要面对的是问题情境的不稳定性、无秩序性和不确定性"，因此，在和情境的对话中"发现正确的问题"是最关键也最复杂的环节。（舍恩，2007：12，14）课题启动初期，课题组利用暑假时间组织了两次参与式讨论，聚焦大班额对日常课堂教学的影响。最终，课题组画出了比较系统的"问题地图"，并在此基础上初步提出研究的核心问题。

（一）对大班额问题情境的描述

在提出研究问题之前，课题组通过画"问题地图"的方式引导教师回溯问题情境，并对其中的现象进行初步的命名、归类，寻找不同现象之间的关系。这一步既是对问题情境的全面探查，也是寻找具有关键作用的"有意义"的研究问题的基础。在具体操作上，我将课题组教师随机分成两个小组，讨论"班级规模过大对课堂教学有哪些显著影响"和"其中哪些问题迫切需要改变"这两个问题。一组由孙阳、谭林和李美珍三位不同学科的任课教师组成；另一组有孟秋、舒萍、丁叮和我，成员专业身份的异质性更高。两个小组对大班额问题情境给出了很不同的描述。相比而言，第一组对学科教学具体情境性特征的体现比较深入，第二组看到的情境更复杂也更具系统性。

1. 学科教学视角下对问题情境的描述

第一组的三位教师分别是数学、英语和语文三个学科的任课教师。她们的讨论紧紧围绕着各自学科的教学体验展开。由小组画出的讨论图示（见图 5-1）能够看到，语文和英语教师都最关心学生课堂练习机会减少这个现象。这与语文、英语学科的知识特点和惯用的教学方法有关，也反映出班额规模超出限度之后，教师开展教学的一些常规做法开始面临低效甚至失效的窘境，日常教学的流畅性以及教师在教学现场的自我效能感都可能出现了断裂。不过从三位教师对问题情境的描述情况来看，她们似乎还不习惯围绕一个话题展开交互式讨论。其中，数学教师提出"小学低段有影响，中段以上影响不大"，很显然她的观点没有充分展开，也没有体现出与其他两位教师的互动。大班额对低段教学带来哪些影响？为什么她感觉对中段以上教学影响不大？其他教师怎样看待她的观点？这些都没有体现在讨论记录中。同样，虽然英语和语文教师都提到课堂发言或训练机会的问题，但两人都停留在对自我经验的描述上，没有通过讨论去寻找共性问题或通过概念来进行命名。

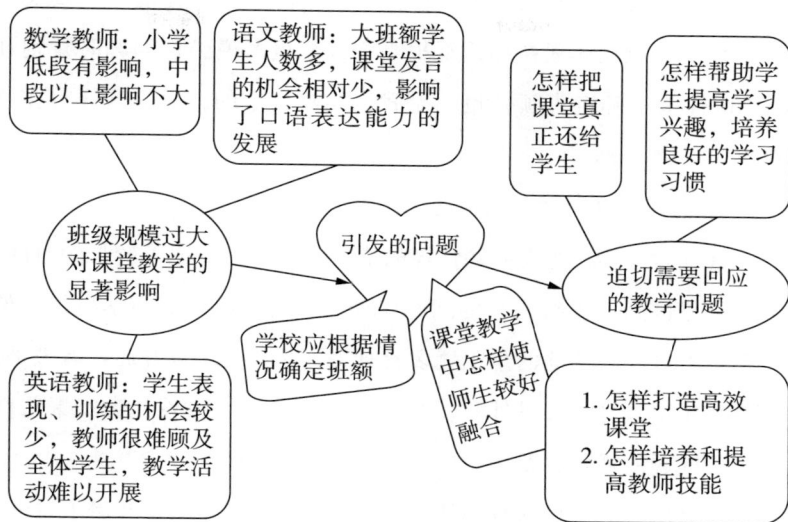

图 5-1 教师基于学科视角对大班额教学问题的描述

另外，图中显示三位教师关注的问题几乎全部是"怎样做"的问题。细看这些问题所指向的行动目标，如"师生融合""将课堂还给学生""提高学生学习兴趣""高效课堂"等，三位教师没有对这些目标及概念进行必要的说明，似乎她们已经对这些概念内涵和行动目标达成了共识。但是，仅通过一张结论图和简短汇报，我并不能判断参与讨论的三位教师对相关目标的理解是否一致，更无法推论这些价值宣称是否只是教师的"信奉理论"，没有进入实践层面。但可以肯定的是，脱离具体情境与行动过程空泛地理解教学行动目标和理论概念会阻碍教师与问题情境的对话。停留于"怎样做"这类技术理性取向的思考过程可能限制了教师对"是什么"、"为什么"以及"应该如何"这一类问题的思考。

在所有提出的问题当中，"学校应根据情况确定班额"是唯一一个具有"应然性"的表达，但在这里这句话更像是无奈的申诉和请求。教师没有说明学校应该根据哪些情况将班额定位在何种合理的范围，使得这个要求或建议的可操作性大大下降。这种无法改变现实的无奈态度更明显地体现在小组汇报当中，汇报人说到该问题时特别强调，"这件事（确定班额）也不是我们能够决定的，就先这样写在这里吧"。

2. 对问题情境的综合性描述

相比而言，第二组在问题情境的描述和讨论上停留了较长的时间，没有很快推进到"怎么做"的问题层面。这与该组成员在学校组织架构中所处的位置和认同的角色更多元有关。这一组既有普通任课教师，也有学校中层管理者，另外我作为介入者也加入了讨论。大家聚焦学校大班额问题的视角也就相对更多样、具有互补性。

丁叮和舒萍两位任课教师从具体的课堂困难体验入手开启了讨论。

丁：小学和初中、高中不一样，像分组讨论或者师生互动，小学要困难得多，而且在人多的情况下也比在人少的情况下困难得多。

我：你觉得人数过多，它的困难具体表现在哪些地方？

丁：比如让小组讨论，有的人根本就是在玩，而且人多了，老师可能课堂上检查不了几个组就下课了。学生讨论了没有，学了没有，老师都不知道。

舒：我的困惑是在（组织学生）活动方面，班额较大，影响很大的。人多了，就没有办法让每个人都展现自己。就像丁老师讲的一样，分组也很困难。我们班 80 个人，分 10 个人一组吧，空间有限，也不方便交流，所以我一般分 4—6 个人一组。如果 4 个人一组，就会有 20 个组。一节课时间不够，有时候只有三四个组展示了。另外，我还有一个特别困惑的地方。人数众多，老师无法跟踪检查，能跟踪检查的只是一部分……

我：根据舒老师讲的，我大概写了几个关键词。第一个，像中等生的问题，可能有一大批学生老师没有办法看到他，（其他）学生也不太可能注意他（们）。

两位任课教师在聚焦班额过大带来的教学困难时，都聚焦于课堂上小组活动的组织和检测，这是令我感到意外的地方。根据我在课题组成立之前对 M 小学一部分教师的课堂观察，我认为教师虽然普遍在教学中穿插了小组讨论活动，但教学的整体思路还是以教师主控的整班教学为核心。不过，从丁叮和舒萍两位教师的反应来看，即使困难重重，她们还是在日常教学中积极尝试使用小组合作学习活动。

作为记录人，我尝试着用一些关键词为教师提到的现象命名并和她们确认，同时也从自己的角度补充一些未提及的现象。例如，我提出中等生现象，试图以此指代教师描述的课堂展示机会不足的问题。对具体现象的命名虽然会受到交流中存在的偏差和误读的影响，但是为讨论提供了一套介于情境细节和空泛理论之间的互动工具，使讨论能够适度抽象又不过分脱离现实情境。

当围绕课堂活动展开的问题讨论告一段落时，教务主任孟秋加入讨论中来。由于她主管全校的教学工作安排和教学质量监督，相比课题组其他教师，她对于大班额现象更有可能采取一种全局性的观察视角，看到各类现象之间的联系，反过来也更容易从相互联系当中找到隐藏的关键现象。

孟：我自己认为，班级规模对课堂教学是有非常显著的影响的。学生座位的安排首先就是一种影响，而且影响非常大。坐在后面的同学和坐在前面的同学，他对学习树立的信心可能就不一样。第二点就是学生参与课堂教学的那种积极性，我自己感觉，好像（教室）后面的那些学生不是太积极。

我：是。教室很挤，老师又走不到后面去……

孟：学生的位置如果说长期固定在那，对后面的学生学习态度的树立，我觉得影响是非常大的。所以我们就尽量想办法让学生的座位轮换起来，这一轮换，就导致老师和家长之间的关系不好处理。

丁：我们就有这种情况。我一给他换了（座位），马上就跟我讲。

舒：唉！（叹气）一个个子很高的……

孟：个子高的调到前面去，学生就会说，他的家长和老师的关系好，他们凭关系来排位置，会出现这种我们老师觉得很委屈的事情。（丁：我最害怕的就是开学。）你的孩子因为个子矮，就理所应当地坐前面吗？个子高的就必须要坐后面？谁规定的？我们老师对这一点有点无奈。我觉得班级规模一大，学生座位的调整首先对我们来说影响非常大。对老师，是一种挑战，对吧？

还有一个影响是，小学的课堂纪律调控非常重要！你要调控纪律，老师更多的是关注前面的学生，距离最近，我关注度最高，其次就是在我视线范围内的，比较近的，但是越到后面，可能慢慢地就弱化了，……后面的学生我们顾及不到。我们（指学校管理者）进去听课，发现基本上学困生都在后面。

丁：那些学生觉得，"我坐在后面反正老师也看不到"，实际上你看得见他，但是他觉得你不知道。

孟：班额大的话，老师和学生的交流，特别是（和）后半部分（学生）的交流比较少。眼神方面的，还有动作方面的交流，顾及不到。

孟秋的问题视角跳出了以教师为中心的课堂活动的组织和管理，她更强调对整个班级学生的管理和所有学生的发展。她也选择从具体的问题现象切入讨论，但很显然，"座位调整"这个典型问题情境牵涉的影响因素更多、类型也更复杂，而且关注范围突破了课堂教学的边界。在描述问题现象时，孟秋呈现出一幅各要素之间具有明显逻辑关系的问题图景。例如，她指出以学生身高安排学生座位的做法与

"学困生"现象之间的因果关联，在大班额当中，挑战身高标准安排学生座位又会明显放大复杂的家校矛盾。这样一个层次清晰的对问题的描述立即引来其他两位教师的共鸣。

除了座位调整和学困生的问题，孟秋在后面的讨论中还指出教师的工作压力和学生的课业压力过大、教师的教学专业能力不足两个问题现象。她看待问题现象的角度推动了小组的讨论，使另外三位教师也开始将课堂内外的问题现象整合起来。最终小组通过对问题现象的适度命名，勾勒出一个内部存在某种相互关系的网状问题现象图（见图 5-2）。

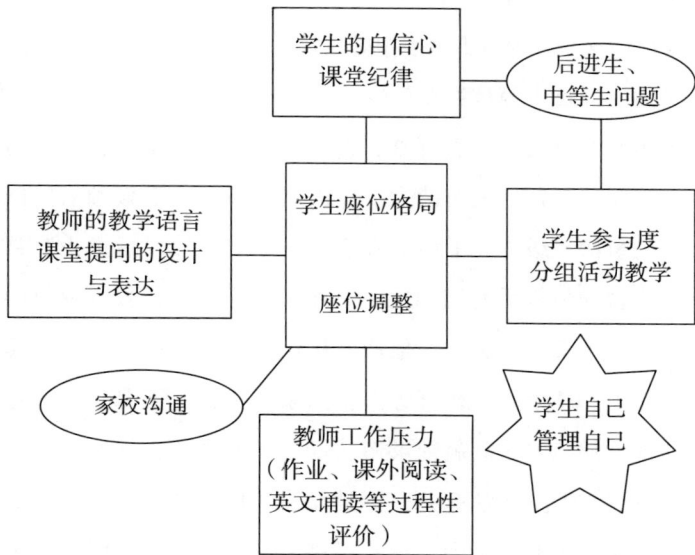

图 5-2　第二小组教师对大班额教学问题的初步聚焦

在这个问题图景中，学生座位的编排和调整作为核心对象被放置在问题现象的中心位置，教师发现其他多数问题都可以直接或者间接地与座位问题建立联系。其中最直接相关的是家校沟通的问题。能够平衡家长的意见安排好全班学生的座位，并且尽可能合理地轮换起来，这是每个班主任面临的现实挑战。围绕着促狭的座位空间，教师进一步将与课堂教学相关的问题依据学生和教师两大群体分为四类。（1）学生在课堂上的参与度不足，这既表现在教师讲授和一对一师生互动过程中违反课堂纪律的学生人数明显增多，也体现在小组分组活动时课堂秩序混乱、学习活动的效率低。（2）学生自信心和自律性方面的问题，这一点在班级规模超出一定范围后表现得特别突出。（3）教师的工作压力过大，这主要体现在大班额条件下教师异常繁重的日常工作量，如作业的评改、学生背诵、听写等常规性工作等。另外，学校以每学期统考平均分为主要依据开展教师绩效考评的制度也使教师的工作压力剧增。（4）学校部分教师在教学语言组织与表达方面的专业能力欠缺，在大班额情境中这些教师将更难承担好日常教学工作。

后进生、插班生等被当作学生综合性问题的典型表现。大家发现，这些现象虽然在过去就一直存在，但随着班额的增加，会表现得更加复杂，甚至超出教师的应对能力。后进生本不是大班额独有的问题现象，但在大班额班级中，平均每班达到一二十人的"后进生"群体的教育却成为教师最棘手的问题之一。在新问题面前，教师原有的教学经验和做法似乎都趋于失效，他们开始认识到这一问题现象与座位格局、教师精力、学生家庭教育等多重因素有关，并不是单纯改进教师教学方法或增加练习时间就能够解决的。与此类似，插班生问题更为复杂。它不仅与课堂教学有关，更是反映学校和社会各界关系的一个问题表象。在大班额班级中，正是后进生、插班生使教师感到教学行动"被困住"。这一类问题当中的典型情境可能成为教师和研究者认识大班额情境、反映行动过程的起点。

在所有列出的要素中，"学生自己管理自己"是以应对思路而非问题情境出现的，因此在图中以星形背景标识出来。经过十年新课程改革的洗礼，教师强调学生自主性的话语似乎已司空见惯，但当孟秋基于对教学情境的分析而提出通过学生管理学生帮助教师从繁重的监督、管理工作中脱身时，这个思路与新课程改革倡导的理论多少有些差异，却又更具有实践的动力和可能性。

由于图 5-2 描述的问题现象更系统，也抓住了几个关键问题要素。课题组决定以这张图为起点，进一步梳理影响问题现象的学校内外因素，进而寻找改变问题情境的"杠杆解"（圣吉，1998：70）。

（二）影响大班额教学的"问题地图"

在"问题现象"图的基础上，课题组教师合成一个讨论组逐一分析每个问题现象背后存在的影响因素和利益相关者。这个过程把课堂教学之外的主要影响因素悉数纳入，而且呈现出彼此之间的关系，最终得到一幅复杂的"问题地图"（见图 5-3）。这张图涉及的范围远远超出活动前的预期，也是课题组教师在讨论中问题视野不断扩展的一个体现。

从图中能够看出，课题组教师观察的问题对象开始由课堂教学和单纯的教师行动过程向更复杂的社会的、制度的和文化的影响因素扩展。课题组教师看到的是教育内外因素相互作用的一个问题网络。在这里，社会和政治的力量形塑了学校的权力格局和制度文化，深刻影响着教师的心理和专业生活状态，而教师的状态将直接作用于课堂生活，影响着学生的发展。

令人担心的是，教师身处高竞争、强压力、软硬件支持严重不足的专业生活环境之中，而当地政府的相关政策、周围社区的社会力量及学校系统的管理这三个主要影响源都没有关注他们的心理和专业生活状态，甚至因循各自的发展逻辑使教育生态环境不断恶化。课题组结合 M 小学现实情境描绘的这幅"问题地图"所体现的是学校和教师异常被动的社会处境。学校校园面积狭小，却必须尽量接收城镇化带来的大量流动生源，任凭四周建筑一点点将师生的家园围拢，遮盖成城市"深井"；教师从建校时"安居乐业"的承诺中伤心梦醒，还要

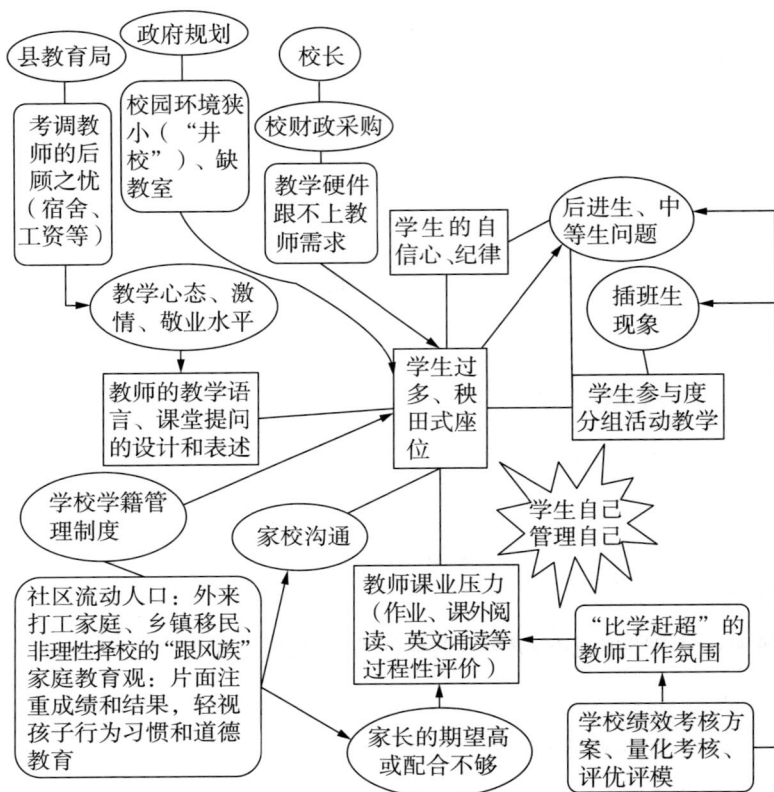

图5-3　教师关于大班额教学及其影响因素的"问题地图"

继续面对严格的量化考评及繁重的教学和管理工作。当教育和学校在公共生活中日益边缘化，教师在学校公共生活中的角色也变得更加被动，更加容易走向职业枯竭。

在向全体组员解释这幅"问题地图"时，孟秋对M小学教师的状态有这样一段陈述：

我们班额大，导致教师的工作幸福指数不高，表现出来就是我们在平时的作业批改（等工作中）和老师之间的交流（中），总是有很多抱怨。（我们）觉得自己对这种工作环境又不能改变什么。所以，安于现状的老师逐渐增多了。出现什么问题，我们也不去解决它了。学校安排什么，我们就接受什么。

教师这种"安于现状"的心态就是边缘化处境和专业无力感的体现。而教师这种被动、退缩的姿态实际上也关联着学校教育乃至整个社会在高速发展中隐藏的危机。

二、聚焦行动研究的核心问题

（一）课题组对行动边界的分析

在课题组教师列出的影响因素中，有的属于学校制度和文化范围，有的则超出了一所学校的边界，与地方政策或者更大的社会变迁、价值观念、政策改革有关，属于社会或文化领域。我将相关因素进行分类（见图5-4），以便大家理解教师眼中的问题情境。

在大班额问题情境中，不论是对于学校层面的影响因素，还是对于更大范围内的社会和文化层面的影响因素，教师能够主动参与并引起变化的对象非常有限，作用也微乎其微。但是行动研究必须要尽可能丰富地描述现实图景和行动者的行动过程，进而找到维持行动过程的规则，即介入者所说的"盲点"。这是启动行动研究最重要的一步，也是课题组画"问题地图"的主要目的。通过对问题现象的讨论梳理，一方面课题组教师回溯了以往的行动经验，对行动过程展开必要的验证和反思；另一方面课题组教师从中获得了一种对问题现象的整合式理解，更积极地在接纳现实的前提下思考探索改变的可能性和行动边界。

在对行动边界的讨论中，我首先明确了讨论的目标和基本原则：我们（做的事情）实际上是在分析现状。我们的现状是什么？有些东

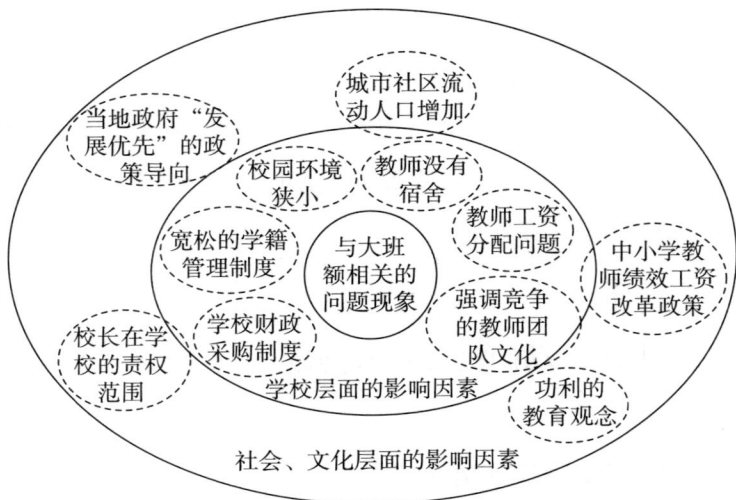

图 5-4 影响大班额教学的相关因素分层

西没法改变，我们就必须接纳一部分，甚至可能是绝大部分。这样一个心理定位有助于课题组教师理性地看待问题现状，在"难能"之中寻找"可为"的空间。此后，课题组教师思考的范围从文化、政策、制度这些外层因素一步步回缩到课堂教学的边界内。这样一个从发散到聚焦的循环帮助课题组教师重新觉知到自己作为行动者在整个行动场域中能够承担和必然承担的责任范围。

孟：经过那个图示，我感觉又回到了老师的课堂，回到了老师的心态调整。就是你必须要面对那么多的学生涌进来，首先就是要适应，（考虑）你的教学是不是适应班额。其他的办法我就觉得……外因我们根本无法（改变）。

舒：现在我们就只能接受这个现状，自己提升自己，然后在课堂中想办法。外面的（因素）我们没有办法改变。

当教师再次把视线聚焦到课堂内时，作为行动者，她们不仅意识到自己需要调整心态，接纳被推进教室空间的学生，接纳暂时无法改变的窘迫的教学现实，而且已经明确关注自己的教学行动，开始思考教学过程和班额现状的匹配情况，试图寻找在具体班额情境中更具有合理性的教学活动。

（二）聚焦核心研究问题

经过对问题现象的讨论，课题组初步列出一个问题清单，涉及以下方面。（1）课堂内：学生的座位安排；课堂教学纪律；课堂活动（学生参与的比例、深度以及活动场地等问题）；后进生的学习；过程性评价（课后作业、课外阅读及课文诵读等）的实施和监督；学生的自我管理和自主学习（学习兴趣、良好习惯、小组合作学习等）；教师的教学语言、教学设计等课堂教学能力。（2）学校的文化及机制层面：学校考核及激励制度对教师教学的影响；教师的教学工作量；以竞争为主的教师文化与教师工作压力之间的关系；插班生对班级管理的影响。（3）家校关系：学校与学生家庭的沟通（家校沟通）；学生家庭的氛围对学校教学的影响。课题组要在问题清单的辅助下，寻找能够牵一发而动全身的核心问题。

在之前的讨论中，课题组教师对于研究的重点要聚焦在课堂教学的范围内已经达成了共识。当讨论真正进入教师个人的专业领地——课堂教学时，课题组教师将自己的教学行动过程和效果放置到反映性思考的框架之中，这个过程的发生和推进伴随着自我觉察和相互反映、信息检验，作为行动实验的起点本身是需要回看和再反映的。

孟：既然课题组工作的焦点是教学，那我个人认为应该重点抓住课堂教学这一块。上次我们梳理出来课堂教学中（的）这些问题，我认为课堂活动的有效开展应该能对其他几个方面起到一个"牵一发而动全身"的作用。这是我自己的感受。

121

舒：我上大班额的课，发现那么多学生，最难做的一点也就是课堂活动。这个课堂活动，人太多了不好弄。但是我最想解决的是学生的自我管理和自主学习的问题。

我：这个是你最关心的问题。（在每个人发言的同时，我将提到的主要问题板书，又画出一个问题关系图）

舒：大班额最难弄的是课堂活动。因为课堂活动又影响到纪律。

我：课堂活动基本上可以认为是达成学生自主学习的一个手段，自主学习是我们的一个目标，我们要实现学生的自我管理和自主学习。现在舒萍有这个想法，……如果我们把"课堂活动"放到中心，问题就变成"如何在大班额的情境下开展有效的课堂活动"。

孟秋首先指出"课堂教学活动的有效开展"是她心中的关键性问题。舒萍接着也认为"课堂活动"是大班额教学中最难做的，但她最想解决的是"学生的自我管理和自主学习"的问题。这时我抓住舒萍的想法，在"课堂活动"和"学生自主学习"之间建立了手段-目标的关系，而且明确课题研究的目标之一是要实现学生的自我管理和自主学习。最终，在我的介入下，研究的核心问题被表述为"如何在大班额情境下开展有效的课堂活动"。这个问题突出了两个主题：大班额情境与课堂活动，而且强调课堂活动的有效性，这基本上为后续行动研究划定了范围和方向。但从问题表述和思考方式上来看，这个阶段课题组对问题的思考还是优先放在"如何做"的层面，没有突出更本质的问题，即"大班额情境下什么样的课堂活动是有效的"，或者说，课题组教师和介入者此时还没有注意到各自对课堂活动、大班额情境持有的假设和认识上的差异，没有有意识地把它们纳入行动中反映和研究。

第六章

教室空间改造与配套的教师使用理论

　　课题组教师没有想到的是，开学之后，我们接手了一个全校闻名的"问题班级"（以下简称"实验班"），此后课题组展开的绝大部分行动实验主要围绕这个班级展开。本章分析了课题组进入具体的班级情境之后开启行动研究的过程。在这个阶段，课题组教师首先针对"实验班"因学生过多引发的座位问题展开了探索，大家不仅从反思课堂教学活动效果的角度重新框定了学生座位安排的问题，而且通过和空间环境的对话，将"实验班"学生的座位调整为以 8 人小组为单位的马蹄形格局。空间环境的改变直接带来的是师生课堂活动范围和交互主动性的巨大变化，同时也对教师的教学方式、课堂上师生交互和生生活动的方式提出了根本挑战。针对新的问题和挑战，课题组进一步开发了以"小组合作能力建设"为主题的课堂规则建立的介入性课程。

一、对座位空间的框定与行动实验

　　在假期里，课题组教师已经对研究的问题情境和总目标进行了整体分析。新学期开始，课题组迎来让大家意想不到的特殊"实验班"。此后，课题组几乎所有的研究活动都围绕着"实验班"的具体问题和危机来展开，行动研究之路由此真正开启。

（一）烫手的"实验班"

临近开学，课题组开始讨论开学后各位成员带班的情况。当时，课题组孙阳、舒萍和谭林都刚带完毕业班，面临重新分配班级的问题。从研究的需要出发，课题组希望将研究焦点集中到同一个班级，尽量让课题组教师到同一个班级任教。但这与 M 小学的管理惯例不符。在该校，教师带班通常走大循环制，即一个班配齐各科教师后，除非遇到特殊问题，如教师长期休假、顶岗培训等，中途一般不更换任课教师。根据这条原则，需要重新排班的语文和数学两科教师将回到一年级带新生，而英语教师则需要在有空缺的三年级和五年级当中再接手一个班。由于课题组在成立之前已经公开提出要以一个或几个班级的教学为主要的观察和行动实验对象，这为课题组几位教师在一定范围内打破行政分配惯例，自主选择新班级提供了机会和合法性。

当选择新班级这个问题被提出来时，课题组很快发现大家可能得到的选项实际上非常有限。在 M 小学，主科（指要参加定期标准考试的语文、数学、英语三个科目）教师往往和自己所带班级建立起一种复杂的专业关系。除非出于一些不可控的外力因素，如生病、进修、升迁等原因，否则中途更换主科教师（特别是班主任）会被同事、家长包括调动者本人视为对教师专业表现的一种否定。正是因为这样，大循环制成为该校教师工作安排的核心原则。教师不仅一般不轻易放弃自己的班级，而且也很抵触中途接手调整出来的班级。教师认为，如果不是学生差到无计可施，学校领导和原来的任课教师都不会做出调整的决定。纵观全校班级，课题组发现，除了一年级之外，似乎只有三（2）班是语数英三科教师可以全部进入的班级。当然，这个班级绝对不是课题组几位教师心中的好选择。

三（2）班是学校出了名的"问题班"。从一年级入校开始，这个班的学生就表现得比其他班级难带。班里调皮捣蛋的孩子并不多，但不知什么原因，任课教师总感觉学生像一盘散沙。不论上课还是班级活动，学生很难被调动起来。各科教师都反映这个班课堂纪律不好，学生不会听课。有相当一部分学生在课堂上神情呆滞，或自顾自地玩耍，很少有学生会积极地听课或回应教师课堂互动的信号。到二年级时，各科教师仍感觉这个班的师生互动特别不顺畅。不仅如此，这个班的家长和学校的关系也很紧张。由于对班主任的管理方式和学生成绩不满，家长曾几次找到校长要求更换班主任，但都被校长以学校师资紧张为由拒绝。没想到二年级下学期，这个班竟有二十多名家长相约到县教育局举牌请愿，要求 M 小学规范教师管理、提高教学水平。最后校长不得不亲自接回家长，一一安抚，并承诺新学年调换班主任和任课教师。

如果课题组向学校申请安排语、数、英三科教师到同一个班级任教，三（2）班是最有可能的对象。课题组几位教师都认为这样做太冒险。从刚刚结束的期末考试来看，这个班的成绩被大家评价为"惨不忍睹"。总分、平均分全年级倒数第一，数学单科平均分还比年级平均分低 11 分。准备接新班级的舒萍、孙阳和谭林都指出，这样的班由于一、二年级时没养成良好的学习习惯，接管后不仅要花比常规班级更多的精力整顿纪律、训练学习方法，而且很可能"只见投入，不见成效"。如果不是学校强压，没有人会愿意接管这个班级。

考虑到课题组有相当一部分工作与课堂教学有关，而一年级教育的重点落在学生适应学校生活和培养学习习惯上，一时难以兼顾学科教学的研究，三位教师最终决定接下三（2）班。但她们向孟秋和我提出，请我们代表课题组向校长说明，由于这个班基础差，课题组又想在这个班尝试一些教学变革，希望学校（主要是校长）对几位教师的考核成绩能够给予一定的包容，尽量给几位教师留出一些过渡时间。开学前一周，孟秋代表课题组在学校行政会上向学校申请由课题组三位教师接任三（2）班语、数、英三科教师。很快，M小学三（2）配备了学校语、数、英三科最好的教师，成为教学"实验班"这个消息传遍了新建城区。

（二）具体情境中对座位难题的深入了解

由于有课题组四位教师的加盟（孟秋兼任该班综合实践活动和信息技术教师），三（2）班成为全校热门班级。短短一个星期之内，其他班甚至外校的很多家长要求把孩子转到这个班来。开学时，原来70人的班级一下子激增到93人。

人数的激增首先带来的就是学生的座位问题。班主任孙阳首先将全班学生分配到三个大座位方阵中。左右两侧均是两人一排，中间的大方阵每排六人。学生的座位占据了除讲台和讲桌之外的全部教室空间。有一个插班借读的女生甚至被安排在教室左前方的角落里。由于视线几乎与黑板平行，她上课时很难看清老师板书的内容，也很少有机会和同学交流。即使这样，开学的第一个月，还有三个男生一直挤在两人座上听课。孙阳解释说，不是找不到桌椅，而是教室里实在没地方放课桌了。

课题组第一次进入三（2）班听课时，参与听课的课题组教师就指出，学生座位的不合理安排已经影响到课堂教学的效果。孟秋和李美珍选择在教室几个角落的学生座位观察课堂，她们发现，教室前三排左右两侧的学生因为反光等看不清楚黑板上至少四分之一的内容。另外，课题组教师指出三个座位方阵之间留出的通道太狭窄，教师通过时常常会磕碰，甚至无法走到教室的后排座位。这直接导致坐在教室后半部的学生课堂参与度明显不足，教师和学生的互动焦点集中在教室前半部，甚至局限在中间方阵的前几排学生内。

在课题组对课堂教学效果的问题视角下，座位安排已经不仅是学生能够在教室里各入其位的问题，还要考虑怎样更合理地安排座位，尽可能释放出公共空间，为师生的课堂互动和教学效果提供起码的空间保障。这是当时课题组遇到的最急迫的问题。

（三）座位空间的"松动"与调整

在课题组关注三（2）班座位问题的同时，课题组教师以读书会的形式阅读了《合作学习的教师指南》一书。这是美国几位教育研究者编写的一本介绍小组合作学习原则和方法的教师用书。书中比较系统地阐述了小组合作学习的理论基础和操作原则，并收录了20世纪90年代美国本土教师常用的小组活动方法。课题组采用每位教师分章带读的形式组织大家一边阅读一边结合现实情境展开讨论。没有想到的是，大家围绕小组合作学习展开的讨论直接影响到之后对学生座位空间的重新理解和改造。

1. 在合作技巧训练计划中被聚焦的座位问题

孙阳导读书中"混杂分组"和"合作技巧"两部分内容，其中提出"有必要为学生提供关于合作技巧的专门训练，这是利用短时间为长期的受益而工作"。她感慨道，"看完了以后我很难过，因为我们连多余的用来训练合作的一节课都没有"。但面对书中提到的十余项"合作学习的技巧"，课题组教师，特别是在三（2）班任课的教师又认为，非常有必要面向学生开展与学习方法、合作技巧相关的规范性训练。

舒：我那天就在想，到底是接着赶课呢？还是抓一抓学生的行为习惯？因为他们的行为习惯太差了！要是拿一两节课来抓学生的行为习惯，我的课又落下了。我刚才就在想，假如我们真的要弄（学生合作技能训练）的话，我们三个老师反正就要放弃一些（东西），随学校怎么考核了。

谭：（我）压力大得很。之前综合组开会的时候，我听好几个带过这个班的老师讲起来，恼火（指情况糟糕）得很！基础差得很啊！

孙：要是正儿八经给每个班主任两节课去这么训练学生，我想大部分人不一定愿意做，他也不一定这么（按书上的内容）干。

丁：但是其实（师生）磨合好了，以后就省时间了。

孙：对！以后就会笑着进课堂，笑着出来了。反正搞小组合作，最起码一个星期的下午，密集地练！第二个星期这个班绝对，哗，会变。就算学生不变，有一样肯定可以变——我！

促使三（2）班几位任课教师考虑学生合作技能训练的主要原因是，该班学生的学习状态不佳，他们希望通过专题活动培养学生良好的学习和行为习惯。对于开展这类培训，几位教师主要有两方面的顾虑：其一是没有专门的课时可以用来开展活动；其二就是开展这样的活动短期内可能不会给学生的考试成绩带来明显的提升，甚至可能还会因为占用学科教学时间影响学生的成绩。这些都增加了教师向学校申请专门培训课时的压力。但是考虑到三（2）班的实际情况和训练计划的长期效果，教师又都积极支持相关的培训课程，而且对课程本身对教师本人成长带来的影响抱有积极的期待。

在这次读书会上，课题组达成了在三（2）班开展合作技能训练的共识。在讨论课程内容和组织形式时，学生的座位格局又一次进入问题视野中。有成员指出，书中介绍的合作技能和方法与以小组为单位的学生座位格局是配套的，这和现实环境不符。在大班额课堂上，学生在秧田式座位中前后转身组成临时小组是最常见的小组格局，但这种方式不利于开展对合作程度要求更高的活动，如轮流写作、交叉访谈等，课堂秩序也会陷入混乱。

针对课题组教师提出的疑问，我提出："有没有可能打破秧田模式，把学生座位摆放成以小组为单位的格局？"很快就有教师质疑：
"秧田式已经安排不下学生座位了，怎么有可能摆放成小组呢？"这
时，我对大家说，甘肃省一所农村学校在参与某国际教育援助项目时，
针对 70 人左右的班级开展过参与式合作学习的教学探索。他们发现，
马蹄形座位排列实际上比秧田式座位排列更能释放出公共空间。这个
例子引起了课题组孟秋、舒萍等的兴趣，我顺势鼓励课题组成员找一
个休息时间到教室里试着摆放一下课桌椅，看看什么样的座位安排能
够最大限度地释放空间又符合我们课堂教学的习惯。

2. 关于座位格局的实验与调整

读书会后，很快就是国庆节假期。课题组商定利用假期的第一天
到三（2）班教室实地研究学生的座位安排。走进教室后，大家首先
发现学生的课桌椅至少存在三种不同规格：有较为轻便的小型两人联
排课桌，配套的是不带靠背的轻质铝凳，还有规格稍大的联排课桌和
单人课桌，这两类课桌都搭配有靠背的铁质座椅，比较笨重。当我们
试着在教室后方的角落里，摆出两个平行的四人马蹄形小组时，虽然
不同规格的桌子高度不一，但小组与小组之间的确释放出了一些可以
通行的空间。粗略目测一下，教室里至少可以摆出四列小组，而且组
与组之间都能留出足够宽的过道，这样教师在上课时就能走到每一个
学生身边了！这一点正是教师在大班额秧田式座位排列中想尽办法也
没有实现的目标。

但是当大家继续纵向摆放小组座位时，新的问题出现了：如果以
4 人小组为单位，每一列最多只能放下 5 个小组，这样算下来最后会有
2—3 个小组无法安排。这时孟秋提出将 4 人小组合并成 8 人组。如此
一来，移开教室前方的讲桌之后，每一列都能放下 3 个 8 人组，但是
教室中间的两列因为大规格的课桌太多，显得尤其拥挤。考虑到教室
前排座位有看黑板时反光等问题，我们希望尽量控制座位的纵向深度。
显然尺寸较小的两人联排课桌是最适合的。但是学校各班的桌椅都是

随机分配的，当时三（2）班只有 16 张联排小课桌，如果要换成统一规格，课题组必须到学校其他班级调换 30 套桌椅。这涉及和校长、后勤主管以及各班班主任的沟通，且单从体力上看也是一项不小的工程。

看着已经几乎成型的小组座位，课题组教师舍不得放弃。大家商量之后，请孟秋以课题组的名义向校长提出申请。得到应允之后，大家分头到全校各班登记对应小桌椅的数量，最后选出 7 个互换桌椅的班级。在逐一给这 7 个班的班主任打电话商量之后，孟秋从校外请来了搬运工人，但对方提出的 300 元的人工费用吓退了我们。最后，课题组一干女教师决定自己动手。在几名高年级学生的帮助下，大家用了整整一个下午换齐了合适的桌椅，教室空间焕然一新（见图 6-1）。

图 6-1　座位格局改变前（左）后（右）的对比照片

看着井然有序的教室，课题组教师难掩兴奋心情。有人拿出手机不停地拍照；有人把桌椅擦了又擦；有人则在小组之间的通道上走来走去，一边调整桌椅的位置，一边想象上课时的情形……。付出一整天高强度的智力、情感和体力劳动创造出来的新环境令人异常欣慰，但这份激动和欣喜很快被紧张情绪笼罩。教室空间出现这样巨大的改变究竟对之后的课堂教学意味着什么？教师和学生在新的空间环境里将会面临哪些新的挑战？

二、座位空间变革后对问题情境的再框定

针对座位空间展开的一轮行动为教室空间带来根本性改变。首先，它影响着师生课堂教学时的空间感受，甚至会改变课堂上师生、学生之间的人际互动关系。这些变化是在进入课堂之前教师无法全面预计的。其次，固定下来的马蹄形座位格局无疑是在对外宣称该班教师有意探索不同的教学方式，这给课题组教师带来额外的压力。小小座位格局的变化实际上开启了教师专业生活中更多的不确定性，同时也把每一个参与者逼迫到改革的"前台"，在或明或暗的关注下继续着与问题情境的探究与对话。

（一）教师对新问题情境的界定

孙阳首先担心课题组之外其他教师的议论。她说："桌子摆成这样不就是一个信号吗？这下我们班彻底和别人不一样了。大家更会认为我们是'实验班'。多少双眼睛盯着啊！我感觉压力太大了！出不出得来成绩我都不敢想，但是不能出错啊！一旦出点错，那可就严重了！"

课题组其他教师听到这个想法，有人认同，也有人宽慰她、舒萍和谭林三人："应该不会出什么错的。反正接班的时候都是最后一名了，再差还能差到哪里去？认真做总会有成效的。"但是舒萍接着说："我就是担心桌子摆成这样之后，学生不习惯，老师也不习惯，要是上不好，考砸了，比之前还要差可怎么办！总不能差年级平均分太多吧！"

在她的提醒下，课题组教师开始把问题视角转向课堂教学，尤其是新的座位空间与应对教学绩效评价之间的关系上。在这个问题视角下，课题组教师进一步将注意力聚焦于师生在教学习惯上可能出现的

不适应。

　　大家首先提出的是学生上课时坐姿的问题。在课题组组建前一个月，孟秋、孙阳等几位教师曾到学校附近的自强中学听公开课，当时自强中学在学习山东省昌乐二中的教学改革经验，已经在全校推广小组合作学习模式。每班的座位格局都强制按照马蹄形来安排。听完课后，M 小学的几位教师都提到一个问题，一节课学生几乎都是身体侧对黑板扭着头听课，且不说学习效果是否受到影响，长期来看，这样的坐姿肯定会损害学生的身体发育。这个问题此刻也成为课题组优先关注的问题。大家提出，有必要向学生强调不同课堂活动需要采取不同的身体姿势，比如：听教师讲解时，身体要正对着黑板，双手平放在膝盖上；开展小组活动时，身体转向课桌，面向自己组内的同学。为了统一学生的坐姿，大家还提出用一些固定的信号来提醒学生转身或停止某一个课堂活动，比如，连续击掌三下提醒学生转身。

　　除了坐姿之外，课题组教师将更多的注意力放到学生学习习惯的讨论上。这也和课题组之前讨论的小组合作学习技能培训的计划呼应起来。不过在新的座位格局中，这个主题变得更具有针对性。孙阳强调要训练学生在课堂上通过视觉追随来提高听课效率；孟秋和舒萍重视学生课前预习和课后复习；我则指出大班额课堂由于人数太多，做活动时容易过于喧嚣，教师和学生需要练习根据不同类型的活动控制说话的音量，另外，积极高效地倾听和讨论、小组角色分工等基本的合作技能的学习在马蹄形座位格局中变得尤为重要和急迫了。

　　考虑到学生第一天回校上课可能面临的新奇感和各种不适应，课题组认为应当重点关注收假第一天学生的状态，不仅各科教师要针对新的座位格局适当调整教学，尽可能在学科教学中渗透小组合作的技能和要求，而且应当尽早提供关于合作技能的专题课程。最后，大家推选孙阳在收假第一天给学生上第一节团队建设课——"约定"。根据这节课的效果，课题组再调整后续的专题课程内容和形式。不过，除了团队建设课，大家还面临一个紧迫的问题——给学生分组及安排座位。

（二）交叉分组方案

关于学生分组，大家首先提出希望兼顾语、数、英三科的学习成绩，对学生进行交叉分组。理想的情况是每组至少有1—2名单科成绩优秀的学生，这样在日常教学和小组管理时他（她）们能够协助教师辅导其他组员学习。考虑到性别交叉对三年级学生的课堂纪律有正向作用，性别也成为分组时要考虑的重要因素。最终，课题组决定以学生学科成绩为第一变量，以性别为第二变量，兼顾民族差异[①]进行交叉分组。

当时刚开学不久，三个学科中只有数学组织过一次单元测试。课题组只能以第一次数学测试成绩为主要变量进行排序和交叉分组。有了初步分组名单之后，课题组教师又在收假的前一天回到三（2）班教室。舒萍、孙阳、谭林和孟秋这四位任课教师根据她们对学生的平时印象，综合考虑学业成绩、性别、性格特点、语言表达能力和人际交往能力，逐一讨论和调整每组学生的组合情况。最后，大家直接走到小组座位旁边，一边讨论组内每个学生坐的位置，一边用记号笔把学生姓名写到桌面上。在安排具体座位时，大家优先考虑的仍是纪律和互助原则，尽量把同一组或相邻小组中好动、自律性不强的学生安排在对角线上，相互隔开，而成绩好、能够辅导其他同学的学生周围安排2—3名成绩相对较差的学生。

---

① 在讨论分组原则时，课题组教师认为民族成分在学生中间几乎是一个可以忽略的因素，因为当地少数民族与汉族的融合非常明显。到M小学读书的少数民族学生几乎都是从小在城镇成长，生活习惯、常用语言已与汉族无异。后来我在该班听课时也特意问过几个少数民族学生，他们在日常生活中基本不会使用民族语言，对本民族的文化、典故也知之不多。

三、由规范走向合作的团队建设课程

（一）第一节团队建设课：感受变化与建立规范

收假后的第一天下午，孙阳为全班带来第一节团队建设课——"约定"（教案见附录二）。在没有对外发布任何通知或邀请的情况下，这堂课吸引了包括校长在内的 20 余名学校教师来听课。这个场景也说明课题组在三（2）班开展的变革受到全校教师的高度关注。

这节课的主要内容是引导学生感受小组格局的座位空间，建立一些新的课堂行为规范，并初步体验以小组为单位的活动。孙阳先带领学生一起练习新的课堂规则，如连续拍掌三下后统一转身面向黑板，小组讨论时如何轻身起立并把凳子收到桌子下方，在听教师和其他同学发言时如何保持眼神交流等。在课程后半段，孙阳还组织学生通过小组合作来设计自己小组的组名和图标。虽然由于时间紧张，孙阳的经验和课前准备不够充分，这个活动的过程显得很忙乱，效果也不够理想，但学生体现出很高的积极性。孙阳的第一节团队建设课实现了预期的目标，即将必要的课堂规范传递给学生，并引导学生去体会新座位格局带来的空间感受和不同的组织方式。

在孙阳这堂课上，有一个细节给课题组教师留下很深的印象。当孙阳问学生"对新的教室环境有什么想法或者问题"时，一个小男孩站起来说："我不知道老师把座位变成这样想做什么？"男孩直率的表现引起课题组教师的反思：在不熟悉的课堂情境下学生存在焦虑感。但不论是之前聚焦教学问题还是这次对教室空间进行改造，课题组几乎都把学生的参与隔绝在外，没有真正关注学生的感受、需要和意见。因此，面对教室空间出现的巨大变革，学生的感受是被动和疏离的。出于提升教学有效性而展开的行动在学生眼中也变成课题组教师独立设计、全权操控的过程。这样一种局面本身与合作学习强调自我负责和学习的内在承诺精神相违背。不过，从这名学生的这个疑问中，我们既可以觉察到教师世界和儿童世界之间的隔膜，也欣喜地看到学生积极思考的精神世界，对于身边正在发生的变化学生同样试图理解、沟通和理性地行动。面对未知的课堂情境，学生的积极参与而非消极配合是最根本的应对力量。课题组教师要进一步促进师生的视域融合，与学生一起探索适合本班情境和每个学生的教学方式。

（二）关于规范的强化：学习方法与合作原则

在孙阳这节课的启发下，课题组沿着两个方向继续聚焦后续的团队建设课程方向：其一是继续细化与课堂学习相关的行为规范，通过专题学习和持续的强化养成学生良好的行为习惯；其二是增强小组的凝聚力和合作能力。

对于行为规范的训练，我和课题组其他教师的关注点开始出现分歧。孟秋和舒萍提出，三（2）班学生特别需要进行基本学习方法的训练，包括如何预习和复习、积极听讲、思路跟着老师走并且会记听课笔记、上课发言要举手、课前准备好相关的学习用具等。这些行为是学生从教师课堂讲授中获得有效信息的重要保障。而我提出的行为规范主要是积极聆听和主动控制课堂上的音量，这和我在 M 小学的课堂体验密切相关。M 小学的课堂给我带来的最大冲击并不是学生无法动弹的空间压迫感，而是教室里总是充斥着各种尖锐的声音：教师从扩音器中传出的声音，学生挪动铁凳子摩擦地面发出的尖厉声响，最令人难受的还是全班学生讨论或齐读课文的声音。由于人数太多、教室空间小，课堂上诵读声产生的共振让人鼓膜发痛。当我跟课题组其他教师说这种感受时，大家的反应不一。有人认同我的感受，甚至说自己到 M 小学之后的几年时间也感觉自己的听力在下降；也有人认为这是我不常接触小学课堂的本能反应，在她看来小学课堂的常态就应该是喧闹的。但在我看来，倾听和言说是有效课堂的根基，也是个人文明程度的外显标志。我希望引导学生去体验有效倾听的过程，感受不同活动中适当的言说方式和音量。

接下来的几天，孟秋和我分别给学生带来"良好的学习方法"和"积极聆听与讨论"两节课。在教学活动的组织上，这两次课都设计了合作学习的活动环节。孟秋对学习方法的介绍虽然以教师讲授、师生合唱童谣的方式为主，但在引出教学内容时，采用了2人和4人小组交叉访谈的小组活动，鼓励学生讨论自己认为有效的学习方法。"积极聆听与讨论"一课也使用了角色扮演、小组练习等形式。在这个过程中，课题组教师观察到学生在参与小组活动时已经逐渐展现出在学习活动中的主动性，但对于参与组内的交互活动，特别是8人小组的合作，大多数学生仍显得比较被动、茫然。课题组认为，接下来应该以小组活动的演练为重点，让学生熟悉角色分工和小组活动的程序，而且综合练习前面三节课学习到的行为规则。

孙阳在第一次团队建设课上就组织过小组合作设计组名和图标的活动。这个活动的原型来源于课题组共同阅读的《合作学习的教师指南》，在读书会上得到大家的认可。大家都认为这是一个很有实际意义的学生活动。但是那次课上由于时间和师生经验的限制，活动没有很好地展开。在孟秋和我上完后两次团队建设课之后，大家认为可以继续选择组名和图标设计这个活动，用1—2个课时培养组员角色分工、倾听与讨论、师生课堂的整体配合等合作技能。作为综合性活动，这次专题课既是这轮团队建设课程的收尾，也是合作学习的行为规范向学科教学渗透的一个过渡。

为了保证活动的效果，在课题组其他教师的委托下，我作为授课教师先拟出一份教学计划（这节课的教案及反思见附录二）。在上课前三天，课题组所有教师，包括不常参加课题活动的王校长，聚在一起讨论这份计划。讨论的焦点落在整堂课的核心活动"小组名片的设计"上。大家花了很多时间来斟酌用什么方式及语言解释小组内不同角色的职能分工，以便让小学三年级的学生快速、准确地理解。这时，王校长提出，与其由授课教师来讲解，不如课题组其他教师组成一个演示小组，示范一次角色讨论和分工的过程，这样不仅形式生动，学生也容易理解。很快，谭林、舒萍、孙阳和李美珍四人组成了一个演示小组。几位教师模仿学生的语气，讨论"小组名片的设计"这个活动的任务要求，阐明备选的小组成员角色分工和对应的任务要求，然后她们各自认领一个角色开始一轮小组名片的创作过程。在正式上课之前，教师演示小组针对这个活动整整排练了两轮。到进入课堂时，除了提前制作好的小组名片，教师们甚至连每个人要说的"台词"都准备好了。

课程结束后，大家认为教师演示的环节对于学生理解组内角色分工的确有很好的效果，但演示过程的后半段，教师小组设计和制作小组名片也明显限制了学生的创作思路。丁叮在课后反思时感慨："这种小组合作课真不好上！老师的指导不够，学生散了；指导太多呢，学生又'死'了。就是要把握好那个度啊！"

通过四次专题团队建设课，教师试图为学生适应新的座位空间搭建一个过渡、缓冲的桥梁，同时也有效地实施了一些关于学习方法、良好的学习习惯的训练。整个行动过程对教师而言也具有重要的意义。教师在其中推进了和教学情境、学习方法，特别是以合作学习为核心的技能之间的对话。在最后一次课程上，课题组教师通过课堂演示这种方式甚至获得了将自己和教师小组的合作行为对象化并加以反思的机会。对三（2）班学生和课题组教师而言，这一轮团队建设课程有效缓解了课堂空间环境变化带来的紧张感，为后续班级管理的持续变革和进行常态化学科教学探索打下了必要的基础。

四、围绕空间变革展开的教师使用理论分析

座位空间的改变对师生而言究竟意味着什么？课题组几位教师开展的团队建设课程力图回应的教育情境和目标要求又是什么？这些行动背后受什么样的逻辑和价值信念支持？本部分将以回看阶段性探索为基础，深入分析座位空间变革前后激发和展现出来的教师关于班级管理、学生学习指导以及整班教学的使用理论。

（一）马蹄形座位格局改变了什么

在本研究中，促使课题组教师改变熟悉的秧田式座位格局的根本动因，并不全然是对合作学习课堂实践方式和价值理念的认可，而主要是原有的与整班式教学相配套的秧田式座位格局在班额超出教室最大容量的条件下走进"死胡同"，已无法发挥基本的教学功能。在既往经验里，当班级人数增加时，教师常用的策略是维持班级整体授课的基本格局和互动方式不变，通过压缩教室内公共空间，将新增加的学生安排到被整体对待的学生座位方阵当中。但当班额人数增加到接近甚至超出教室最大学生容量时，这个策略就无效了，强行推行甚至会引发教育行动的各方参与者对教育活动效果、目标的质疑。课题组接手的"实验班"正是因前期积累的家校矛盾和学生学习习惯培养不到位，实验介入后班额进一步扩大等问题，空间危机变得异常突出。这使得教师不得不考虑在常规经验之外重新选择问题的分析和解决办法。

选择马蹄形座位格局，重新看待教室空间的分配及其对应的师生课堂活动方式，这与课题组教师在信奉理论层面对新课程改革所倡导的"以学生发展为中心"理念的高度认同是分不开的。但如果班级管理和课堂教学策略没有陷入实效性危机，课题组没有选择从方法和价

值基础的角度学习合作学习经验，并在合作学习与具体的现实困境之间保持理性"回话"，课题组教师恐怕很难在自身行动中产生打破困境、以开展行动实验的态度来寻找解决办法的信心。

深究课题组改变教室空间布局的过程，各位教师对课堂上物理空间的理解始终基于朴素的开展教学行动的需要。不论是一开始对教室公共空间的重构，选择以释放公共空间、增加教师课堂活动空间作为行动实验的起点，还是改变空间格局后对教学过程的重新评估，探索课堂管理和提升学生自我管理能力的专题课程，课题组的行动探索一直体现出鲜明的实践逻辑。研究改变了教师习以为常的课堂空间格局，而空间分布对应的是一套师生共同遵守的课堂行为规则、身体界限以及师生之间的权力格局。物理空间的变化首先撬动了师生熟悉而不尽满意的教学情境，通过制造一种"经验断裂式"的问题情境，将那些与过往情境相匹配的缄默的课堂行为规范、教学活动策略，甚至活动目标都显性化，并使之在进一步的行动中得到反映、识别、公开表达和改变的机会。可以说，座位格局的改变揭开了教师主动变革教学情境和教学行动的序幕。从物理空间开始，课题组教师被卷入一场由"控制中的失序"走向与不确定共存的教育探索之旅。

1. 与秧田式座位格局相匹配的教师使用理论

在座位格局改变之前的课堂上，我们在教室里通常看到学生的身体状态是统一面向主讲教师和黑板方向，坐姿端正、各安其位。秧田式座位格局决定了学生的活动范围被限定在单人座位之内（见图6-2）。一旦有人试图突破这个边界，他（她）的行为将很快引起教师的注意，会被视为对课堂秩序、行为规范的一种挑战，引来教师和其他同学的提醒甚至惩罚。在秧田式座位格局中，不用说学生大幅度的身体动作，即使是微小的面部表情和身体晃动也都在教师的监管中。很多有经验的教师会根据这些信号推断学生的心理活动和课堂参与状态，并给予及时的干预、提醒。久而久之，学生会将外部的监管活动内化为自我监控的意识和习惯。在这类课堂上，有经验的学生懂得通过无声的思维卷入参与教学，并通过控制身体来维持这种教学所必需的教师主控的权力秩序。相对地，那些难以对自我身体和内在思维活动做出持续和高强度控制的学生将很难跟进"常规"的整班授课制教学，更容易被贴上"学习困难"或"障碍"的标签。可以说，相互封闭、割裂的秧田式座位格局，从物理空间上保证了这样一种学生与教师以及与其他学生之间相互区隔的群体规训效应，成为教师中心教学活动的必要条件。

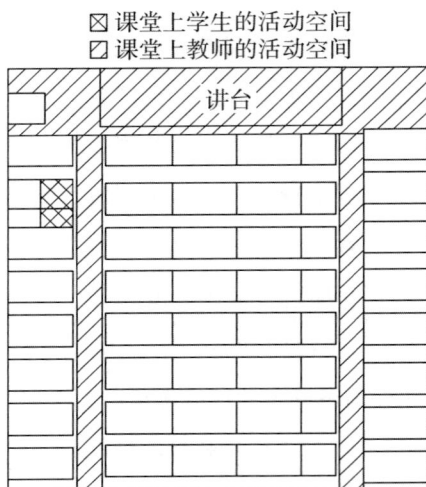

图6-2　秧田式座位格局中师生活动空间示意

从空间形态和规训功能上看，秧田式座位格局与边沁的"全景敞视格局"具有相似性。在这一空间中，每个人都被镶嵌在一个固定的位置上，任何微小的活动都会受到监视，任何情况都会被记录下来，权力根据一种连续的等级体制统一地运作着，每个人都被不断地探找、检查和分类。所有这一切构成了规训机制的一种微缩模型。（福柯，2007：221）教师如同处在中央监控室的管理人员，能随时随地、准确无误地监视学生的一举一动。相比边沁模型，秧田式座位格局中的监控更加精细，干预过程也更直接、更迅速。这使得课堂教学成为技术精度更高、管控程度更深的规训过程，教师在其中有可能实施对学生身体、心理活动乃至情感态度的全面控制。

然而，随着班额的过度增加，在秧田式座位格局中实施精细监控和直接干预的优势明显被削弱。除了学生人数上升给教师的课堂关注工作量带来挑战之外，课堂上教师的活动"动线"和物理空间也因学生人数的增加而不断被挤压，甚至已被压缩到教室前端讲桌的周围（见图6-2）。这意味着不论是身体接触还是情感互动，教师在课堂上可能给学生的吸引、提示、威慑等影响都在极大地减弱。特别是那些处在座位方阵各个角落和后排的学生，往往成为课堂上教师关注和师生互动的"死角"。座位逐渐演变成很多大班额学校学生家长明争暗斗的"资源"，排座位、换座位也相应成为长期困扰班主任的棘手"家校"问题。但是，如果不能超越孤立、竞争的个体学习视角，回归集体生活中社会化学习的立场，不论是教师、家长、学校管理者，还是课程改革者，都很容易陷在各自的无效努力中并相互指责和产生失望的情绪，最终无法解决问题。教师的一种比较典型的"解决办法"是：不断通过课堂语言反复整顿纪律，更严格地控制学生的身体动作，甚至通过带有警示性的体罚措施来弥补物理空间危机所导致的规训功能的弱化。但是，这些以"时间换空间"、强化整齐划一课堂秩序的管理策略在为教学带来表面的顺从和跟随效果的同时，也明显占用甚至浪费了更多的教学时间，不仅对教学的连贯性、一致性和课堂活动的效果、效率带来严重威胁，还可能从根本上损害教师和学生的身心健康，破坏学生学习的自主性，最终影响教育目标和效果。

2. 马蹄形座位格局带来的变化

释放公共空间，尽可能恢复公共空间对教师开展教学活动的支持功能，是课题组教师经过一个周期的问题分析后，首先聚焦的亟待解决的问题，并由此形成了第一个行动目标。这个目标的出现已经暗含着对之前班级管理通过简单压缩教室公共空间来增加学生人数这一做法的反思。虽然，一开始课题组教师并不希望挑战原有的座位格局，还对周边学校正在实施的小组合作学习教学改革出现的问题表达了诸多担忧，但是，M小学从建校初期一直持续的超级班额现象，课题组教师在其中不断积淀的试错经验已经给她们通过调整技术策略回应问题的做法发出了充足的否定信号。如果想要继续面对问题、寻求改变，教师就不得不深入教学活动的基本目标、原则层面重构问题现象，并相应发展可能的新目标、新策略。

以8人小组为单元出现的马蹄形座位格局，从表面上看似乎意味着教师们走上了一条和当时在中国县镇学校火热开展的小组合作学习教学改革相似的道路，但从课题组关注问题的立场和行动情境看，这个改变却与对课堂教学有统一模板要求的高效课堂、小组合作学习教学改革项目有本质区别。在这项研究里，学生座位的单元小组方案是回应大班额教室物理空间两难困境的一种可能方案，这个方案挑战了之前以牺牲公共空间和教师教学活动效果为前提吸纳学生的行动逻辑。虽然课题组教师在阅读合作学习教学法相关译著时对小组合作学习的指导效果表示了欣赏和认同，但推动她们将学生课桌旋转90度、拼靠到一起形成小组的动力和主导因素却完全是重新规划和使用物理空间的需要。

在马蹄形座位格局当中，学生首先获得了90度、180度甚至360度的身体转动空间，这首先是对个体身体自由度的一个突破。另外，原来在秧田式座位格局中被默认为仅供个人使用的课桌，在马蹄形座位格局中的功能开始变得复合化，使用效益也得到突破。在个人学习活动中，学生享有独立使用课桌的权利；在小组合作、讨论，特别是共同创作环节，拼在一起的桌面便成为组内公共空间。此时，学生个体的课堂活动空间至少包含4人小组的桌面和自己的座位范围（见图

6-3），这几乎是秧田式座位格局单人活动空间的 2.5 倍。每一位学生在得到与组内同学交流机会的同时，也使用了相对更多的空间资源。除空间之外，还有很多其他资源开始在马蹄形座位格局中流动起来，如学习用具、解题方法、范文例句、对某项学习任务积极的或消极的情感体验等。这样一些资源的流动、分享，很可能极大地促进小组成员之间信任感和合作关系的培养，推动个体经验的形成，即学习的发生。

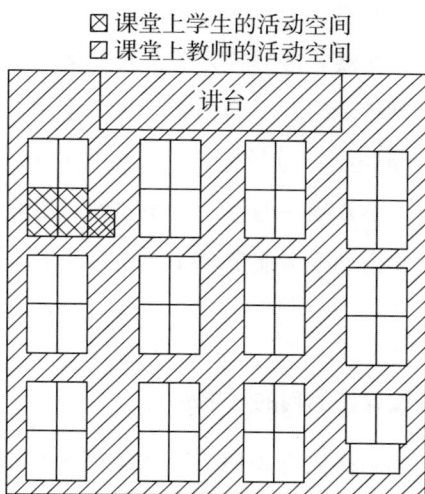

图 6-3 马蹄形座位格局中师生活动空间示意

从教师的经验来看，8 人一组的马蹄形座位格局确实增加了可供教师和学生在教室里走动的公共空间。在学生人数和教室大小都没有变化的前提下，这些空间是怎样释放出来的呢？从图 6-3 中我们能够看到，课堂上教师的活动空间绝大部分和学生小组周围学生的活动空间形成了叠加的关系。这意味着马蹄形座位格局主要是通过合理增加物理空间的功能性来实现空间释放的目的。三年级的儿童普遍身材娇小，适当分配各小组之间的横纵间隔，再通过必要的活动帮助学生养成保持组间座位距离的习惯，教师在课堂活动中想要走到每个小组甚至每位学生身边去互动就不再是一个难题了。当然，为了最大限度释放空间，课题组教师在全校范围内寻找合适的桌椅，为三（2）班配齐了规格最小的双人联排桌和没有靠背的凳子，这些硬件条件的优化也为释放教室公共空间发挥了不可替代的作用。

当然，单元小组的空间格局在帮助课题组教师达成释放物理空间、优化资源这一目标的同时，也引入了新的变量和挑战。大家首先对小组内部学生的经验交流表达出明显的担心甚至焦虑。一方面，大家认为一些学生交流活动能够促进教学，有几位教师在日常教学中会有意识地引导学生的经验交流。但另一方面，大家又担心学生在小组中互相干扰，做与（教师指定的）教学内容无关的事情，这一点几乎是所有课题组教师（甚至包括部分学生）对新的座位格局最担心的地方。对于已经习惯了通过整齐划一的课堂秩序和教师主导性活动来组织教学的教师，新的座位格局很可能带来课堂秩序的混乱甚至导致教学过程的瓦解。

（二）团队建设课程的目的与挑战

为了应对新的空间格局带来的挑战，课题组教师综合意见，结合自身教学经验相继推出由四个内容板块组成的团队建设课程。这套课程单从内容上看有简单组合在一起的"拼盘"嫌疑，但细致分析课程设计和实施的过程，能看到四个主题呈现出逐级推进的内在逻辑联系。随着课程内容的充实和教学过程的推进，课题组教师对马蹄形座位格局蕴含的教育价值、相应的教学方式和课堂人际互动关系开始形成更丰富、更具有情境性的具体理解。

1. 为新旧课堂"搭桥"

课题组教师孙阳带来团队建设课程的第一个专题。她最关注的内容是：训练学生根据教师发出的特定信号整齐、流畅地完成小组合作活动和整班讲授式活动之间的坐姿转换。图 6-4 显示的就是马蹄形座位格局中学生整齐面向黑板听教师讲授时的场景。这个场景中，除了桌椅格局不同，学生的身体姿势和课堂人际互动关系与秧田式座位格局并没有太大区别。

图 6-4　马蹄形座位格局中学生统一转身听课的场景

　　除了坐姿切换训练之外，课题组教师还细致地为学生提供了一些用于不同活动环节的发言范本或模板，比如：在组内讨论时可以用"我同意/不同意某某的观点，我的观点是……"，代表小组面向全班汇报时可以用"经过讨论，我们组发现……，我们组的观点是……"，等等。这样一些细致入微的关照和介入，体现了课题组教师对新情境下师生可能在教学活动中遭遇的挑战或经验发展区间的预判。这些判断和干预内容基于教师的专业知识产生，又体现出教师在新的物理空间中对自己之前的教学使用理论有所反思和调整。在新的物理空间中，以孙阳为代表的教师框定教学问题的焦点更集中于之前以教师主控为主的课堂学习经验如何能够相对平滑地向对自由度和学生自主监控能力要求更高的课堂环境过渡。表面上看，指导学生统一转身听课这类细节在强调课堂秩序和统一节奏的回归，背后的主导因素实际是教师对新课堂情境下课堂节奏、师生参与互动难度等诸多方面的不确定感。在马蹄形座位格局中部分恢复秧田式座位格局的教学节奏和氛围是启动行动变革初期教师保护专业安全感、能够继续行动的一个重要条件。

如果说孙阳的努力为不适应新情境的教师找到了衔接个人新旧教学经验的几条行动线索，那么孟秋和舒萍对学生学习习惯的强调则希望从学生个体行为习惯入手，共同创生一个自觉、自律的课堂学习空间。这样，即使座位格局无法起到规训学生身体活动的理想效果，学生还是有可能在课堂上以关注教师行动、跟随教师指令为中心，保证听课学习的效果。这两节团队建设课具有一个明显的共同点，即它们都试图在新的课堂空间和原先习惯的教学方式（特别是师生互动方式）之间搭起过渡和衔接的桥梁。

座位格局的变化使师生日用而不知的教学方式和学习文化显露出来。师生习惯的教学是一种教师主控、集体文化监督、向个人归因的学习方式。这样的教学对教师的课堂监控能力、学生的自我学习能力以及集体成员对学习文化的趋同性理解都有比较高的要求。前两次团队建设课恰恰就是在向着这三个目标努力。

2. 小组合作：由工具走向目标

在新旧教学环境和教学方式的过渡期，小组合作活动始终处在课题组教师的关注范围之中。孙阳和孟秋组织的前两节团队建设课都开展了小组合作活动，但她们是在不挑战熟悉的知识传输式教学目标的前提下来理解和开展小组合作活动的。小组合作活动成为教师传授固化知识的一种手段，虽然形式上更活泼，更强调学生与教师的互动，但在活动目标和行动逻辑上仍然是教师单方面、全方位控制的。在这样的行动逻辑之下，课堂上的小组合作活动容易出现教师控制过多、活动效率不高、目标定位不清等问题。例如，第一节团队建设课的合作设计组名和图标活动，目标不够清楚，没有与整节课的教学目标整合起来。第二节团队建设课，孟秋设计了学生组内交叉访谈，还特意为学生编号，配合活动示意图来解释活动规则，但这个活动主要是为了引出教师即将讲授的内容，活动的目标偏重于命题性知识的传授，没有充分重视活动形式在知、情、意等多个发展维度上可能达成的学习目标。

由于小组活动目标不明确或目标定位与活动形式不匹配，小组活动的效果甚至实施的必要性都在课后受到课题组教师的质疑。但通过这两次团队建设课对小组活动的探索，课题组开始意识到小组合作活动在教学逻辑上与以教师为中心的教学具有无法回避的区别。故大家在后面的行动中花了更多精力来讨论每一项小组活动具体的目标，以及它与整节课的目标之间的关系。因此，后面两个主题的团队建设课更重视通过学生的具体体验引导合作探究精神和技能的培养，而不是局限于单一的知识传授的目标。

后两次课首先在教学目标上对学生行为方式的变化提出更清楚、务实的要求，在教学活动的设计和实施上也紧扣具体目标选择了合适的方案和技术手段。在讨论教学设计以及课后总结时，课题组教师的关注焦点更多地落在活动方案和具体目标之间的一致性上。例如，在第三节课上，大家注意到由于活动内容、形式和具体目标体现出较好的一致性，学生在教学引入环节——讨论"小金人"的故事以及角色扮演等活动当中表现出很好的课堂参与状态。课后讨论时，大家专门针对这几个教学活动寻找推动学生积极参与课堂活动的因素，明确活动目标与具体内容的一致性对于保证教学效果的重要性。在这个基础上，大家对于第四次课程的目标和内容设计显得更加务实。第四次课选择第一次团队建设课上未能展开的组名和图标设计活动作为整节课唯一的小组活动。教师们将相关的学习目标进行分解，并逐一落实到具体的活动设计上。这些学习目标包括：认识并理解组内角色分工，通过相互倾听、积极讨论合作完成综合性的设计任务，体会并通过"做中学"了解小组合作的规范和探究精神。依托活动过程，新课程改革要求的三维课程目标找到了具体的教学生长点，自然渗透到教学设计和具体行动当中。为了达到更好的教学效果，课题组教师甚至通过亲身实践，在"做中学"的同时也在"做中传授"合作的技能、规范与精神。

经过这个环节对小组合作活动的探索，课题组教师对合作探究精神的特点及其在教学中可能的存在形态产生了与从前不同的理解。大家开始注意小组合作活动对教学目标产生的冲击和突破，而不仅仅把它视为与目标、价值无涉的技术手段和教学工具。不过这样一种认识和相关实践方式的转变并不是断裂的或突变式的，在设计和实施小组活动时，课题组教师采取了一种承前启后的行动策略。她们一边立足于原有的认知和行动习惯来框定和处理已经变化的问题情境，一边在介入者的协助、追问和推动下辨识教学情境反馈的行动结果，重新审视自己的行动过程和思路。正如丁叮在第四次课结束后感慨的那样，教师在教学行动实验和变革的过程中最困难的地方在于寻找"创新"与"沿袭"之间的"度"。这是一个居于预设与生成、控制与对话之间的充满智慧的实践尺度，每位教师只能在与情境持续的反映性对话中去寻找和把握适合自己和学生的行动之度。

第七章

学科教学深水区的行动探索与情境对话

经过教室空间改造和合作能力建设专题课程实验之后，课题组从教室的物理空间、师生空间感受、课堂权力关系以及教学方式等几个方面改变了三（2）班的课堂情境。此后，课题的研究重心转移至学科常态教学过程，其中又以课题组教师任教的几门科目（语文、数学、英语、信息技术、综合实践活动）为主要研究对象。课题组教师轮流上研究性公开课，共同探索新的课堂情境对具体学科的教学提出哪些挑战，应该如何继续关于教学情境和自身行动方式的改造。

一、与课堂时间相关的困境及反思

上一章我们提到，在秧田式座位格局中，教师可以依托座位空间形成的约束力来维持课堂纪律。当学生人数过多，相互隔离的座位空间又被打开时，教师很难再要求学生保持整齐划一的课堂学习节奏和状态。由此，大家开始探索以合作学习为方向的新的教学方式。

但在座位空间发生变化的初期，教师原先关于教学目的、课堂纪律和人际互动规范的信念还没有受到根本触动。为了在新的情境中实现既定目标，很多教师在教学中变得更加关注课堂纪律，于是更频繁地维持课堂纪律，以弥补人数过多和马蹄形座位空间导致的规训功能的弱化。不过，整顿纪律的工作也占用了正常教学时间，使教学过程变得破碎化，反过来影响了最终的教学效果。在座位空间发生变化的大班额班级中，教师管控学生课堂纪律的压力与其对教学时间的焦虑结合起来，形成了独特的课堂图景。

（一）纪律压倒一切：一节语文课的课堂节奏分析

在三（2）班座位格局发生变化的第二周，舒萍告诉课题组其他教师，她正在尝试通过小组竞赛来管理课堂纪律，初步看效果很明显。舒萍以8人小组为单位给所有小组编号。每节课，教师根据学生的课堂参与情况和纪律表现为各小组加分或减分。所有积分累积至周五最后一节课时，教师再根据各组排名选出一周"明星小组"，颁发自制奖杯，给优胜组拍照并将照片张贴在教室的公开栏中。舒萍说，这种小组竞赛的办法是过去教学常用的一种激励方法的延续，但在新的小组格局中，学生对自己所在的小组有更强的认同感，学生不仅很积极地参与教师组织的竞赛活动，而且会在过程中相互提醒，这给她留下了深刻的印象。

听了舒萍的介绍之后，第三天上午我临时走进三（2）班，观察了一节常态课。这堂课要学习唐代诗人杜牧的《山行》这首诗。这是一首脍炙人口的七言律诗，诗人以平实、传神的语言描写了深秋时节山中枫林的美景，其中"霜叶红于二月花"一句尤为后人称颂。在教材安排上，这篇课文属于该单元选学选讲内容。舒萍决定用1个课时带领学生学习这首诗。

整节课大致分为以下几个环节：听写前一节课的生字、生词——引入新课，学习重点字词——为诗句划分节奏，根据节奏朗读全诗——小组竞赛朗读诗句——通过师生问答讲解诗句含义——全班齐读全诗，学生随堂练习生字书写，结束教学。从教学内容来看，教师将这节课的重点放在诗句节奏划分和朗读上，至于诗句内容只停留在粗浅的字面解释上，没有特别引导学生去感悟全诗营造的意境，体会语言的精准、优美之处。对于这样的安排，舒萍解释说：这是一篇选讲课文，考试不做要求，教师本来可以不讲，但想到划分诗句节奏是学生需要掌握的一个内容，她决定以此为重点组织这节课。为了达到内化诗句节奏的目的，舒萍在这节课上不仅组织学生出声朗读，还引导他们根据节奏边拍手边朗读。相比平时的语文课，这节课上学生获得了更多的身体活动的范围和时间，但这也加剧了教师对维持课堂秩序的焦虑。

教学过程中，舒萍以很高的频率反复整顿课堂纪律。她使用的方式多有变化，有时直接提醒，有时鼓励小组内学生相互监督。不过这些维持纪律的手段都明确指向对学生声音和身体动作的控制，而且它们紧密地穿插在内容教学当中，在时间上始终和具体学习活动维持着较大的张力。以下是这节课引入新课部分的一段课堂观察，我们可以从中感受一下教师是如何在课堂上紧张地兼顾课堂纪律和具体内容教学的。

教师：比一比，赛一赛。哪组坐得好，哪组坐得快？刚才我们听写了 13 个词语。<u>坐姿坐正！看下哪组坐好了，好。一二三组，已经坐好了，四五六组坐好了啊。七八组坐好了，第九组还没坐好，还有十一组没坐好</u>。（有学生小声地说："别讲话了！"<u>教师略微等了两秒钟，看所有学生都端正坐好后才开始说话</u>。）这两天我们发现气温越来越低了，渐渐地秋天已经来了，谁能用一句话来说一说秋天？何×？

（学生 1 回答的声音很小，教师脸上露出没听清的表情。）

教师：什么？坐下再想想。（教师边说边用手指身旁的一个学生，示意她来回答问题。)

学生2：霜叶红于二月花。

教师：用一句话。你说的是一句诗。秋天来了，你发现了什么？都可以说啊！林××。

学生3：我发现风越来越大了。

教师：风越来越大了？嗯，没错！秋天来了，风越来越大了。这句话就说完了。你说！（指着另一名学生）秋天来了……

学生4：秋天来了，银杏叶落了。

教师：秋天来了，银杏叶落了，好。（点另一名学生发言）

学生5：秋天来了，片片黄叶像飞舞的黄蝴蝶。

教师：真美！片片黄叶像飞舞的黄蝴蝶。不仅美，而且还是个比喻句。好，赵××。

学生6：我发现秋天的果子成熟了。

教师：哦，秋天来了，果子成熟了。秋天的景色是那么的美好。我们的诗人杜牧呀，他也要去看一看秋天，今天他就来到了我们的山里面，去看一看秋天的景色。声音是从哪个小组发出来的？（教师突然停止说话，眼睛扫视全班学生。学生的声音略微小了一点，但教室很快又有了嗡嗡的噪声。）然后啊，他呀，看见秋天这么美的景色，忍不住就写下了一首诗，今天我们就来看看这首诗。诗的名字就叫《山行》。好，现在坐姿坐正！（教师连续击掌，学生回应并调整坐姿。）一起来。有的小朋友记性可好了啊，居然隔了星期六、星期天，隔了两天，还知道我们的暗号、我们的约定啊。好，看黑板！那么老师呢，就把杜牧写的这首诗也搬到了我们黑板上。自己先读一读。（教师刚说完，一些学生开始大声读起来。教师立即击掌示意学生停止。）

教师：有的小朋友可着急了啊。听清楚老师的要求！自己读一读，要求把每个字的字音读准了，好，开始！

（学生开始朗读。读完一遍时，教师带头击掌，示意朗读结束。）

教师：好了！第四组同学读得最认真，看着黑板认认真真地读啊。（教师一边说一边走到黑板右侧，在列出的十二个小组的竞赛坐标上为第四组加上了 10 分。）当你的周围有小朋友没有认真读的时候，你要提醒他。其他组的同学啊，有个别同学没有坐直。坐正！好，刚才我们读了这首诗，谁愿意来读这首诗？朱××。

在这段 5 分钟的教学实录里，教师针对课堂纪律多次做出明确的提示或要求（在教学实录中以下画线标出）。通过组织组间竞赛，针对每一项学生活动给出统一而具体的身体动作要求，并在学生出现教师预期外举动时予以提醒和等待，教师牢牢掌握着对学生身体活动和人际互动节奏的主控权。

在这个过程中，舒萍对学生的课堂音量有一套自己的要求。只有在她希望并允许的情况下，学生才可以发出声音，否则任何"杂音"都会被视为对教师主控权的挑战或逃离。作为一位高度负责的教师，舒萍在课堂上必须及时发现这些线索，做出有效的干预。在教师指定的发言或朗读时间，学生不仅不能保持沉默，还被鼓励用尽量大的声音进行发言或朗读。除声音外，舒萍对学生坐姿等行为动作的反复干预也同样是为了维持教师对教学活动的主控权。

但是在我们关注的三（2）班，教师想要维持这样的控制权显然非常不易而且耗时耗力。单从引入教学这个环节来看，几乎在每一个教学活动的衔接和转换之处，教师都要通过明确的干预来重整课堂秩序。即使是在教师集中讲授的时间，教室里也始终有学生窃窃私语的低频"噪声"。教师不得不两次停下来强调声音控制和坐姿调整。这些纪律管理的做法频繁出现在教学活动中，使得板块式设计的教学内容变得更加破碎，课堂节奏也显得更加随机、缺乏规律。

对教师一节课 45 分钟[①]的教学行为进行整体分析后，我发现教师对学生身体的行为管理遍布整个教学过程，几乎与学科内容教学并行。具体的监管内容涉及听课的坐姿、写字姿势、朗读时拿课本的动作、举手回答问题、学生在教室内快速移动、遮盖听写本等。从这些内容看，教师对学生身体的控制几乎覆盖所有课堂活动的细节处。除了关注细节的身体控制之外，课堂上还有一些固定的甚至仪式化的纪律管理办法，我对它们的出现频次进行了统计（见表 7-1）。

表 7-1 《山行》一课教师课堂纪律管理的频率分析

目的	课堂纪律管理办法	总次数（次）	平均出现频次（分钟/次）
控制学生身体，维持整齐划一的课堂秩序，以配合教师对教学过程的控制	强调声音控制	15	3
	连续击掌提示学生调整坐姿	12	3.75
	组织小组或男女生竞赛	9	5

从表 7-1 中各种管理办法的出现频次，我们能够整体感受到这节课的组织模式和课堂节奏。即使教师将三类管理办法合并使用，每 3 分钟教学就会因纪律问题受到干扰。教师对课堂纪律的过度关注和僵化追求无疑已经影响正常教学的开展，严重压缩了有效教学的时间，影响教学的有效性。从这个角度反观教师对这节课教学目标的设定，似乎能够解释为何教师将目标限定在较为简单的节奏划分和练习上，回避了古诗内容和深入分析。为了在大班额班级中维持教师可以接受的"正常"的课堂秩序，教师不得不将内容教学的目标降至比较低的水平。那些能够反复操练、有助于应对量化测试的识记性内容成为课

---

① M 小学主科单节课时间是 40 分钟，但这节课舒萍提前 3 分钟开始教学，下课时间推迟了 2 分钟，总的教学时间为 45 分钟。

堂上反复出现的主题。

（二）时间是怎样变少的：教师尝试小组活动的困境与反思

舒萍那节语文课是在教学变革的早期，当时教师在课堂上的关注焦点主要是课堂秩序的维持，小组活动只是达成这一目的的技术手段。在当时教师本人很难从手段与目标的关系、目标定位上反思自己感受到的困境。随着课堂探索的深入，小组合作学习的思路开始渗透到课堂上的学生练习活动中。这时教师的教学过程出现一种"教师中心"与"学生中心"双线交织的状态。在课堂时间上，两类教学活动很容易产生相互竞争的关系。于是，课堂时间紧张成为这一阶段最典型的问题现象。课题组教师开始有意识地通过教学时间问题反思自己的教学行动与结果之间的因果关系。

在课题即将结束时，谭林在课题组另两位教师的协助下利用小组合作的形式上了一次英语公开课。关于课前教学计划、教学过程以及教学时间呈现方面的矛盾展开的讨论，都充分展现了课题组教师原有的教学使用理论与小组合作学习思路之间的矛盾，在这个过程中我记录下了课题组教师的专业反思和对话过程。

1. 以合作学习思路来设计一节公开课

距离期末考试只有不到两周的时间，各班主科都已经进入紧张的期末复习。谭林因为外出参加教师培训，课程进度落下不少，她正想尽办法向副科（不参加统考的科目）教师要课时来赶进度。就在这时，市教育局下发一道公文，要求各学校推选语文、英语和科学三科"法制渗透学科教育"的优质课，选中者通过课堂录像的方式参加市级优质课评选。在紧张备考的氛围中，绝大多数教师不愿参加这次评选活动，谭林却一反常态报了名。她对其他人解释，这是为了应对学年末教师的绩效考核。由于教学进度没跟上，谭林担心学生期末考试成绩不佳会影响她的考核成绩。优质课比赛一旦得奖，她将得到加分，多少可以弥补学生成绩带来的影响。

为了准备这次公开课，谭林邀请我和课题组顾问——来自当地一所高中的英语教师唐静和她一起设计教学方案。她想在这节课中大范围使用小组合作活动，突出学生的参与。在 M 小学，很多教师认为，各级公开课的评委都尤其看重小组合作学习这种新式的教学方法，公开课一定要加入一些小组学习活动。作为课题的介入者，我则把这次公开课视为课题研究的一次难得的实验机会。在这次课之前，课题组教师虽然不同程度地在常态课上开展了小组合作活动，但限于精力和时间，几乎没有人敢于挑战时间较长、学生互动程度更深的大型小组活动，更没有尝试过以合作学习思路来设计整节课。当谭林提出专业支持需求时，我鼓励她打开思路，从学生经验发展的脉络展开教学设计。我们三人不仅共同讨论教学目标和备选学生活动方案，甚至在谭林拿出教学设计初稿后，我直接"操刀"调整教学活动的顺序，以表格模式突出了活动环节的内在关系和具体活动的操作要求。

这节课的学习内容来自外研社小学英语教材三年级下册第五单元"Do you like pears?"。在认知目标上，谭林希望学生掌握四个单词：apple、pear、orange、banana，会使用"Do you like…?""Yes，I do. ／No，I don't."句型来对话。一开始，谭林根据"引入—讲授—学生练习"三段式结构来设计教学。在学生练习部分，她集中安排了六个师生活动，其中包括全班集体游戏 hide and seek[①]，教师主导的猜词游戏和套用新句型的师生问答，以及根据工作单对话"寻人"的学生小组活动。这些活动在目标和学习内容上各有侧重，有的是为了巩固对新单词的记忆，有的是对新句型的练习和迁移，最后一项小组合作活动要使每个学生开口说英语，综合运用整节课学到的单词和句型。

———————

① 这是小学英语教学中经常使用的一个集体游戏活动。教师提前将一个物体藏在学生中间，然后请一名学生到讲台上并转过身背对大家，藏有物体的学生站起来展示物体后藏好，讲台上的学生走到同学中间去寻找物体，全班学生同时说出该物体的英文名称，利用高低音提醒他与该物体的距离，直至学生找到对应物体，游戏结束。

針对谭林的教学设计，我和唐静首先指出，六项练习活动对一堂课来说太多了，而且把所有活动集中到一个板块可能会导致学生疲劳、缺乏学习兴趣。这些活动在目的上不一致，也可能影响整体学习效果。我们建议将教师讲授和学生练习活动结合起来，根据学习内容分单词、句型两步走，即教完单词之后通过 hide and seek 等活动练习单词，然后再讲解新句型，进行句子练习和综合运用性小组活动。除此之外，我提出应该在教案中明确规划每个教学活动的具体时间，从整体上考虑教学时间是否充裕、课堂节奏是否合理。为此，我特别推荐了自己常用的一套用于设计小组合作学习的备课模板。听完我的建议后，谭林希望我帮她修改教案。如果可行，就按我们商定的教学计划来上课。第二天，我给她和唐静发去了修改后的教案。

2. 课前谭林的压力与困惑

面对修改后的教案，谭林却在上课前一天对我们说，她无法按照新教案上课。新教案中的一些教学活动，特别是最后一项学生小组活动的设计思路，不是她的想法，她想放弃这项小组活动。谭林的反应使唐静和我都感到意外，因为修改稿几乎是按照之前商定的方案来做的，并没有出现新活动或对活动的全新设计。

在我们的追问下，谭林道出更具体的想法。新教案中删除了教师主导的"教师问，全班回答"的练习活动，重点突出了两个学生自主性活动。看到我列出的详细的活动说明以及明显偏向于学生活动的时间分配计划，谭林感到压力很大。她担心自己无法按照新的计划引导学生活动，更倾向于采用被我删掉的两项师生活动。另外，从教学时间来看，谭林认为最后一项小组活动耗时太多，删除它就能为其他活动腾出时间。了解了谭林的困难之后，我和唐静试图回到活动目的本身的差异上和她沟通，劝说她保留最后一个小组活动。我明确向她解释修改后的计划是以学生的经验发展为目的和主要设计依据，它与以教师经验为中心的思路不同而且会形成矛盾。不过我也表明，谭林自己才是教学的决定者，我和唐静的意见只是参考、辅助。我希望她在这两轮讨论之后再思考教学的总目标，选择自己认为最合适的活动内容和搭配方案。

3. 课堂教学过程及整体反思

到了正式上课时，谭林选择按照自己原来的教学设计来开展教学，但她没有丢掉最后一个小组合作活动，而是采取了"教师中心"与"学生中心"双线并行的策略，尽量多地把各种活动纳入一堂课当中。不仅如此，在教读环节之后，谭林临时增加了"教师问，学生展示"和同桌相互对话练习的活动。这些处理进一步加剧了课堂上的时间矛盾。被我寄予厚望的两项学生合作活动，前一个由预定的 10 分钟缩减至 2 分钟，最后一项综合运用活动则因为没有足够时间，仅完成了原定任务的三分之一，而且没有开展全班交流和有效反馈。学生活动没有实现预定目标。

公开课结束后，听课的教师（包括课题组教师和学科组部分教师）聚在一起帮助谭林回顾和反思这节课。谭林首先就提出这节课在时间分配上出现了问题。

谭林：时间不够了，我上课老是这个样子，前面花的时间太多，然后时间就不够了。（最后这个活动）我一看只有几分钟（就下课）了，好，马上改成只让他们问表格前面那一排的（单词）。

孙阳：（最后一个活动）一组发一张（活动任务单）就可以了嘛！

谭林：不行！我设计的那个活动就是要每个人都开口问，如果你一组发一张，所有的人都跟着一张小表格看，那肯定是不行的。我就是觉得在这个环节做得不好。

从这轮对话能够看出，谭林对于最后一个小组活动的目的有清晰定位，她希望在教学中达到使每个学生都开口练习的目的。但是在教学活动的整体安排上，谭林对于学生能够达成这个目标的路径是不够确信的。于是，她选取了教师主导的反复练习活动与学生个人练习双线并行的策略，并且在时间整体分配和活动的顺序上优先保证教师主导性活动，但这也导致她在开展展示或研讨性教学活动时，总是出现课堂活动过多、教学时间紧张以致无法达成预期教学目标的情况。体现在课堂时间维度上的矛盾实际上隐含着教师在教学目标选择及达成目标的策略、方式上的两难冲突。

作为一位在新课程改革中成长起来的年轻英语教师，谭林一方面认可新课程改革"以学生为中心"的理念，对英语作为一门语言、思维类课程要以"学生活动为主"发展每一个学生使用英语、发展思维能力的目标有明确认同。同时，在教学策略上，谭林作为县内优秀年轻教师曾多次参加县、市级教学改革培训，还曾经到北京大学参加过为期一个月的纯英文封闭式英语教学法培训。她积累了丰富的"以学生为中心"的英语教学法技巧、案例和原则，这些也时常体现在她的课堂上。但正如谭林自己觉察到的那样，她的课总给人留下一种容量过大、节奏紧张、目标达成度不足的印象。这与她在英语课中想兼顾教师主控、学生中心的两套目标、策略的矛盾立场是分不开的，而这次研究课为她和同伴反观行动过程、探查矛盾根源提供了机会。

唐静：我的感觉是前面教那四个单词，那种方式用的时间有点长。我看到有些学生已经有点疲惫了，因为你是用同样的方式在教，他们可能有点疲劳。

唐静将注意力转向教师教读单词的环节，指出这里用时较长，而且教学方式单一，学生学习效果并不明显。这个提醒帮助谭林和其他讨论者把注意力从最后一个活动的时间矛盾扩展至前面教学环节的时间使用上。接下来的讨论，大家开始将前后活动连接起来整体反思教学时间和活动的安排。

我：你后面有点慌。因为你想给后面那个法制教育环节留出时间。前面讲的时间又太长，所以最后这个活动的时间不够了。你开始做第一个学生合作活动的时候，我看了下时间，（上课时间）已经过了20分钟。也就是说，前面教师引入加讲授的时间超出了我们预期的1倍。我们原计划是10分钟嘛。

谭林：但是我讲的（内容）有四个单词，还有把那个句型也放进去了嘛。

我：没错。所以如果是这样，那么讲的过程，你要考虑怎样落实有效性。比如说让孩子们发现自己读音上的失误，听到他的读音和标准发音的区别。另外，你前面教学句型的时候不是有个让学生相互问的活动吗？

谭林：啊。

我：那个活动和最后这个活动重复了，你发现没有？

谭林：不，不。那个其实只是叫部分学生来参与，后面那个活动是让全体学生参与，主要是想体现一个参与度的不同。两个（活动）之间还有一个运用的问题。

在这段对话中，我试图引导谭林关注整个教学活动在时间分配上的前后矛盾，看到教师主控的教学环节和后面以学生活动为主的环节在学习内容与目标上存在不必要的重复。我甚至以一种隐晦的方式对谭林的引课和内容讲授部分提出批评，认为这部分活动耗时过长、在教学有效性方面考虑不足，而教学设计中预留的最后一项学生中心的小组合作学习活动在教学功能上可以取代前面的部分教师主控活动。但是很显然，由于我没有足够清晰、坦诚地表达自己的观点和相应依据，对话中暗含着我想要重申课前预设活动方案的正当性的诉求，这些情绪的潜流压制了对话各方回到教学现象本身重构经验、公开检验各方观点的机会。谭林在对话过程中仍然保持了教师主控的行动视角，对前后两个教学活动的联系和区别做了技术层面的反馈。这轮对话并没有能够促进双方的讨论进入彼此关于教学活动定位和设计的价值层面，没有构成对以教师为中心的教学行动立场及配套行动理论的挑战，也未能有效打开共同看待"两难"困境的角度。

试图挑战谭林"以教师为中心"的思路失败之后，我返回到谭林关注的问题现象上，希望沿着她的思路再次进入问题本身。

谭林：<u>这就是我上课的通病。前面时间用得太多了，等到后边时间不够了，就想着怎么把它揉揉揉，怎么把它赶完。</u>

我：你觉得你前边（教学环节）的时间是怎么变多的？

谭林：有好些活动我教案里没有设计，都是我临时加入的。比如叫人起来展示（读单词），还有提问学生（让他）练习句子的也是。所以我觉得，变数有点多。

我：想要让他展示的时候，你想到什么？是什么让你要做这个事情？

谭林：当时是临时（想）出来的，因为我们英语课啊，就想着有些人物的展示啊、角色的展示啊，我是想着<u>让教学活动形式相对多一点。</u>一开始我是让他们到讲台上来，后来我怕浪费时间，就想了个主意，就是让距离远一点的同学（说），锻炼他们的声音，也锻炼这边（同学）的听力，更是锻炼全班的注意力。

唐静：这个活动可以。

我：但是要实现这个目的，最后一个小组活动也是可以做到的。而且效果可能会更好。活动最后反馈的环节，就是你那个展示的环节。

谭林：叫人展示（的活动）和用表格的这个（活动之间的关系），我没有考虑到这个方面。

唐静：我身上也经常发生这种问题，而且我也是上着上着，就临时加一个（环节）。比如你刚才上课讲 an 和 one 的区别，其实这个内容不是你这节课的主要内容，本来可以忽略掉。我有时候也是上着上着，觉得这个地方衍生出一个小问题，本来不是这节课的重点，但是自己在那啰唆半天，就浪费时间了。其实你看，你今天讲的"一个苹果"那个地方，不是重点，对不对？

谭林：嗯。

唐静：所以那个根本就可以不讲，时间不够。

我：加（活动）不怕，就是回来要想，加这个活动在整个的教学里面是不是合理的。

谭林：那一分钟，脑筋是打结的。

我：有时候会钻进去。

唐静：就是这样。

当我追问谭林"前边（教学环节）的时间是怎么变多的"时，她意识到自己临时增加了一些并非必需的教学活动，而增加这些活动的主要目的是追求教学形式的多样化。这样一种心态和做法在课题组其他教师身上也是普遍存在的。追求教学形式多样化的做法，一方面暗含着形式多样会带来更好教学效果的假设，另一方面也是教师在"应试"的功利文化和"改革"的表演性文化双重夹击下形成的一种生存策略。教师一方面需要紧跟改革潮流，通过改变教学方式、参与教学研究、使用改革术语等方式积极回应改革的话语和要求，另一方面还要持续不变地应对选拔性考试的压力，对选拔性考试在基础教育中的决定性影响保持了清醒的认识。在这样一对矛盾情况中，教学形式的多样化似乎是最安全、成本也最低的折中办法。

但是回避价值之争的多样化策略本身是盲目的，它常常以降低学习标准和活动有效性为代价，出现同一主题不同活动形式的低水平重复。这样一种行动策略最终严重损害了学生的发展和利益。

在谭林阐明其"教学形式多样化"策略之后，当我再次从学生学习效果的角度质疑教师主导的展示活动与学生小组合作活动之间的重复性时，她开始看到并理解我的问题视角，坦言当时自己没有考虑到两者之间的关系。唐静也加入对这个问题的讨论，反思了自己在教学中不自觉增加教学内容和活动的体验。我们的讨论最终推进到从整体效果把握教学活动的合理性上来。这是大家在行动后不断推进的反映过程聚焦的对象，但是我们也同时意识到，在教学行动过程中，这样一种对合理性的觉知和把握是非常困难的。教学中遍布需要及时做出判断和行动的问题爆发点，如果没有对情境足够的把握和准备，我们很容易被困住，容易"脑筋打结""钻进去"。那么，可能会有什么样的力量困住教师呢？在对谭林这堂公开课的探索中，我们止步于此。

二、教师关于教学目标的反思与讨论

上一部分我以课堂教学时间为线索梳理了教师在新的课堂情境中开展教学活动遭遇的困境，并分析了与问题情境相关的教师的行为模式、使用理论和部分影响因素。在两个典型案例的分析中，都可以看到教师在教学目标上存在一个两难困境。但限于当时行动所处的阶段性，课题组教师还不能明确觉察到这个困境。

本部分选取舒萍在课题研究后期利用小组合作学习组织一次公开课前后的研讨过程为案例，进一步分析课题组教师在教学行动实验过程中面临的与教学目标相关的两难困境。在这一轮探索中，面对已经讲授过的内容，舒萍片面追求教学形式多样化的行动模式被凸显出来，而通过课后的讨论、反思，教师在教学目标上深受应试压力的限制这个问题也被明确地挖掘出来。在形式和目标这对看似分离实则相互联系的矛盾现象背后，隐藏着的是遍布中国教育现实的"应试"功利文化与"改革"表演文化的斗争与配合。

（一）从典型结果中反观行动困境：一次艰难的公开课

舒萍是课题组中尤为谦逊好学的一位成员。对于各种改革的新理念、新方法她总能保持开放的学习态度，而且积极地在日常教学中进行尝试。但是一直困扰舒萍的问题也在于，取各家之长后，她并不知道该如何将这些方法和技巧整合起来。对舒萍而言，参与这项研究更重要的未必是得到一些具体"成果"的方法、技巧，而是看到自己的专业行动困于何处、该向何处去。

从改变座位格局开始，舒萍几乎是课题组最早宣布使用小组的形式进行课堂管理和教学的成员。舒萍常常在课堂上穿插一些小型的小组合作活动来调动教学气氛，不过最常用的方法是组织学生小组竞赛。由于在课堂上过于密集地组织学生竞赛，我和其他成员还曾经质疑过她对小组合作的理解和操作，也试图从教学的整体效果的角度来提醒她，以小组为单元进行学生管理并不一定符合小组合作学习的原则和精神，可能会反过来损耗学生参与课堂的主动性和积极性。最开始舒萍对这样的提醒并没有很认可，直到组间竞赛在她的语文课堂上被贯彻了接近一个学期之后，学生展现出对竞赛活动的疲乏态度，不再积极配合教师的指令后，她才开始回过头来审视小组竞赛这种形态的合作学习活动，其教学探索进入一个平缓的反思期，甚至出现停滞、回调的态势。

就在课题组快要结束第一轮课堂实验资料的收集时，舒萍突然告诉大家，由于三（2）班学生的语文成绩太差，她担心自己期末考核成绩受影响，为了争取个人绩效考核分，她报名参加了学校选送市级优质录像课的比赛。她邀请课题组其他教师一起帮助她研究这节公开课。

1. 公开课的内容、形式与过程

由于新课的教学已经完成，舒萍选了一篇讲解过的课文《父亲、树林和鸟》作为阅读课的内容。至于教学形式，她计划大范围使用小组合作活动。这堂课，舒萍以五个主要环节构成了教学主体：复习生字、生词，朗读课文，寻找课文中心句，通过小组合作找出支持中心句的段落主题句，最后全班汇报交流。在教学形式和技术手段上，她采用了多种形式。除了小组合作讨论之外，复习生字、生词环节她采用学生接龙"开火车"和"小老师"带读两种形式，朗读课文环节则播放磁带录音带读。

但是舒萍在拟订教学目标时没有充分考虑学生已经学过这篇文章的事实。对于学生而言，寻找文章中心句和各段落的主题句这个任务，是一个已经知道标准答案因而缺乏挑战和发展空间的内容。如果学生不能从这个任务中寻找到能打开自身经验、展开相互对话的主题，那这个小组活动将很容易流于形式甚至会遭到学生的消极抵制。这堂课的教学效果也会因为教学目标和小组活动任务的虚假化受到影响，退化成以展示小组合作这种课堂组织形式为目的的一节"表演"课。

在实施过程中，舒萍严格遵照小组合作在角色分工、时间控制等细节上的要求，展现了一堂"井然有序"的公开课。然而，从整堂课的师生互动来看，除了5分钟小组讨论环节之外，教师始终通过"教师主导—学生应答—教师评价"这类"IRE（Initiation Response Evaluation）对话结构"（佐藤学，2003：349）来推动教学。这个对话结构在小组讨论后的全班交流环节表现得最明显。我们可以通过几组典型对话来感受这个环节的师生互动特点。

教师：好，时间到了。我看到第11组进行了一次激烈的小讨论。好！我很期待他们的回答。我现在就请汇报员来汇报一下，课文当中哪些语句（让我们）知道了父亲爱鸟。2号做汇报员，哪个组愿意来？（学生显得有些迟疑，终于教室后排的一个男生举起手来。）好，吴×。

吴×：从15到16自然段。

　　教师：我们来快速找到。你能给大家读一下吗？

　　吴×：这是树林和鸟最快活的时刻，父亲说……我知道父亲此时也最最快活。

　　教师：嗯，不要加字。也最快活，为什么你会这么认为呢？

　　吴×：因为父亲……鸟快乐的时刻就是父亲快乐的时刻。

　　教师：嗯，说明父亲怎么样？

　　吴×：特别喜欢鸟。

　　教师：特别喜欢（吴×：鸟叫声）。哦。喜欢，特别喜欢鸟的什么呀？叫声。那么我想问一下，最快活的时刻是什么时刻呢？鸟最快活的时刻是什么时刻？

　　在这段对话中，教师牢牢控制着对话的内容和方向。通过提问、重复、评论、追问，教师不仅决定着活动环节谁可以说话、应该说什么，说话的方式和时机也都由教师控制着。很有意思的地方是，小组讨论结束时，教师公开表扬了第11组的讨论过程。考虑到小组活动的任务并不足以吸引学生，这一组的表现相对于其他小组而言，的确是令人好奇和惊喜的。但随即教师却让各组汇报员举手参与讨论，而不是直接从第11组的汇报员开始。

　　在汇报环节，舒萍仍然通过连续提出只有一个答案的封闭式问题，保持着"教师主导—学生应答—教师评价"的对话结构。最后随着举手回答问题的学生变少，教师开始一对一抽问学生。小组讨论的结论、汇报员的身份在这个环节迅速失去意义，整个课堂回复到"教师讲授—学生应答"的习惯模式当中。

　　2. 教师对教学效果的感知及反思

　　课后，课题组参与听课的几位教师和舒萍一起回顾这节课。舒萍先对这堂课做了整体回顾和反思。她关注的焦点主要落在小组汇报环节，特别是师生互动上，并没有意识到小组活动过程与整体教学在目标上存在根本冲突。

舒萍：我上（课）的时候，大部分是针对小组活动环节。我觉得他们合作还是可以的。……我感觉到大部分人都能按要求完成任务，也能够各司其职，但是在小组汇报的时候，我没有考虑到（有人不能完成任务）。原本规定2号做汇报员，但是下去巡视才发现，好几组的2号是学习成绩较为落后的学生。有的学生就跟我反映不应该让他去汇报。我说，要给他一次机会。如果他汇报不完全，你们可以补充。可是等真正汇报的时候，我就发现，举手的人特别少，敢汇报的人特别少。这就是我没有考虑到学习成绩较为落后的学生可能不敢汇报。另外，我也感觉到了，有很多成绩较为落后的学生也是想表现自己的，后来就有不是汇报员的学生也起来讲。我看到成绩较为落后的学生举手，心里面非常高兴。我就想知道，他到底能回答到什么程度，然后我就点了一些。

我感到特别高兴的是，第11组讨论得特别热烈。我感觉小组合作还是能够让他们把一些隐藏的东西给爆发出来的，只是，在小组里面说得热火朝天的，但是真的汇报的时候，好像就有些胆怯。

还有，我的问题就是学生汇报的时候，我有点啰唆。基本上学生都已经能够说清楚了，我还要去再补充一遍。还有我对问题的设计，也不是很清楚。我开始想的是，根据他们（的）汇报来现场提问。可能对一些问题我没有顾及，没有考虑清楚。……我想，可能在小组活动汇报的那个地方，我没有做好。

在舒萍框定的问题对象中，她最关心的是学生与她的互动，或者更确切地说是学生与教师的配合。这种师生配合是为了保证课堂活动能够按照教师预定的方向流畅前进。所以当她发现自己随机指定的汇报员多数是各组成绩较落后的学生时，她并没有试图推动或鼓励他们承担起汇报员的职责，反而安慰其他组员要给他们一个机会。而且当一些不是汇报员的成绩较落后的学生举手想要参与互动时，舒萍对这一反常现象感到高兴，心里想知道"他到底能回答到什么程度"。从舒萍的这些反应来看，师生在课堂上的互动都默认了一个原则，那就是教师应该是课堂教学的设计者和主导者，学生参与课堂、回答问题的主要目的是协助教师共同将课堂活动沿着预定的方向向前推进。因此，如果学生回答的内容不相关，或者答案的准确程度达不到教师的预期，那么他（她）的行为将会被教师和其他学生视为失败的或是不够优秀的。

从舒萍的教学过程中，尤其是从她和学生的问答当中，很明显能看出她作为教师习惯全面预设并掌控课堂活动。正是基于这样一种使用理论，舒萍在反思她认为问题最集中的小组汇报环节时，把主要责任归咎于自身。她认为自己的应对不够简洁，向学生提出的问题也不够清楚和缺乏设计。但这样的行动过程和归因方式恰恰导致舒萍执着于教师自己的经验世界，无法在接纳和理解学生经验的基础上，做出灵活、适切的指导和回应。从这个角度来看，恰恰是教师对全面、完美的活动预设和过程的掌控限定了教师的角色和功能，使得教师无法在互动过程中发现并承接学生经验发展的可能地带，也失去了与学生展开真实、有生命力的教育互动的机会。

3. 课题组教师对教学效果的再聚焦

对于小组讨论环节，舒萍认为大部分学生"能按要求完成任务，也能够各司其职"，合作的情况令她满意。不过这个判断在课题组其他教师对教学过程的"反映回观"之中呈现出了迥然不同的面相。这节课当中小组讨论的过程很快成为舒萍和其他教师反思的对象。谭林首先说出了她对一个小组的观察。

谭林：8个人，有1个人没有说。这一堂课下来，有2个人自始至终没有举手。参与度应该算还可以的。有一个学生，本来成绩不错，但不知怎么回事，他不愿意参与这个教学。他也学，也听，但你叫他举手，他觉得"不关我什么事"。还有一个问题，你这课是不是之前布置预习过？

舒萍：不是，这课是以前上过的。

谭林：难怪！那一组的学生，只用了将近 1 分钟就把课文读完了。他们也讨论得很积极，就按照你的要求去做了。但是，存在一个问题："我认为是这一句""我也认为是这一句"，大家都说出来了。然后不管是对的，还是错的，大家都不会去讨论。结果说完了就在那干坐着。等汇报的时候就是这样的结果。句子找出来了，不讨论。究竟对不对，不去讨论，只要我的任务完成了，就扔（待）在那。

谭林的描述几乎是当堂小组活动环节各组学生的普遍状态。由于是已经学习过的内容，活动任务又是封闭性的，学生表现出来的状态是要么不参与，要么简单地说出答案就结束活动，学生之间的讨论和经验交流并没有真正形成。

但是学生是否已经真的理解了课文的内容，掌握了通过中心句和主题句理解一篇文章的方法呢？对此孟秋也根据她的观察提出了批评。

孟秋：我观察的那个组有个同学是这样的。他随便找了一个自然段，读出来，好，读出来就行了。他就不说什么了，其他三个同学也不会质疑。其他同学不质疑，我就有点忍不住了。我就问他："那你告诉我们，你找的这句话，能看出父亲是爱树林还是爱鸟啊？"他自己是懵的！我发现，学生觉得，只要他说了，他就参与了；其他同学呢，我只要听了，就行了，就算参与了。所以就像刚才谭林说的，我们学生小组之间的讨论，只要深入度还不够，我们就掌握不进去。

孟秋观察到一个重要的问题现象，有的学生只是形式上参加了讨论，思维过程没有因讨论而被激活，更没有在这次活动中形成对话，获得经验的生长。针对这个现象，孟秋进一步指出一个重要的概念和问题前进方向——"参与"。在教师和学生心中，什么样的状态和程度能够被视为"参与"？课堂上，师生对参与是否存在过度简化的处理？而这种处理本质上可能损害了教学的有效性。在舒萍这堂课上，关于学生参与情况的讨论已经不是一个空泛的理论问题，而是重要且紧迫的现实挑战。

在讨论最后，我对舒萍这节课集中提出了批评。虽然其中很多判断和表达缺乏证据，但我的评论直接挑战了舒萍从技术角度捏合小组合作学习与教师整班讲授式教学的立场，试图迫使她面对课堂行动中存在的冲突，对自己暗含的一些价值观念和行为模式加以反映。

我：听完你的课之后，我其实有点担心。因为我觉得你被这个小组合作捆住手脚了。如果按原来，你可能就落在字词学习、主题句讲解上。你的教学可能就是不断地巩固（记忆），就是单纯为了应试。现在，你要做小组合作，导致你不敢放开去操练。

你的教学过程用了很多种形式，但是效果如何呢？这次的小组活动实际上是低效的，就像谭林说的，讨论不深入。我觉得这跟你给学生提供的问题有关。你提的是封闭性问题，而且没有层次。因为已经上过（这节课）了，学生进入讨论的时候，很快就能找到标准答案。

你对小组活动操作规则的把握已经很到位了，但是对教学整体的把握却令人担心。从这节课来看，我觉得，你主要是站在和课本，或者是和考试内容对话的角度，忽视掉学生跟文本的对话、学生自己的那种感悟。你的目标仍然还是知识目标，站在一个教师主控的位置上。如果要用小组活动的形式，那么我觉得这个视角应该是变到学生那边，而且应该是一种整体的，就是要站在学生整体经验的角度，而不只是（因为）考试要考这个词，要考这句话（而让学生）去找主题词。

我这段评论试图揭示出舒萍这节课在教学目标和操作过程中的两

难状态。这样一个状态的背景与我对新课程改革相关教学观念的两分式理解有关。一边是以教材知识为唯一目标、教师主控的课程观；另一边是充分尊重学生经验，在课堂中生成课程、发展学生经验的课程观。在我的观察中，舒萍这节课的整体行动目标是教师主控的，明显受教材文本和应试内容的限制，但是在组织形式和组成内容上，她又试图兼顾小组合作学习为载体的促进学生经验发展的课程目标。这两重目标及相应的教学行动在舒萍的教学中缺乏对话、整合。虽然我们在教学中观察到很多细节体现了这对课程目标之间的矛盾，但舒萍在自己的教学行动中看不清这些矛盾。这样一种含混不明的"拿来主义"的做法使得舒萍的教学形式多样，但始终缺乏清晰有效的行动目标，最终反而可能损害了教学的有效性。

（二）对教学目标的反思与争论

在同伴的推动下，舒萍开始聚焦自己的教学目标，只是她仍然对我针对这节课教学目标提出的批评感到很困惑。

舒萍：我就一直搞不清楚，我感觉这个小组合作就是<u>不够深入，好像也没有什么结果</u>。可是，<u>症结在哪里呢？我也摸不着头脑啊</u>。别人看了之后，可能知道问题在哪儿。

我：今天有个老师的点评我觉得很好。他问你，为什么一定要让学生举手来回答问题。我觉得这个问题点出了一种思维的转变。实际上，如果完全放开，教师提一个问题，谁想到了，谁就起来回答，这就像抢答似的，对于我们来说，目前还不可能操作。

孟秋：是不现实的。

我：但是我们可以把它逐步地和小组结合。比如说，汇报的时候，一个组先来说，有相同观点的组就不要说了。你有不同的观点，或者你有疑问要挑战他，你就再说。这就形成这种多角度的对话，而不是老师一个人在设问、点评。我觉得你这次的设计太封闭了。如果看小组合作的话，这节课是封闭的、不成功的，但是我们开了头，可以沿着这个去探索。

舒萍：但是我觉得，如果是，只针对这个课，不考虑小组设计这方面，我觉得应该就是这样上吧？因为我觉得，可能就是要找出父亲爱鸟的地方，找出句子来，来体会父亲是怎么爱鸟的。因为这个，也是目标吧？我觉得在理解课文方面，应该是这样吧？

我指出这次公开课在小组活动的设计思路上出现问题，需要有根本的转向，而且毫不客气地批评从小组合作的角度看这节课是失败的，面对这样严重的判断，舒萍试图放掉小组合作活动，退回到知识传授的角度来为整节课的教学目标寻求合理性和合法性。她向其他教师发问："不考虑小组设计这方面，我觉得应该就是这样上吧？"紧接着还说明找出课文的主题句应该也是理解课文的目标。

面对舒萍的问题，孟秋表明了自己同样感到迷惑和矛盾的专业状态，但她也委婉地表达了对这节课教学目标的批评。

孟秋：哎呀，我感觉现在听这些课，我想了想，这样上课我也上不来啊！因为每一种声音都有，有的时候我觉得自己都会迷失了自己的取向、课堂上的取向。

舒萍：我在想，这堂课的目标就是要体会……

孟秋：你这是第二课时的内容。如果严格说来，第二课时生字、生词，就（应该）随文，就不要把它挑出来。（舒萍：就不要把它挑出来）我今天早上一直在想，我们这个小组……

舒萍：还有就是说，在学生读的方面……

孟秋首先感慨在众多理论声音当中，自己也迷失了课堂教学的取向。但是当舒萍想再次强调自己对这节课的目标定位时，孟秋打断了她的话，指出没有必要在第二课时单独挑出生字、生词进行练习。这实际上是在委婉地批评舒萍这堂课在教学目标上的游移不定。非常可惜的是，孟秋的表达太过含蓄，而我之前的批评又过于武断、缺乏证据，舒萍在整个讨论中一直处于防御状态，没等孟秋说完就打断了谈话，把话题引向了其他方向。

（三）什么困住了教学：孟秋对教学目标的再认识

在这次讨论之后，我意识到孟秋对教学目标的设定以及舒萍所处的困境还有未言明的看法，于是我们对此有一段延伸的讨论。

孟秋：我有一个想法，我不知道你自己是不是这样认为的？小组合作就是要通过那种开放性问题的设计，让学生都有自己的体会，先体会，再从听其他人的体会中学习、成长，我觉得这才是我们小组合作的目的。

我：对。我也是这样想的。

孟秋：那对老师来说，首先问题的设计太重要了。之前我们不设计问题，我们就想怎么让学生搞懂，学生要通过哪几个问题才弄得懂。其实那几个问题对学生来说，根本不是问题。

我：一般都是老师的铺垫。

孟秋：对。其实就是"挖坑"，让他们往里面跳。

我：一般会是什么问题？你举个例子。

孟秋：举个例子啊。比如说像舒萍这节课，要让学生掌握学找课文中心句来理解课文。她今天就是直接说，然后让学生去找：读了课文以后，你觉得课文是围绕哪句话来写的。我不会问这种问题，反而会问：之前我们学习课文的时候，一般是会用哪些方法来学习课文？有的学生可能不赞同用这种（找中心句的）方法，可能会重点找人物之间的对话来理解课文。因为他非常喜欢找人物对话，对吧？那么，有同学说，我喜欢环境描写，那种动静结合的方式对我理解这篇课文很有帮助。围绕中心句来写文章，只是一种写作方式，而不是可以帮助我们理解课文的方式。那么通过这种问题，再梳理出可以帮助我们的方法。那学生任选一种方法，在小组里面来学习这篇课文。读完以后，在小组里面交流一下，自己对哪个问题比较感兴趣，就和小组同学交流，感兴趣的地方在哪里，他的和自己的是不是一样。我觉得这样点就出来了嘛。是不是？不过……有时候听课是通过别人来看自己。

孟秋用"挖坑"这个比喻来形容教师在教学中对学生行为的设计和控制。她意识到这种做法和小组合作学习的目的是背道而驰的。当我要求孟秋对"挖坑"这种模式进行举例说明时，她提到了舒萍那节公开课上对小组活动任务的设计。在她看来，这次任务定位只是突出了理解课文的一种方式，但忽视了要教会学生理解课文的方法，也没有真正帮助学生提高理解课文的能力。孟秋关于舒萍活动任务的点评实际上点出了舒萍在学科教学目标的定位上过于机械、简单。这一点又和舒萍的专业状态直接相关。

我：我跟舒萍谈过几次备课的思路，不管是教法，还是学法，我不知道是不是她的运用不够灵活。

孟秋：应该说她有点受限，我感觉。

我：你感觉她受到什么限制？

孟秋：课堂上她放不开。受教材的限制比较重，受考试的限制比较严重。她之前跟我教一个年级。我听她的课就有这个感觉，而且她的作业量比起我们的来说，太多了。我们很少让学生做那么多作业。考试成绩对她的限制太大了，这导致她在课堂上不能放松。她很担心，担心学生的学习能力、学习效果、学习成绩，担心很多。所以唯一的方式就只有教师主导着学生去做。

孟秋对舒萍专业状态的描述一针见血地指出了她在专业行动中被困住的根源。舒萍欠缺的并不是新奇的方法、技巧，也不是深刻的概念和理论，她真正需要的是放松的心态，是在专业领域内起码的安全感和自信心。教学中，舒萍很明显受到教材文本，甚至考试题型、知识点的限制。这从她花费大量时间进行字词的学习和巩固能够看出来，过大的作业量也是她担心考试成绩的一个典型体现。在过大的应试压力作用下，舒萍对教学内容的关注集中于考试范围之内，甚至紧扣一些所谓的"考点""拿分点"，不断强化学生的识记和背诵。这也是 M 小学绝大多数考试科目教师真实的工作状态。在过大的绩效考核压力之下，教师很难看到应试内容之外知识的系统性和学生经验的丰富性，更加难以从这些角度来定位教学目标、设计教学活动。

然而，与此同时，在新课程改革的强势话语中，教师不仅不能言明自己无力摆脱应试机制和文化约束的根本现实，还必须在公开课、论文写作等中表明自己与应试教育的决裂态度。在这样一种公共氛围中，本身受到功利主义应试文化压迫的教师没有机会也找不到适切的语言来认识和表达这股支配力量。与此同时，停留于意识形态层面对应试文化一味批判的做法为各种缺乏实践检验的"新理念""新模式"全面渗透至常态教学提供了机会。很多"明星"学校在此消彼长的教学改革中浮现出来。追求教学形式的多样化日益成为教师评价一堂课成功与否的标准之一，但很少有人追问不同活动在教学目标、价值立场上的关系，认真考量一堂课究竟对学生经验的发展产生了怎样的作用。

课题组教师对舒萍这堂课的追问就是要回到教学真正达成的效果上，来看教师在活动设计上隐而不宣的价值冲突。这些冲突背后隐藏着我们这个社会关于教育的价值、人与社会的关系、成人与儿童的关系、公平与正义的关系等更深层也更复杂的观念和理论。由此反观我们的教育研究和教师研究，在积极从西方和中国传统经典中借鉴智慧思想的同时，我们是不是应该将更多的心力投入到复杂的现实情境和实践研究之中，提升我们自己在现实教育场域之中的实践智慧，并为其他的实践者提供清楚坦诚的参照？

（四）结语："返璞归真"的行动方向与计划

在课题研究即将结束时，我和舒萍又谈起她关于教学目标的困惑。舒萍告诉我，她决定在新学期暂停几个月的教学实验，不刻意使用小组合作。这期间她想用自己觉得最简单、最朴素的方法来上课，给自己留出些空间好好想想每节语文课究竟是为了达到什么目标。她坦言，在现实环境下让自己不应试是不可能的，毕竟这么多年都是这样过来的，以后也还要在这个环境里生存。不过在这个课题里，她得到一个重要的收获，那就是，她开始体会到从学生角度理解教学的重要性，养成了换个视角看问题的习惯。对于课堂上发生的事情，教师看来不可思议，甚至特别生气，但是从学生的角度来看就能理解、能接受了。这样教师也没有了以前那么多的压力和怨言。

对于在变换形式的道路上执着追求的舒萍而言，做出"不为"的决定是非常必要而难能可贵的。在应试和改革这对矛盾形塑的教育现实中，教师在其中生存必须找到平衡点。过去舒萍和很多同伴一样，在形式多样的技巧、方法之下努力平衡考试、评比、变革提出的各种挑战。这是一个永远处在紧张、随机状态的动态平衡过程，其背后是学生日复一日、枯燥无味的操练，是教师煞费苦心、彼此防御的高强度竞争和重复劳动。教师已经习惯了不去感知学生的学习需求，甚至对自己在教育情境中的经历、知觉和情绪也一味地压抑和忽视。舒萍的"暂停"是为了帮助自己回到当下情境中看到自我、看到学生、看到情境，增强自己的临在（presence）。这个过程将有可能帮助她整合彼此矛盾的教育立场、理论和行动目标，在行动经验的断裂之处找到一点点整合自己行动经验的线索，也短暂地安置一下作为教师在日新

月异的变革信息中无处安放的焦灼情绪，而这些恰恰是我们作为教育
行动者得以理性、自信开展工作的前提，是中国的教育实践团体能基
于自己的本土文化情境和真实问题发展与表达实践理性的基础。

三、在危机中走向生长的改革尝试

并非所有觉察到自身困境的行动者都能很快找到有效行动的办法，
但寻找到解决办法的前提一定是行动者对问题情境有了本质上不同的
认识和超越。这个命题在本研究中再次得到印证。在课题研究中，舒
萍觉知到自己的专业困境之后选择了暂停教学形式上的"尝新"行
为，退回到简单、朴素的教学方法当中探寻语文课堂的根本。她的做
法短期内可能不会明显改变其教学的有效性，但却为教师本人专业生
活状态的转向提供了根本契机。与舒萍不同，课题组另一位积极的改
革者孙阳，在遭遇教学困境之后，通过试错和持续的教学尝试也重构
了对问题情境的理解，而且由此打开了探索小组合作学习方法的大门。
本部分深入分析孙阳的这段经历，为我们理解教师重构的大班额问题
情境以及可能的行动方式增加一个宝贵的角度。

（一）孙阳的教学探索及其困惑

孙阳是被学校管理层寄予厚望的"改革型教师"。在课题组刚刚
组建之时，孟秋就曾经这样向我介绍孙阳：

这些老师里面，我觉得最有可能首先取得突破的是孙阳。据我了
解，孙阳在（开展）这个课题之前，已经在自己的课堂教学和班级管
理里边用小组形式了。虽然可能和我们学习的这种小组（合作）不太
一样，不过她把学生分成一个一个组，然后一级一级地选出督察组长、
小组长，让学生去管理学生，在我们这种大班额班级里边效果还挺突

出。我个人觉得最有希望从她这里先突破。要是能把原来那种管理小组的方式和我们学的小组合作的方法结合起来，说不定就找到了针对大班额的教学方法了……

课题启动初期，孙阳确实表现出比其他组员更高的积极性。她是所有成员中第一个主动提供教育叙事的人。围绕那篇叙事，她前后三次邀请我到家中和她一起讨论、修改案例。正是在那几轮讨论中，孙阳向我介绍了自己在已毕业的六年级班级中是如何设计和使用"督查小组"，以及如何做到既控制学生课后作业量又保证复习效果的。每当我细问她的一些具体做法时，她一开始总会疑惑地看着我问："我做的这些真的有价值吗？"而当我们就她的一些做法深入讨论背后的依据、活动目的和效果时，她常常会感慨："是啊！我怎么没有想到？""我经常做完就算了，从来没有认真想过目标啊、效果啊这些问题。"

由于我们平时互动频繁，建立了彼此信赖的互动关系，不论在课题组还是私下交往当中，我并不掩饰对孙阳在专业实践上取得突破的期待，甚至有时在课题讨论中遇到合适的主题，我会公开要求她在自己的教学和班级管理中进行尝试。刚接手三（2）班时，孙阳也的确表现出精进、灵活的改革态度。作为班主任，她首先提出建议，向学校申请4—5个课时对学生进行小组合作技能的专项培训，而且在后来改变学生座位格局的过程中，孙阳也起到了至关重要的支持作用。

但是，在座位格局改变之后的半年时间里，孙阳参与课题活动的积极性开始明显减弱。她在课题例会上变得沉默寡言，也几乎不主动承担公开课任务。每当其他教师提出想去听她的课时，她总是以新课已经上完，正在进行单元复习为由，拒绝课题组教师进入课堂。为此，我和孙阳进行过一次谈话，试图了解她的状态和她关注的问题情境。孙阳面露倦色地说：

不瞒你说，我现在根本顾不上什么小组合作！接这个班的时候我就知道他们（学生）底子不好，（数学）平均分差（年级平均分）十几分啊！什么概念！这次期中考试也考得差。你那天也听校长问我们三（2）班几个老师了，"期末考试会不会受（课题）影响?"，现在根本不是受不受影响的问题。这个班本来就差。"学困生"太多了。光数学这科就是二十个上下。这学期我的目标就是"追分"，重点抓他们的计算能力。好多学生对基本的加减计算都还是懵的，一二年级几乎等于没学！

当我表示，课题组讨论的内容并不必然和她目前的教学目标、方法冲突时，我甚至还举了她在引导学生分析错题时使用的"数学医院"的方法做例子，试图证明，她目前使用的一些教学方法如果和合作学习的思路结合的话可能会事半功倍。她摇了摇头，很无奈地说：

"我现在真不知道该怎么结合。原来我管理学生小组那套思路和现在读的这些根本不一样。而且在这个班，我连原来的方法都不敢用，学生们基础太差。一旦用不好，学生成绩提不上来怎么办？我赌不起啊！"

由于孙阳坦诚相告，我得以看到她眼中的问题情境。她很清楚地看到刚接手的这个班级在学习基础上存在的现实差距和额外的教学需求。短期内提高学生的学科成绩、把学生的考试平均分提到年级平均分这条安全线是当时孙阳为自己定下的目标，也是保证她在 M 小学这个共同体里专业安全的前提。要达成这个目标，孙阳做了一个很清楚的判断：她必须在这期间尽量屏蔽课题组对她学科教学带来的影响，不在教学中尝试新的、没有把握的教学方法。

在自上而下的以学生考试成绩为唯一标准的绩效问责压力之下，面对远远超出教学极限的学生数，教师无力承担失败的风险。这里的失败是以整班学生终结性考试成绩为衡量标准的。孙阳与她的同事们，在风险比较高的时候，不想因为自己的特立独行招致更多责难，而更愿意关起门来用最熟悉、最有把握的训练方式来磨炼学生。只有先把班级学科平均分拉回到年级平均水平这个安全区域，孙阳才有勇气尝试不一样的教学行动。

（二）启动行动实验的关键事件

半年之后，我再次回到 M 小学。在我离开期间，课题组教师一直在坚持相互听课、备课和研讨。令人欣喜的是，大家开展了几次比较成功的小组合作学习活动，其中就包括孙阳主上的一节班队课——"学做菜"。那节课，教师要求全班学生每人提前准备一道菜带到学校。上课以后，教师通过小组合作引导学生在组内介绍自己的菜名，分享做菜的过程，然后小组合作设计本组菜品的摆放。在全班汇报之后，所有学生离开座位自由尝菜、相互交流，气氛达到了顶点。孙阳在课题阶段总结会上讲述那节课的体验时，又露出许久不见的兴奋表情。她很肯定地对大家说：

"别的我不敢说，我们班孩子经过咱们这么一弄，他们表现得真的和别的班孩子不一样。那次课上，我看每个组的孩子都很愿意和别人分享自己的东西，很多学生还会清楚、有礼貌地问问题，这些都是以前我想不到的。"

不仅如此，孙阳还告诉我，她已经在自己的数学课上用过几次小组合作形式，都取得了不错的效果。在刚刚结束的学科组优质录像课的评选活动上，她选择使用小组活动形式，成为数学组第一个全面使用合作学习思路上公开课的教师。虽然最终孙阳没有获得推选资格，但是课后所有听课的教师都留下来和孙阳一起讨论这堂课的设计和教学过程。她说，自己做了一件别人不敢做的事，尽管没有成功，但在这个过程中自己收获了很多，值了！

在我和孙阳讨论那节数学公开课时，我试着追问她最早在三（2）班尝试小组合作学习方法的体验，想搞清楚是什么样的事件或经历解开了她的心结，使她对于问题情境的固有认识"松动"了。她当时简略地提到，一次新课之后她发现全班有10人左右没听懂，这完全超出了她之前教授正常班级（45人左右）时的极限。接下来的一节课，由于内容难度更大，她索性抱着试一试的心态使用小组合作方法，没想到当堂出现的学习效果极大地冲击了她固有的一些教学信念。这个事件前后的体验可以视为开启孙阳课堂教学活动探索的关键事件。在我们交谈之后的几个月，孙阳通过书面叙事的形式对当时的过程做了完整的描述。以下是孙阳回顾事件经过的教育叙事。

三年级下学期，学完了乘法，学生该上笔算除法单元的第一课时了。上课铃刚刚敲响，我迈着矫健的步伐走进教室。学生们已经安静地坐在座位上等候。由于这节课的内容我以前在乡镇学校上过很多次，效果一直都不错，所以我很有把握地决定按照常规教学方法来讲授。

第一步，先以故事形式导入。第二步，出示铺垫题，分析讲解后再出示关键例题。这是一道应用题：小梦和小欣整理照片，一共有238张照片，每页可插6张，要插多少页？第三步，老师引导学生一起分析演算思路，在黑板上列出算式"238÷6＝　　"，再通过竖式计算讲解笔算除法的规则和计算过程。

在讲解例题的过程中，我从学生的课堂反应感觉自己上得还不错。所以紧接着就让学生在练习本上做书中"做一做"部分的练习题。5分钟后我给学生们集体订正，再一次把学生可能出现的问题讲一遍。例如：对位、试商过程、余数问题等。整个过程我都觉得这节课还算顺利。

到了最后一步，检测。我抽出8名平时计算不太好的学生到黑板前来，做书上第23页的第1题。其余的学生在练习本上做。随后我下去巡视。这时我看见有好几名学生手里握着笔在那一晃一晃的，一看就明白其中的奥秘——他们不会！更可怕的是我在学生中间走了一圈回到讲台后发现，黑板前的学生有的只把书上的算式抄了一遍，有的干脆什么也不写；好不容易有两个学生写出了竖式的样子，还是错误的。最后，到黑板上来做题的学生中只有两人做对了。

此时，下课铃声也急促地敲响了。利用下课时间我拿出手机来，一气之下给那几个孩子的家长们狂打了一通电话，目的是通知家长回家后单独辅导。更气人的是，我没打通几个电话。我只能很生气地在教室里看着那几位不会做题的学生说："你们真笨！一定是上课没听讲。全世界的学生都能听懂，就你们几个与众不同。"说完后我冲出教室，回办公室去了。一路上我都很郁闷地想："平时上课最多三四个没掌握的，这一次居然是平时的两三倍！一对一辅导都困难。这节课的'回锅肉'炒定了。"就在我满肚子火的时候，我听见办公室里一个老师说："糟了！我们班今天讲笔算除法，居然有20多个不会的，是什么也不会的那种啊！"一问同年级的几个老师我才知道，几个班都是类似的情况。相对而言我们班学生的情况还要好一点。听到这个消息，我的心里才有一丝丝安慰。

晚上回家后我又想起了今天的课。我问自己："怎么会这样呢？以前从来也没发生过呀？难道真的是大班额的影响？还是我的方法有待改进？"我不敢想下去了！带着好多的疑问，我整夜难以入眠。

第二天，我还要接着上第二课时"商的中间或末尾有 0 的情况"。这个内容不仅要有前一节课的知识打基础，而且是笔算除法当中最不好讲的一课，也是最容易出错的一课。想到上节课的结果，这一次我不太敢轻举妄动。其实更主要的是，我已经没那么自信了。又是知识点的讲授，输不起呀！

我不敢也不想用讲授提问这种老套的方法了。我心想："要不然使用小组合作方法试一试？如果效果不好我再讲也不迟。干脆让他们玩一节课！最起码能达到熟悉内容的目的。"抱着这样的态度，我走进课堂。我首先利用比赛的形式导入新课，然后直接出示例题"309÷3＝　"，紧接着我只对这道题做了简单的分析和引导，就把题目分到各个小组去了。

我们班学生平时是按4人一小组、8人一大组的座位形式安排的。我先给每个4人小组发一张A3大小的白纸，对学生们说："你们每一小队的桌子上都有一张A3纸。请你们以小组的形式展开讨论，把这道题的计算竖式写在这张纸上。我的要求是：讨论时间10分钟；声控员注意控制小组的音量；计算时把竖式写大一点，争取占满整张纸。"在学生讨论的时候，我就在教室里走动，时不时从旁指导一下。

转眼10分钟到了，各个小组也基本上完成了任务。我又说："下面相邻的两个组之间交换答案。看看他们组写的竖式和你们组有什么异同，并且马上交流。"就在学生们交流的过程中，下课铃声敲响了。我像往日一样示意他们下课，但是，我补充了一句："小组内书写竖式的纸不要收起来。感兴趣的同学可以利用下课的几分钟时间四处走动，看一下。争取把每一组的解答都看一遍。"说完以后我像往常一样坐在讲桌旁等待上下一节课。这期间，我发现并没有几个学生走出教室。除了几个人去上厕所之外，其余的都在四处观看。

上课铃响了。我接着上堂课的活动，对孩子们说："看完其他组的书写形式后，请你们把自己的A3纸交换回来。根据刚才大家所看到的，再一次看一看、想一想本组的竖式还有没有什么地方需要修改的。当然，有什么疑问可以和其他组的同学交流、讨论。"几分钟过后，我请几个运算竖式不同的组派代表在黑板上演示自己组的运算过程，并介绍他们的想法，最后，我再根据同学们的板演对不同方法进行对比总结，找出其中最简便、最规范的一种书写形式。

做完这些事情后，我没抱太大希望地给同学们留了"做一做"部分的随堂练习。我又抽了12个我觉得平时计算特别困难的学生到黑板上来板演同一道计算题。不到 1 分钟，那 12 名学生居然全部回座位了！我有点吃惊，快速地走到黑板上一道题一道题地查看。天呀！怎么会这样？全是对的！我不相信，于是又重新检查了一遍。最后对着全班学生宣布："黑板上的题目全是对的！"下面的学生瞬间抬起了头，一起叫了起来："啊！不会吧！"

经过这两次教学的对比，我好像明白了些什么。<u>以前上课我真正地把课堂还给学生了吗？如果是，那这两次课的反差该怎么解释呢？</u>是呀，仔细想想，一个人对着几个人说话的时候都有可能不被理解、不被接受，更何况我面对的是 94 名学生！面对这样大的班额，面对这么多学生，一个人讲话，不可能人人都准确理解的，<u>而我们教师往往都希望自己讲的知识在短短的几十分钟内被全部的学生接受。这可能吗？</u>

（三）教师启动行动实验的过程分析

孙阳在讲述整个事件时，以自己在课堂内外的心理活动将前后两节反差很大的课的情境连接了起来。这两节课涉及的知识内容同属一个专题，即小学三年级的三位数除法运算，前一节课是学习后一节课的基础。依照她从前在乡镇学校的教学经验来看，前一节课比后一节课更容易讲授。因此她按部就班地讲解、引导练习，最后进行随堂检测和反馈。但是，她在最后一步检测环节遭遇新的问题情境：全班学生中有 10 名左右完全没有掌握除法的运算方法，这部分学生应该怎么办？

1. 意外事件引发的与问题情境的反映性对话

当堂学习失败的学生数量过多这个问题对孙阳来说，无疑是严重的意外事件。因为在她的过往经验中，一个班采用同样的教学方法讲授下来，需要额外关注或辅导的学生应该不能超过 4 个人。这个判断是和教师采用的教学方法及教学经验联系在一起的。对于习惯采用讲授式整班教学法（whole-class method）的教师来说，学困生是需要及时发现和干预的对象。正如比格斯指出的那样，采用整班教学方法的前提是学生基本处于同一个最近发展区，这样教师才可能采用一对多的教学形式引导学生共同达到预定的学习目标。（Biggs，1998）对于那些处于全班最近发展区之外的人，特别是认知水平稍差的学生，常常需要通过配备辅导教师或者课后一对一辅导这类补救措施来帮助他们尽快达到全班的"最近发展区"。

这节课一下子有了 10 名左右需要额外辅导的学生时，这个数量对于孙阳来说无疑太多了。这不仅意味着她需要付出更大的劳动量，也意味着课后辅导形式要发生变化，而且效果难以保证。面对 10 个左右的孩子，孙阳将不得不放弃"一对一"互动辅导，转而采用和课堂教学类似的集中讲授、反复操练的方法。在刚刚结束的学习活动中，这种方法已经被证明对这些孩子是低效甚至无效的。如果她不能在课后辅导环节准确发现这部分学困生学习的具体困难，并进行有针对性的干预，那么课后辅导环节也就失去了它的价值。当孙阳意识到这个问题时，她立即给家长打电话，希望家长能够帮助教师来补救这堂课出现的问题。但随即她又失望地发现这样做也行不通。恼怒之下，她本能地把责任推向了学生，责备他们"真笨""上课没听讲""与众不同"。

责备归责备，责任还是得教师自己来承担。孙阳回到办公室之后，听到同年级的其他同事也在谈论这堂课，别的班竟然有 20 多个需要单独辅导的学生！这个消息多少令她放下了一些紧张情绪。原来，出现这样的意外情况并不完全是由于她个人的能力或态度问题。很有意思的是，孙阳的反思到这里似乎停住了。直到夜晚回家后，她又想起白天的教学体验，这时她开始追问是大班额的影响还是自己的教学方法出了问题。换句话说，孙阳在缓解了学生和自己对于负面学习结果的单方面问责情绪之后，开始更客观、更全面地反思自己使用的教学方法以及与从前经验不同的大班额问题情境。到这一步，她才开始全面感知到惯用的教学策略以及相应的支配原则在大班额情境中遭遇的有效性危机。她的教学行动陷入了危机。

2. 重新框定问题情境并展开行动实验

有了前一天的挫败经验以及对教学方法和问题情境的反思，第二天孙阳再进入课堂后，开始有意识地"悬置"自己从以往教学经验中迁移过来的教学方法和行动视角。她"不敢也不想用讲授提问这种老套的方法了"。此时，她在课题组活动中学习的小组合作学习的经验作为一种替代策略开始被激活。反正前一堂课已经失败了，即使以从前自己最有把握的方式授课，这堂课也注定会失败。孙阳索性抱着试一试的态度，准备让学生"玩一节课"。就算要对教过的内容再"炒回锅肉"，小组合作活动最起码能起到让学生"熟悉内容"的作用，总比自己硬性灌输来得好。

孙阳使用的小组活动来源于课题组推荐参考书中的一个经典活动"旋转木马"（Jacobs et al.，2005：77）。在书中，这是一种促进学生即时互动的方法。孙阳在套用这个小组活动时，首先和原方法一样，让小组进行一个延续可视的工作，即把思维过程和结果以可视、可交流的形式呈现出来。当小组成员针对运算任务达成共识、列出除法解答竖式之后，教师加入了一个相邻小组相互交换答案、再讨论的环节。这一步是原方法当中没有的，对于刚刚接触小组合作学习的师生来说，有这一步作为从小组到全班活动的过渡更容易帮助学生把关注点落在任务内容而不是活动形式上。这两轮讨论结束后，刚好一节课结束，教师又鼓励学生利用下课时间全班走动，看看其他组的解答过程。这一次令孙阳意外的是，学生几乎没有离开教室，而是主动留在教室里比照、讨论。这样在第二节课每个小组拿回自己的运算竖式之前，全班学生少则看了两组，多则看了所有二十四个组的解答方案。

各组答案之间的差异，运算的规则、格式要求、思路都可能在组内和组间讨论中被多次关注。最后，教师再给各组一次讨论、修改的机会，然后在全班汇报环节通过对不同类型的运算过程做出点评，提出教师本人对这部分知识的标准解释。

依托小组合作学习活动展开的教学过程与前一节课教师"导入—主题讲授—练习"的教学过程相比，有了根本的转向。第一堂课教师只介绍了自己对教材内容所做的处理和相关经验，要求学生以此为基础做演绎性练习；第二堂课则是以学生有差异的经验世界为基础，鼓励学生在其中做归纳的工作。在这次小组活动中，教师以 A3 白纸为媒介，让学生将思考过程和不同经验记录下来，并通过组内讨论促进小组成员的表达和交流。组间交换答案和全班走动讨论的环节，则促使各小组的运算经验进一步走向开放。教师通过这些活动不断推动学生对不同的经验进行比较和讨论。等所有学生回到自己的小组之后，他们在对比和归纳的基础上，再次审视自己原先形成的解题思路，获得第一次修订思路和发展自我经验的机会。最后教师挑选不同类型的解题过程进行板书演示和点评，和学生一起阐明除法运算的规则和格式要求。整个教学过程非常难得地打开了学生的经验世界，并且巧妙地促进了学生与自我及他人经验的对话，最终实现了个体经验的发展，即杜威所说的"经验的改造"（杜威，2001：87）。

孙阳没有想到自己的放手和等待竟然迎来前所未有的学习效果。当随堂检测的 12 个学困生很快完成练习，并且全部做对的时候，教师和全班学生竟然都大吃一惊。这样的成功令人欣喜又从根本上触动了教师对教学过程、教学目标的旧有理解。

3. 孙阳对行动结果的认识与反思

整个行动探索告一段落后，孙阳试图解开造成这两次课教学效果反差的谜团，但她只是模糊地说"我好像明白了些什么"。是什么呢？她追问自己："以前上课我真正地把课堂还给学生了吗？"在这个问题背后，孙阳试图突破的是以讲授为主的整班教学方法及其支配原则。

"我们教师往往都希望自己讲的知识在短短的几十分钟内被全部的学生接受。这可能吗？"这样的质疑在新课程改革的国家话语中是再常见不过的，孙阳在以前的专业生活情境里多少也会遇到。但是在大班额具体情境中，经历过这一轮反差巨大的教学实践之后，教师原有的教学假设、行动目的，以及支配教学过程的整班教学使用理论才会被真正觉察，进而推进到有意识的反思层面。与此同时，课程改革中的理论经验也才获得了和教师教学行动相结合的机会，并在行动中进一步和情境、教师原有的知识互动，发展出新的教学实践性知识。

但是孙阳对这次探索行动的反思还远远没有把相关的经验打开。第二堂课，她从哪些现象觉知到自己"把课堂还给学生"了？她是如何达到这个效果的？前后两次课堂行动相比较，教师放下了哪些行动策略，引入了哪些新的策略？这些行动策略涉及哪些关于学生、课程内容、教师角色和师生关系的假设和原则？如今她怎样理解"把课堂还给学生"这个命题？

在大班额问题情境中，孙阳创造性地改造了自己的教学行动，发展了从书本中迁移而来的经验。虽然短期内她很难通过个人反思对本轮行动实验做出精练、透彻的解释，但这丝毫不会阻碍她将和具体行动"打包"在一起的经验（或知识）迁移到后续的教学行动当中。更幸运的是，有课题组同伴的关注和支持，孙阳还会在持续推进的行动实验中反复回到自己的专业经验当中，展开更深入的对话。

（四）关键事件中教师的使用理论分析

在第一堂课，孙阳基于以往教学经验，对于即将面对的教学情境做出了相似的问题判断和处理，对于当堂课的教学目标和教学方式她也以旧有经验为参照做出了相似的选择和行动。但是随堂检测环节随即暴露出教师的行动过程出现偏差，有相当数量的学生没有达到教师预期的学习目标。面对意外结果，孙阳的第一反应仍是按照惯用补救原则紧急补救，但是情境进一步反馈的结果让她意识到一对一辅导的补救措施已经不可能处理这一轮行动产生的问题。她只得抱着激烈的负面情绪来面对行动失败的结果。失败恰恰是孙阳所处文化情境和过去行动经验一直努力回避的结果，也是她习惯的第一型使用理论"尽量赢，不要输"等支配变量以及相关的行动策略的体现。

在这节课前后展开行动中反映的过程中，孙阳还很难意识到支配自己行为过程和情绪感受的第一型使用理论，只在了解到同事们处理相似问题情境后的相似结果之后，她才稍微舒缓了强烈自责和责备学生的情绪，也才开始有机会放下在"失败"结果面前的防御情绪，觉察到这个结果可能与大班额这个特殊的问题情境有关。当孙阳开始反思"大班额的影响"时，她对于自己日用而不知的教学行为模式开始有了对象化的意识。她开始质疑："我的方法是否有待改进？"

在进入第二堂课之前，孙阳对教学情境的感知已经与前一节课有了本质区别。她开始悬置整班教学的思路和方式，更审慎地看待这节课的课程内容和教学情境。在框定问题情境时，她关注的对象明显比第一节课更复杂。她既看到教材内容的延续性和更大的难度，也考虑到学生总人数过大这个因素的影响，以及前一节课不理想的学习效果会给这堂课带来的限制。在行动目标上，孙阳此刻遭遇全新的困惑和不确定感，她已经没有把握单方面设定行动目标、设计情境并保证行动达到既定的效果了。

这时，孙阳在课题组活动中获得的关于合作学习的经验作为一种备选方案被激活。她首先为行动设定了一个比较开放的目标：让学生在"玩"中熟悉学习内容。与这个目标相统一，孙阳将在课题组中了解到的一种小组合作活动方案——"旋转木马"迁移到具体的学习任务上：小组内用竖式演算一道除法计算题。在这个过程中，学生关于除法计算的经验一步步被打开，并通过组内交流、组间交流和全班游走交流这三轮层层递进的讨论环节流动起来，构成了一个由学生差异性经验组成的学习环境。学生在其中不仅可以认识到思维过程的多样性，也获得了与自我经验对话的机会。直到最后全班汇报环节，教师才将自己的经验和对学习内容的要求引入学生的经验世界当中，起到规范、明辨的作用。到这里，第二堂课的教学行动过程已经在不知不觉中实现了对教师单方面控制的第一型使用理论原则的突破，具有更多合作探究的精神和实践机会。

但是，由于教师是第一次尝试这种以开放式经验推动学生探究的教学行动，她必然要更多地关注环境的反馈结果，时刻处在评估和调整行动策略的紧张感之中。即使是在这节课结束之后几个月，孙阳重新回溯这段经验时，仍然很难把反思的矛头推进到行动背后主要的行动策略和主导原则之上。这一层反思需要教师在持续的行动实验中积累更丰富的与情境对话的经验，并且有安全的反思环境提供支持。不过，从孙阳的个人专业发展来看，这一轮行动实验已经撼动了她对整班教学模式及使用理论的信念。孙阳在这次探索经验的基础上开始把对话、反思的精神推向课堂教学、班级管理、人际关系甚至整个专业生命状态的发展之中。

整体看孙阳在进入课题组到取得这次教学突破期间的行动过程，她能率先取得令人振奋的成果有多方面的原因。其一，她对自己所处的问题情境有清晰的认识，并能理智地把握教学行动与目标之间的关系。在刚接手三（2）班时，她坚持在应试逻辑下框定问题情境，坚决抵挡住课题组改革话语对学科教学可能造成的干扰。而在遭遇大班额教学效果危机时，孙阳没有像其他同事一样马上组织学生补课，而是优先判断补救办法的效果和可行性，并对自己的行动过程展开全面的反思。这为她在第二天尝试新的教学行动留出了必需的空间。

其二，孙阳在对情境和自我的认知上保持了比较好的敏感性，这一点也是她具有较强创造性的重要原因。在遭遇问题情境时，孙阳虽然也表现出激烈的个人情绪，但她似乎能将情绪和对情境的反映性思考分离开。在对关键事件的探索中，她不仅考虑了学生、教学方法、教师的因素，还结合其他同事的反应思考班额数和教学方法之间的关系，并在行动过程中引入了课题组提供的行动方式和问题视角。在遭遇问题情境时，孙阳对问题的感知并不僵化，只要将情绪处理好，她会尝试从各种可能的角度重新理解和改造问题情境。

不过，孙阳在整个探索过程中始终存在一个未被挑战的前提或底线，那就是以学生考试成绩为唯一标准的教师共同体安全线。不管是关键事件前孙阳的"不改革"，还是因为原有教学方法威胁到学生成绩才引发的教学变革事件，教师被这条线所牵动的安全感成为左右其行动的最根本原因。这个前提也必然会限制孙阳后续的行动变革。孙阳在释放学生个人经验以实现合作、互助、共享等的教学过程当中，会怎样与强调竞争、标准化衡量的应试文化再相遇甚至相互冲突呢？她又会怎样在这两者之间往返、对话？实现怎样的变化？这些都是必然会出现又值得关注的故事。

四、本章小结

在改变教室座位空间所形成的新的问题情境的基础上，本章继续梳理课题组教师在学科教学领域的持续探索过程和相关的使用理论。依照研究问题整体推进的逻辑，我从三个层次来描述和分析这个过程。它们分别是：课堂时间、教学目标和突破性的改革实验。每个层次中选取的案例依据典型性原则来自不同学科的不同教师，其中有相当一部分材料是成员之间的讨论和对话。之所以选择这样的资料组合，是想突出这项研究背后教师面对的共同的问题情境：在应试与改革之间的充满价值冲突但无法对话的两难价值困境。

面对这个问题情境，课题组教师不同程度地走上一条由不觉到觉知、由回避到接纳的道路。但是每个课题组教师的应对过程和方式，以及各自所处的阶段都不同。虽然孙阳在学科教学中率先体验到小组合作学习在大班额情境中的成功，但这并不意味着类似的问题情境中只有孙阳目前探索成功的这一种教学组织方式，更不等于其他人只要照搬她的行动探索过程就能实现教学行动的突破。实际上，不论是舒萍、谭林还是孟秋，课题组教师都在各自的专业发展之路上继续着与问题情境的积极对话。她们很有可能会创造出更多样、更适合自己的教学形式和实践方式。不过，推动这种对话和探索的最根本的力量在于对当下现实情境和自我的接纳、关注和理性分析。这既是这项行动研究一直试图推动的对象，也是孙阳率先取得行动突破的根本原因。

一、嵌套在制度文化中的课题组及其实验

这一轮课题研究过程是由教室空间格局的改变启动的，而后基于课题组教师与问题的持续对话不断推进和深入。但如果没有外部环境和硬件资源的支持，不论是行动变革的起点还是中间过程都可能遭遇根本挑战，难以开展。也只有在遭遇相应的挑战时，作为行动研究者的课题组教师才能更清楚地觉察和判断哪些制度、文化和环境资源对于维持和发展教学的积极变革是必不可少的。课题组前期的探索才可能在没有介入者和学校行政力量的特别干预下在更复杂、真实的情境中获得进一步发展、深化。

（一）研究过程的持续发展与积极影响

进入结题报告的写作阶段后，作为外部介入者，我正式离开了 M小学。但相关的研究和探索并没有随着我的离开而停止。为了完成结

题报告，除我之外，其他成员仍然会定期聚在一起。她们彼此分享教案、教育叙事和各自承担的写作部分。会后，教师们会和我通过电话、电子邮件、聊天软件保持联系，告诉我近期发生的事情、自己遇到的困难，也有人请我帮忙修改论文。三（2）班的几位搭班教师更是时常聚在一起。她们先后几次调整学生的座位分组名单，甚至在学生人数变少后，在班里尝试了"帮扶区"这种通过短时期隔离达到让不守秩序的学生内省并学习建立秩序感的空间管理办法。不仅如此，她们还共同设计教案，合作给学生上课。

这种教学知识与经验的交流和扩散没有局限于课题组教师内部，还开始呈现向课题组之外扩散的趋势。学校五年级的一个班，语、数、英三科教师在商议之后也将教室座位格局变成与三（2）班相似的马蹄形。这两个班的教师经常利用公开课等机会相互听课、讨论。数学组一位教师在自己任教的一年级班级里尝试"零作业"方案。她和孙阳计划申请一项市级课题，希望通过高效的课堂小组活动，真正实现低年级学生100%课堂巩固率，课后作业零负担。

这些自发出现的研究生长点是学校行政管理层和外部介入者没有预料到的，也说明这项历时两年的行动研究在教育实践者当中得到了肯定，回应了实践中的一些重要而真实的问题。

（二）还有"实验班"吗：后续研究面对的挑战与困难

不过，课题结束后，课题组的研究成果和临时获得的研究资源也在经历快速消失的威胁。就在课题结束后的第二个学期，学校重新分配了各班教室。三（2）班在课题研究期间从全校各班拼凑来的小型联排课桌椅全部不允许带入新教室。新分配到班的桌椅又恢复成各种规格的混搭状态。为了能够保持小组座位格局，孙阳和舒萍找到学校分管后勤的副校长，申请从音乐教室调换来三十套小桌椅。开学第一天上午，两位教师带着全班学生搬桌椅，又从其他班级调换了十几套，终于恢复了班里统一的小组格局。没想到中午时分，后勤副校长紧急通知孙阳把音乐教室借来的桌椅还回去，并告诉她，这是给一年级新生和插班生预留的桌椅，没有校长的批准不能外调。孙阳软磨硬泡也说服不了她，只好说要亲自去找校长申请，请学校再给一点时间，暂时不要搬走桌椅。

　　中午时分，孙阳、舒萍和谭林三人聚在一起商量对策，她们通过给我打电话求助（这时孟秋刚好生病住院，不在学校），给课题组全体教师群发短信，说明事件的经过和希望保留桌椅、继续研究的愿望，来争取校长的支持。下午上班前，三位教师鼓起勇气一起到校长办公室跟校长"谈判"，一边恳切地请求学校保留小组座位格局，支持几位教师的教学研究，一边"威胁"，课题组之前做的很多工作还没收尾，如果打散了小组座位，很多研究结果可能都出不来。事后，我与三位教师联系，她们伤心地说，事情已经没有希望了。校长虽然答应了她们的请求，但刚从校长办公室出来，三人发现，班里的桌椅早已经在中午休息时被学校请工人来搬空了。

　　孙阳又气又恼，直接找到分管后勤的副校长，向她哭诉课题组过去两年的艰辛："我们为了这个课题，在一起吃苦、熬夜，甚至抱在一起哭，哭完了擦干眼泪还要继续……。这一路走来真的太不容易了。谁能想到今天就这样被结束了！"虽然孙阳的举动感动了那位副校长，但她仍然改变不了结局。最后，三（2）班几位教师意识到：随着课题的结束，三（2）班从未正式公布的"实验班"的身份和资源优待也终结了。不管校长是真心支持还是无奈敷衍，课题组几位教师已经明确意识到大家正在掀起的改革行动在这所学校里并不是人人期待和欢迎的。课题组经历的和正在探索教学行动的改革会对其他同事、学校管理、学生带来怎样的影响？这些问题渐渐进入她们的问题视界，正在改变着她们框定问题的角度和行动的方式。

（三）课题组教师的后续行动

"课桌事件"给三（2）班几位教师带来不小的打击。她们不得不接受一个现实：课题结束了，学校将不会再给这个班提供特殊照顾和硬件支持。如果想继续教学研究，她们需要更多依靠教师和学生自己的力量！

经过一个星期短暂的过渡期，三位教师又将规格不一的桌椅摆成了马蹄形格局。她们说："我们自己和学生都已经不习惯秧田式座位。在秧田式座位里，突然觉得自己不会上课了。学生也说，还是小组的感觉好，活动空间大一点。"没有了统一的小桌子，孙阳突然在之后的一天给我发来短信说："这一下子就像回到了起点。这样也好！我们班变回了普通班，就没有那么多人盯着我们。我们也可以安安心心地做自己想做的事情了。"

"课桌事件"也许是 M 小学大班额小组合作学习行动研究的一个结束点。但就如孙阳看到的一样，从更长远的发展来看，这个事件可能是课题组教师开始非官方行动研究的一个新的起点。在她们褪去课题组教师这个被赋权的外衣之后，真正和自己作为一名普通教师的生命经历发生对话。这其中注定会有磨损、消退，甚至充满挫折和打击，但它将在每个参与者的生命中开出怎样的花朵，这是我们难以预设又异常期待的。

二、大班额合作学习行动实验整体分析

回过头整体来看这项行动研究的全过程，它沿着行动研究"提出问题—行动，与情境对话—调整行动—对实践过程概念化—提出新问题"的步骤基本完成了一个大的行动循环（见图 8-1）。

这个循环大致包含七个环节。

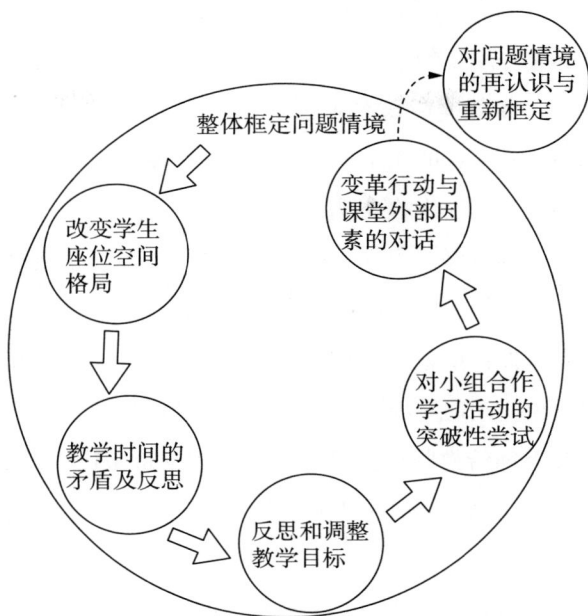

图 8-1 行动研究过程的整体演变

（1）整体框定问题情境：针对 M 小学具体的大班额问题现象，课题组教师首先将问题框定在自己可以充分采取行动的课堂教学领域，重点关注教学有效性的提升。

（2）改变学生座位空间格局：随着与问题情境对话的深入，课题组教师选择学生的座位空间作为行动干预的初始点。她们将学生相互隔绝的秧田式座位格局转变成具有更大公共空间和师生个人活动空间的马蹄形格局。新的座位空间给大班额教学情境带来新的问题变量，也给教师在秧田式座位格局中习惯的教学方式和使用理论带来冲击。为了应对这些变化和冲突，课题组教师展开了积极的学生小组合作能力建设，这一部分干预行动既搭建了教师使用理论由旧情境向新空间过渡的桥梁，也构成教师探索课堂小组合作学习活动的重要基础。

（3）认识和反思尝试小组合作学习活动时教学时间上出现的矛盾

现象：教学时间紧张、课堂节奏碎片化等问题现象是课题组教师在学科领域深入探索小组合作学习时最早出现的典型问题。时间维度上爆发的矛盾实际上与教师在教学活动中回避教学目标和价值矛盾有关，其背后潜藏着教师丰富的使用理论，这个过程就是课题组教师相互观照使用理论、使其显性化的过程。

（4）反思和调整教学目标：这个阶段是前一阶段的延续。在觉察到教学时间上出现的矛盾背后可能隐含着目标和价值的冲突之后，课题组教师不自觉地将反思的焦点转向教学目标，而不局限于手段、形式或媒介等表象。到这一步，课题组教师渐渐明确了应试的压力和新课程改革的要求都给教师行动过程和使用理论带来巨大的支配力量，她们开始试着在认识和接纳这些力量的情况下探索自主行动的空间与可能性。

（5）对小组合作学习活动的突破性尝试：这一环节虽然只分析了孙阳这一位教师的典型案例，但目的在于揭示教师成功突破原有行动方式、完成与问题情境的更充分对话的过程机制和重要的影响因素。这些分析对于其他行动者认识自我和自己所处的问题情境，对于调整行动过程都具有一定的借鉴意义。

（6）变革行动与课堂外部因素的对话：虽然课题组教师在课堂教学领域内的专业探索还有很多需要继续深化的地方，但随着课题研究的结束，以及课题探索行动影响范围的扩大，她们不得不面对随之而来的外部环境与自身关系的变化。课堂之外的因素开始进入教师的问题情境，她们不仅需要积极、及时地与其对话，而且会在这些因素的影响下调整自己对问题情境的理解和框定，聚焦新的行动中的核心问题。

（7）对问题情境的再认识与重新框定：本轮行动研究还没有明确收集到这一步的资料，但从前面几个环节的发展脉络来看，它必然会发生。

在这一轮行动研究的循环当中，每一环节都从不同角度体现出教师关于教育教学工作的使用理论。下面我将在使用理论这个核心主题之下梳理这项研究得出的几方面重要发现。

三、大班额教学实验中教师的使用理论

使用理论是指人类（行动者）赖以设计行动的隐含的认知图示（阿吉里斯 等，2012：60）。它不仅包含行动者是如何采取行动的，而且涉及行动者对情境、自我和他人的认识，对情境与行动目标、行动过程以及行动结果之间关系的选择和判断。从这个角度来看，与使用理论相关的要素是整合在一整套的动态关系之中的，我们不仅要在行动过程中理解和把握这些要素及其相互关系，而且要看到它们的发展变化，揭示这些变化背后的机制和影响力量。

在这项研究中，教师面对的县镇学校大班额教学这一问题情境，本身具有教育和社会的双重特殊性。教师通过行动研究展开了与周围环境、自身经验的反映性对话。这一过程推进了教师对自我和问题情境的深入认识，也发展出教师以行动实验探索和改变自我与环境之间辩证性关系的专业力量。在这个对话过程中，教师尝试了不同的媒介和行动方式，由此展开对专业行动方式、过程、目的、结果以及相关的重要影响力量的觉知和反思，自我和他人的关系也在其中得到了发展。本部分将分别从大班额问题情境、小组合作学习带来的动态变化，以及影响行动和情境的重大因素三条线索来总结与这项研究相关的教师的使用理论。

（一）大班额构成怎样的问题情境

大班额是转型时期中国社会基础教育领域最具典型性和特殊性的问题现象之一。它嵌套于中国基础教育和社会大环境之中，直接体现

了当地经济、社会快速发展以及相关政策对教育事业的巨大影响。在这项研究启动前，不论介入者，还是准备参与课题研究的教师，都简单地将大班额视为单纯由学生人数过多导致的教学难以有效开展的问题情境。我们从中看到的问题包括师生物理空间的拥挤和心理上的不适、人数过多存在的安全和疾病等隐患、教师批改作业等日常工作量超负荷等。研究初始，我们还很难从社会发展的角度考虑学生从何而来及巨大的班额为何会出现并持续，也尚未立足于教育教学的专业实践脉络，审视大班额教学失效的现象及其教育学根源。

随着行动研究的推进，上述被忽视的两大类问题现象先后进入课题组教师的研究视野。在课题组聚焦问题现象、框定问题情境的环节，大家的问题视野经历了由学科教学向学校文化、教育制度、家校关系甚至社区文化的扩展，最终又将问题焦点回缩至课堂内部的过程。这样一放一收的循环，帮助课题组教师看到大班额背景下学生以及我们每一个人都处在城乡人口大规模流动的时代大潮之中，觉察到班额问题是一个持续的历史现象，它和教育资源供给的不充分、不均衡有关，是教育事业在社会发展中相对边缘化的结果。在社会剧烈转型、城镇化加快的过程中，基础教育学校原有的以教师为中心的整班教学法和单一的标准化考试评价导向进一步导致大班额问题的持续和升级，最终演变为矛盾突出的教育现象。

当课题组教师尝试对大班额课堂情境进行改造时，这一情境当中蕴含的教育、教学的矛盾也得到被觉察的机会。从教学实践来看，大班额是这样一个问题情境：它的形成和维持与以教师为中心的整班教学方式分不开。相应地，以统一标准衡量学生认知水平发展的学校教育评价体系和无处不在的应试文化也与大班额教学实践相匹配。当班额持续增加，最终突破了维持整班教学最低效果的资源边界时，即使最有经验和能力的教师也难以维持整齐划一的课堂纪律和学生整体发展进度，教师在教学中的主导、控制权以及教学的流畅性遭遇严峻挑战。大班额由此成为给塑造它的教学实践逻辑带来冲击和质疑的极端问题情境。课题组教师正是在认识到这层关系之后，反身回到自身教学专业领地，从自己和同伴的教学活动着手，由内而外寻找应对危机、改变困境的"撬动点"，为照亮混沌的问题世界找到一些可能的方向和信心。

（二）大班额教学实验中教师的使用理论

合作学习作为 2001 年启动的新课程改革大力倡导的学习和教学指导方式，除了有体系化的教学原则、技巧和活动方案之外，它本身也承载着民主、参与、理性探究等社会价值观念及其在学校教育活动中进行渗透的活动传统。在全球化背景下，合作、探究成为国际基础教育课程改革的共同特征，合作学习的教育形式和理念话语也成为中国广大基础教育界同人耳熟能详、需要掌握并加以应用的新理念、新技能。但当这些看上去完备的理念和方案进入实践场景中时，又总是遭遇"水土不服"的尴尬境地。本研究也将合作学习的改革话语、具体工具引入教师探查大班额教学困境的行动之中，但始终把它视为打开行动者与问题对话的探测工具，坚持问题探索的优先性，而没有将合作学习视为解决教学问题的唯一方案，更没有试图制定和发展一套普适性的教学模式。这一点便与同时期很多开展合作学习教学改革的团队区别开来。

课题组借助改革主流话语打开和大班额教学困境的对话思路，除了因为大家对它的共识程度高、资源的便利性和丰富性强之外，更是因为认识到大班额困境与以教师为中心的教学使用理论高度相关，如果不从根本上挑战教师的教学目标和行动策略，展开"第二序学习"，将不足以把握问题根源，找到改变困境的起点。新课程改革倡导的以学生学习为中心的合作学习恰好提供了一套从目标、原则到操作策略的反思教学实践和行动过程的框架。但这个新框架须得实实在在和本土教育的真实问题情境对话，成为具体、可行的看待"顽疾"问题的新角度，才具有可行性和实践的合理性。新的问题框架是伴随着对原有的问题"视框"的质疑、觉察和对象化的过程发展起来的。

这项研究试图围绕具体问题推动教师将外部改革话语与自身实践对接起来，展开真实对话。大班额既是困扰教师日常工作的困境，也是展开上述对话的问题情境。如果没有大班额当中一系列紧迫、尖锐的现实挑战促发教师对教学实践的反思，教师要么拒绝承认问题、启动改变，要么简单服从外部改革方案，将教学和课程改革简化为应用新的理论、方法和教学形式，片面追求教学形式的多样化。在基础教育实践中饱受争议的小组合作学习模式化教学正是因为过分追求形式，忽视对具体问题情境和目标价值的分析，回避了外来理论与本土使用理论之间的价值冲突和需要再创新的空间，所以很难激发行动者的变革动力和实践理性。这项研究鼓励并支持教师去面对这些冲突，根据问题情境提供的真实线索，合理调用理论资源，形成更有启示性的看待问题和解决问题的框架、策略。

在这项研究里，课题组教师先后通过重构教室座位的物理空间、开设学生课堂管理专项课程以及在学科常态教学中借助合作学习的视角，探索教学改进的可能空间。这些改变的举措和视角如同实验"探针"，在给教学过程和环境带来与以往不同的变化的同时，也给行动者提供了从不同视角回看和觉察原先的行动逻辑，以及它们与问题困境形成过程的内在联系的机会。具体在这项研究中，课题组教师在行动变革之中觉察到大班额教学困境中有一部分现象的产生和维持是与自己和同伴的教学使用理论联系在一起的。而困境的改变最有可能从行动者自身由内而外地展开。图8-2描述了教师在日常教学中是如何维持甚至激化大班额教学困境的，也分析了课题组教师在展开双路径学习行动实验的过程中从哪些角度重构了与大班额教学相关的支配原则和行动策略，最终通过与情境的持续"会话"改变教学行动的过程和结果。

支配原则	策略	后果
·学习是在教师指导下独立完成的过程 ·知识（特别是考试要点）学习是学习的主体 ·教师教学要保证大部分人学习达标 ·人与人是竞争关系 ·课堂教学效率优先 ·教学质量主要通过标准化考试衡量 ·有限的教学资源应给予更有潜力的人	·控制学生身体动作，强化课堂秩序 ·压缩公共空间，增加班级人数 ·相对独立的"原子化"个人学习空间和过程 ·统一学习内容、进度、评价标准 ·根据班级平均表现，及时发现学习进度滞后的学生，个别跟进	·班额持续增加 ·课堂教学失序，教师组织整班活动困难 ·教师教学效能感低，师生关系紧张 ·学生参与课堂学习难度增加 ·学生学习习惯培养、思维发展、人际交往能力发展效果不佳

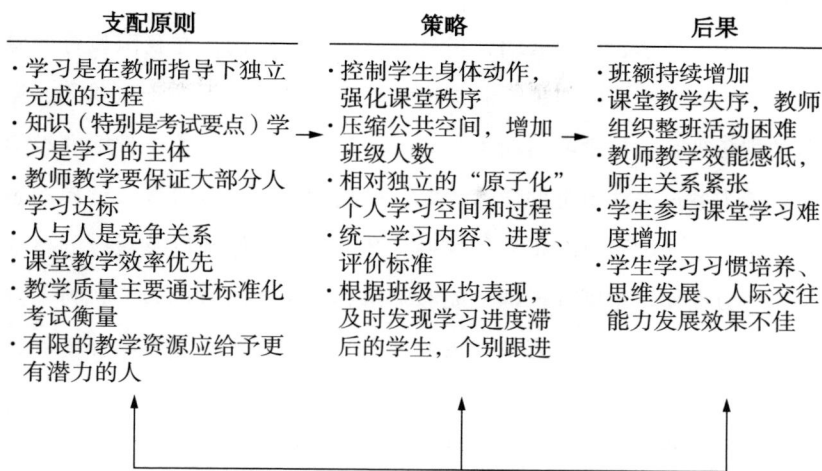

第二序改变（支配原则）：
·空间等教学资源是需要创造、开发的
·学习是个人负责的社会互动过程
·教学追求师师、师生、生生的相互激发

第二序改变（策略）：
·共享空间资源，以复合功能扩大有限的教室空间
·学生交叉分组，鼓励并科学引导组内和组间学生相互合作
·教师通过听课、备课、研讨等开展合作

图 8-2　大班额合作学习实验中教师的使用理论分析

　　大班额教学困境的出现和维持与学校活动中人们普遍奉行的学习观、评价观、资源分配和使用原则息息相关。在孤立、竞争、结果导向的学习观念的指导下，学生在课堂上主要依赖教师的集中指导展开个人学习，教师和学生都主要参照教育系统提供的标准化评价体系来衡量个人的学习效果和班级的教学效果。相应地，教师的教学活动更多使用通过高度统一的课堂秩序维持进度相对一致的整班教学法，这对学生的学习习惯、自我监控能力、思维发展都有较高的要求，教师也会在教学中特别重视相关习惯和能力的培养。这样的教学活动对环境资源的要求极低，只需要为学生个体和教师整班教学提供最基础的时空资源保障就可以。这种在教学实践中仍占主流地位的行动理论特别有利于以较低的资源成本使尽可能多的学生达到社会统一期望的认

知和技能发展水平，对于普及观念、知识、技能，培养具有社会中等文化水平、基本合格的劳动者具有不可替代的作用，在我国教育发展历史中也具有积极的作用。但是这种教学行动理论倾向于以封闭、竞争的视角理解学校学习活动中人与人的关系，课堂上关注教师的教学专业能力胜过关注学生的学习需要、过程和质量，对待教学资源的态度也是关心分配胜过对资源的挖掘、开发。这些原则以及对应的行动策略一方面使得中国的教师更能够忍耐和承担大班额的教学，另一方面也在无形中助长了大班额现象的逐渐升级，直至班额突破环境的最大承载限度和教师的能力极限。

在这项研究中，课题组教师主要从三个角度尝试展开了从支配原则到行动策略的行动实验，展开了比较完整的针对大班额教学问题的第二序改变探索。（1）重新理解和使用教室空间资源。改变以往以单一功能看待空间环境的观念和尽可能将优质资源分配给能实现学习效益最大化的学生和教师个体的行动策略，而是以创造、开发的立场重新看待有限的教室空间资源，尽可能挖掘教室空间的复合功能，使不同的主体能够以分享、合作的方式将空间的使用时长、效能、产出最大化。（2）转变原有行动理论中竞争、封闭、对外负责的学习观念，强调学习的社会性以及在社会互动中自我承诺和内部动机的重要性。出于这样的学习观，教师和学生的学习活动将更多地通过人际对话、互动分享、相互检验和共同合作展开。马蹄形座位格局、学生交叉分组方案、合作学习的各种教学活动尝试都是对应学习观念的转变展开的策略探索。（3）与学习观的转变相对应，教师对教学的目标追求和行动本质也有了松动。在原有的行动框架中，教师的教学活动必须要回应外部标准化、高利害性考核的要求，甚至可能为了高效率地回应外部要求牺牲教学活动中人与人之间建立教育性关系的质量。在这项研究中，课题组教师在一个时期内以问题探究为纽带组成了一个相对松散但联系紧密的专业共同体，通过问题研讨、课例研磨、观察反馈为彼此的教育教学专业活动提供了真诚、有价值的相互支持。在教学探索过程中，课题组教师也不同程度地体验到师生、生生经验碰撞带来的创新火花和教育力量。这样一些体验及其引发的对教学本质的思考可能会转化为教师创新教学活动的具体行为，也可能带来重新看待问题现象和自身经验的新的认识和视角，为可能的改变埋下种子、打开空间。

四、变与不变：对大班额合作学习实验的反思

行动研究是行动者作为研究者与自身参与的专业活动以及周遭情境展开持续对话的反映性实践过程。教育行动研究则是一个我们在终生的教育生涯中基于与外部情境的不断会话，更仔细地、更具批判性地检查假设和信念的内在的过程。本研究在给现实带来一些改变的同时，也指引着行动者去发现和反思那些维持现实不动或触发改变的力量与机制，在这样一种变与不变、行动与反观相互交织的过程中，作为研究者的行动者也获得了宝贵的成长经历。

（一）行动实验带来的改变

在大班额班级中开展合作学习的行动实验，其过程中最大的产出是在改变之中帮助行动者觉察、反思自己在情境中的使用理论，并通过与情境的反复对话探索更适合的、可持续的教育实践之路。经历一轮从支配原则到行动策略相对完整的行动实验，回看这轮行动实验给课题组教师和参与的学生可能带来的变化，我们可以重点从以下三个与教学实践相关的概念"结点"进行一种"全息"式的产出整理。

1. 集体-个体

大班额与合作学习这一对看似矛盾的对象的相遇，给教师使用理论带来的最显著的冲击是其关于集体、个体概念及其关系的认识。不

论是座位空间形态的变革，还是课题组针对课堂互动节奏、权力关系、教学目标的探索，都将教师对班级、课堂、学生个体的理解推到意识前台，促使其在行动实验之中不断反观和调整自己关于集体、个体、集体与个体关系的观念。

与秧田式座位格局和整班教学相匹配，教师在专业实践中更倾向于将集体视为一个由原子化个人组成的、同质性很高的整体单元。在这样的集体观念之中，个体的差异性以及个性化的经验和需求通常被压抑和忽略，每个个体都被固定在某种外部预设的结构（如彼此分隔的秧田式座位）之中，朝着由上至下设定好的目标运动。在大班额问题情境中，这样一种关于集体同质性的理想很难实现，师生们急需寻找和建立一套更能够解释和指导新情境的集体观念和做法。

小组合作学习理论提供了一套完全相反的个体-集体观。它以每个学习者的差异性和独特性为理论起点，在充分尊重这种差异性并希望将其作为班级教学的重要资源进行开发和利用的基础上，鼓励个体组成小组，形成以经验交流为纽带的学习共同体。这样的集体是以每个独立个体为前提和基础的，对于任何超越个体预设的标准、要求，人们天然地保持着警惕和怀疑。

在这项研究中，课题组教师虽然以小组合作学习理论为参考，但没有全盘吸收它对于集体和个体的概念假设。为了回应现实困境，同时保持和更大的教育文化情境和社会情境的一致，课题组教师采取了中庸的立场，创造出一条由集体走向个体，再回到集体的实践之路。

在课题介入之前，已经有教师采取化整为零的办法，将学生分成多个学习小组，通过培养各组组长以及监管各组学习状况的督察组，逐层促进学生学习进度一致，教师的教学和管理压力得到明显缓解。在课题介入的条件下，教师被要求认识、观察甚至研究每一个学生。异质分组、课堂观察都要求教师提供具体到学生个人的信息和证据。在讨论教学问题时，课题组教师更关注学生的学习过程，把思维方式的差异性视为推动学生学习的一种资源而非障碍，积极寻找一些促进不同思维对话的方法。这样一种问题视角和行动方式的转变不仅给教师的教学过程带来改变，也直接影响学生对待自己和同伴的方式。在"实验班"，越到课题后期，学生越乐于且能够清楚表达自己的意见和学习需要；教师观察到，指定的负责辅导同学学习的各组组长和督察组成员会首先询问和倾听同学的需要，根据不同同学的思维方式采取不同的讲解方法；甚至有小组主动提出互换组长的要求，理由是他（她）们想相互换一换讲题的思路。在尝试小组合作学习的过程中，学生差异性逐渐得到接纳和尊重，师生们开始有意识地利用经验的差异性推动个体自我经验和个性的发展。而个体经验的有意识互动也就促成了新的学习集体的诞生。

这一轮探索形成的新的学习集体仍然以满足外部环境对班级教学的标准化考核为前提条件，但在这个整齐要求之下，师生们正在创造一个内部生成某种有机结构的、由不同学生互助单元组成的新集体。班级正向着一个具有活力的自组织系统方向发展，化解了一部分外部规范化管理带来的僵化力量。这样一种"个体—自组织团体—班级集体"层层嵌套、有机组织起来的新的集体形态既体现了本土制度文化中强调一致性、协调性的特征，也为学生关注自我经验、激发个体学习和同伴学习的内在动力留出了相对可行的空间。

不过，这个阶段的探索形成的集体仅限于"实验班"内部，它是教师在借助课题研究契机集中资源、争取学校及家长支持的条件下实现的一次与外部规训力量有限度抗争与合作的产物。它能否在课题光环褪去之后，进一步走出"实验班"向学校其他班级、地区其他不同类型的学校延伸和发展，是课题组教师在课题结束之后仍然在持续努力的方向，也是值得进一步关注和整理的后续研究。

2. 合作

作为合作学习理论的核心概念，这项研究与其说选择了合作学习理论和方法作为介入工具，不如说是借这一套外部话语帮助行动者在本土情境中反思自己与同伴在学校活动中关于"合作-竞争"关系的实践态度和行动理论。合作学习理论在研究早期激发课题组教师找到了重构大班额物理空间资源的视角。通过挖掘空间的复合功能，在教学活动中灵活共享个人和公共空间等策略，课题组有效释放教室空间，缓解了空间条件有限的情况下大班额课堂教师指导、师生互动失效的危机，也为每位教师探索班级和课堂管理、觉察自己的课堂效能改进空间提供了新的视框。这些介入性变革在为"实验班"的教与学带来反思和重建机会的同时，也在缓慢地改变着所有参与者之间的关系。随着时间的推移，课题组教师之间、"实验班"的师生之间、学生与学生之间，甚至家长与教师之间的关系都在向着对话、沟通、寻求共识、彼此支持的方向发展。这项研究能够在后期学校行政力量基本撤出之后仍持续下去的一个重要的因素正是人与人之间关系的根本转向。人际关系的转向引领着各方参与者穿透弥漫在整个教育体系中高度紧张的竞争性文化，在合作共赢中体会并确认学习活动本应具有的开放性，在常规教学中一点点寻找恢复学习社会性和发展性的实践空间。

但是，这一轮探索的焦点和范围过于受到"实验班"边界的限制。虽然研究从一开始就注意从学校历史、行政文化、社区发展背景等外部系统出发来把握和理解教师在大班额班级中开展工作的困境，但问题焦点和主要探索边界始终集中于班级范围之内。研究尚未能从教育文化系统的整体视角把握大班额教学困境，存在着将问题简化为大班额班级教学与管理问题的偏差。从这个角度回看研究过程，王宏山校长在课题组中始终边缘化的参与身份、谭林的矛盾与困倦、丁叮等非"实验班"授课教师在课题组内未经充分讨论的辅助性地位，以及课题组活动给学校其他教师留下的神秘印象……，这些细节都揭示出这轮研究对合作的探索和实践边界过于狭窄。研究成功地在"实验班"掀起了具有行动转向性质的"茶壶中的风暴"，但没有将这些成果和过程进一步转化为学校系统由封闭、竞争走向合作、创生变革的试验起点，将"蝴蝶翅膀的振动"真正变为振动系统的"新风"。

3. 自我同一性（identity）

这项研究既是理解和改造具体问题情境的探索过程，也是教师推动自我同一性发展的曲折历程。当合作的本质渐渐显露时，教师作为合作的一方，其自我同一性也在接受挑战，并得到一定程度的发展。教师的自我同一性水平越高，在教学中推动合作走向成功的可能性越大。

在研究过程中，教师要不断在行动中追问"我是谁""我的想法和做法从哪里来""这些行动的目标是什么，我认同吗"。这些问题不仅是我们认识使用理论的重要线索，而且推动了教师自我同一性的发展，最终影响到整个使用理论的变化。课题研究为参与者创造了一个自省和相互映照的专业空间，鼓励大家带着对自我的认识走进教学情境，根据问题情境的反馈继续认识自我，探索和情境建立更和谐的关系。

在研究中，很多证据显示课题组教师的自我同一性得到了发展。例如，孟秋更加明确了语文教学在自己专业生命中的重要地位，开始重新组合教学、教学研究和教务管理之间的关系。孙阳在与教学情境的实验性对话中释放着自己的创造力，通过撰写教育叙事，不但形成了自我表达的语言，还找到了自我反观和整合的机会。舒萍通过反思教学活动的目标冲突觉察到标准化应试与以学生为中心的课程改革之间的两难困境，也意识到自己回避目标冲突、以追求活动数量和形式新颖来应对困境的策略是导致自己和学生负担过重、压力巨大的因素之一。从这个角度再去看舒萍的"不为"和"慎为"，反而具有积极、能动的价值，有可能帮助她超越"以变化维持不变"的困境，找到迈向双路径学习的关键点。作为介入者，我在这项研究中全面检验了自己关于合作、学习、参与等概念的信念，在和我寄予乡愁的土地建立新的联结后，我对于自我和世界的关系有了更开阔的理解。

（二）变化的背景、边界及"域外之地"

这项研究在取得变革的同时也将情境中更大的结构性力量和行动者未经挑战的行动理论、知识照亮。在教师个体和课题组开展行动探索的过程中，一些具有支配性力量的结构性因素逐渐得到觉察和聚焦。在这项研究中，这样的结构性力量主要展现为两方面：（1）具有强烈功利色彩的应试文化；（2）寄希望引入新理念、新方法全面解决问题的专业主义。这两股力量构成学校教育生活中教师使用理论的基调和根本矛盾。

长期弥漫于中国基础教育系统的应试文化几乎决定了中国教育的底色，成为很多教师、家长、学生和管理者理解教育问题的逻辑起点。近几十年来，中国教育界批判应试教育的声音不绝于耳。一方面，人们对基础教育漫长的"全民竞争"引发的社会焦虑厌恶已久，却又苦于无法从中抽离；另一方面，功利主义教育文化已经明显损害国家和民族的人才培养、产业发展及社会进步的各个方面。各行各业的有识之士都对此展开了激烈的批评和讨论。

但是，教育是一种社会实践活动，人们只能在既定文化、规则的框架内试探着改变不合理之处。同时作为一项与个人长期、短期利益直接相关的社会活动，人们对待教育的态度常常暧昧不清，更容易采取自相矛盾、混杂模糊的立场。因此，在批评和建议的声音中最常见的一类是从其他文化系统中引入新的理念、方法、技术，对本土教育文化进行彻底的革新。在新课程改革大潮中，从课程改革专家到教育行政人员、从教师到普通民众，不乏有人寄希望于将以英、美等国为中心发展起来的课程理论、教学方法、技术手段作为工具，重建本土教育实践、革新教育文化。这样一种专业主义的立场和观点伴随着大规模课程改革培训，已经在不知不觉中成为新一代教育工作者行动理论的一部分，它与功利主义文化对立、融合，共同构成教育工作者专业知识和文化生活样态中矛盾而独有的特征。

图 8-3 是立足于学校这一社会活动系统，整体回看此项研究中教师的实践特征。我们能够看到，教师的教育教学活动是与其所处的共同体，对应的社会系统规则、劳动分工相配套的。这项研究虽然从空间格局、课堂上师生的身体互动方式开始找到改变介入点，减弱之前大班额课堂中教师对学生、学生对自己和同伴严格的身体控制，进而渐进式推进课堂师生互动方式、学习活动及学习的内容与目标等向合作、创生的方向改变，但我们还必须看到，首先，这些改变并不是在这一轮研究中全然由外部话语引入的。在这项研究之前，教师已经通过各种途径了解到甚至在相当程度上认同与合作学习相关的课程理念。其中部分成员已经积累了一些比较深入的关于合作学习的个人教学知识。但是不论是研究前、研究过程中，还是一个周期的研究结束后，教师关于班级教学、管理的行动理论在价值取向上都呈现中庸、混杂的状态。在行动目标上，课题组教师始终追求的是应对标准化外部考核与推动班级每位学生经验发展的共赢；在参与学校和课堂活动时，教师遵守的规则也主要是一种个体—小组—班级—学校竞争机制层层嵌套起来的集体形态，但对于明显偏离主流集体的学生个体（如学习明显超前或落后于班级整体水平的学生），教师又要及时发现并开展有效的个性化指导，保证整班教学法的有效性等。从图 8-3 中我们能够看到中庸、混杂的价值立场贯穿学校教育教学活动的各个方面，它既体现了变革时代中国基础教育的价值特征，也是我们认识和改进教育教学实践的前提。这轮研究能够在"实验班"中找到教学改进的持续突破口，与研究过程中课题组教师不只关注方法、技术的变革，还努力回到价值层面展开反映性对话，努力在课题组中践行合作、信任的伙伴关系是分不开的。通过关注现实教学情境和学生经验世界，教师得以反观自己行动的边界和受到的制约力量，开始与过去回避的应试

和改革的压力对话，并有意识地承担促进学生经验发展的教育责任。他们在这个过程中不仅改变了课堂情境，也在改变与自我、与同伴的关系。当课堂教学呈现出学生差异化的有序成长结果时，教师真正体会到教育激发主体生命力的根本意义。

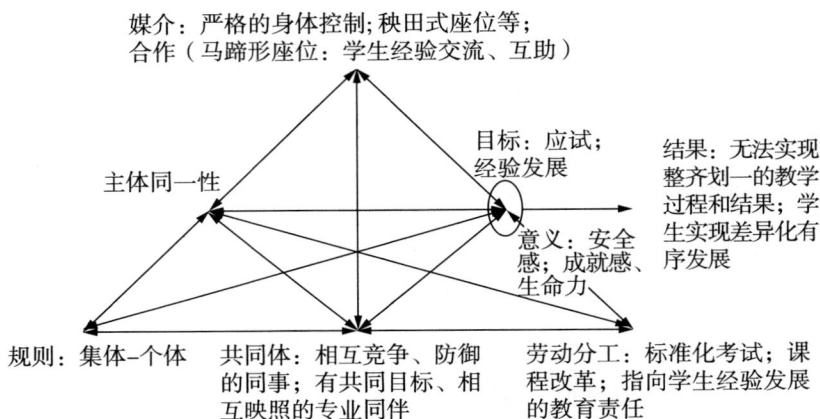

媒介：严格的身体控制；秧田式座位等；
合作（马蹄形座位：学生经验交流、互助）

主体同一性

目标：应试；经验发展

结果：无法实现整齐划一的教学过程和结果；学生实现差异化有序发展

意义：安全感；成就感、生命力

规则：集体-个体

共同体：相互竞争、防御的同事；有共同目标、相互映照的专业同伴

劳动分工：标准化考试；课程改革；指向学生经验发展的教育责任

图 8-3　社会活动系统中大班额合作学习实验教师的实践特征

　　但是，这一轮的探索和成果产出主要局限在课题组教师，特别是"实验班"授课教师的范围内。受研究者和介入者经验的制约，这轮研究没能站在系统变革的立场上聚焦问题、展开过程反思。虽然研究比较显著地促进了课题组教师大班额教学行动理论的双路径学习，但这些针对行动原则和行动策略的重构、探索和比较，并没有触及对教师影响最大的学校行政文化，特别是每个学期末、学年末依据学生考试成绩展开的教师绩效考核的制度以及对应的高度紧张的团体文化。如果回避学校系统内与功利主义文化相对应的规则、分工及人际关系，没能从小团体变革走向对大团体动力的反思、觉察和对话，这项研究注定无法长远地发展下去。而这恰恰是这项研究最有价值和前景的努力方向。

（三）对研究效度的反思

正如前面研究设计部分介绍的那样，介入者、教师和学校管理者在行动过程中不断地对话、相互反映，构成了这项研究"行动中反映"的基本机制。互动的质量也决定了研究过程和最终成果的效度。在此重点从介入者和研究对象两个角度反思本研究的过程及其效度，以进一步明确研究的局限和价值。

1. 介入者对研究效度的影响

行动研究对研究者特别是承担介入者角色的成员提出了很高的"行动中反映""行动后反映"的能力要求。介入者不仅要有足够的敏锐性，能够及时、准确地理解实践者的行动过程和逻辑，而且要具备比较好的沟通、对话能力，要有扎实的学术修养，能够因应实践者的需要，在合适的时机引入适当的理论和经验以供参考，触动行动中的反映和调整。最为关键也最困难的是，行动研究的介入者本身应该是一名优秀的反映的实践者。他（她）对自我有良好的判断和自觉，能够向专业实践情境保持开放状态，从多个方面收集情境中的信息并调整行动。作为一个尚未结束学术训练、只有两年中学教学经验的研究者，我选择做这项行动研究显然太过冒险。这项研究除了贡献一些发现和案例之外，也许最大的价值在于使每个参与者都提升了对于问题情境的敏锐性和应变能力，其中我得到的研究训练尤为丰富。

但是在介入实践的过程中，我并没有很好地承担起介入者在创建和维护研究团队上应该承担的责任。我常常在不自觉的状态下向其他成员灌输我的意见和经验；在遭到拒绝或批评时，我很难放下防御情绪，甚至会对同伴进行情感攻击和威胁；当我意识到校长屡次缺席课题组例会会损害课题组的合作精神时，我缺乏勇气，也不确定是否要请他退出研究团队……。在复杂的研究现场，我才明白向着第二型使用理论和人际互动模式努力是一件多么需要勇气和智慧的事情。

尽管存在如此多严重的研究效度威胁，这项研究还是"如履薄冰"地走完了一个行动探索循环。帮助我维持团队和研究行动的关键因素，在于相较于现场的绝大多数人，我在平等心和民主精神这一点上体现了比较好的信奉理论与使用理论的整合。在课堂内外，我坚持站在学生的角度理解他们的学习行为、倾听学生的需要和经验；我坚持在课题组例会上设计和组织参与式活动，引领每一个参与者一起分享个人独特的经验，并表示出对这些个性化经验（包括我自己的）的尊重和欣赏；我重视向三（2）班所有利益相关者收集他们对于教学和相关变革的意见和感受，通过问卷调查、集体访谈等方式向学生、家长和三（2）班非课题组教师收集信息……。这些努力不仅有助于教师透过我的行动体会合作精神和研究过程，也有力地推动着我的自我觉知和研究能力的发展。在研究中，我和教师建立起深度信任的合作关系，这也得益于我在现场坚持按照平等、民主的精神来生活。从本质上说，这项研究正是在现实条件下创造民主教学生活的一次努力和尝试。也因为如此，这项研究才幸运地控制住介入者研究能力缺陷带来的巨大效度威胁，我也才能幸运地协助课题组教师走完一轮完整的研究过程。

2. 研究对象上的缺失

这项研究重点关注教师的使用理论，教师是核心研究对象。除此之外，从研究设计和关系的概念图中能够看到，研究也关注学校管理者和介入者给教师行动过程带来的影响。但是，不论是研究设计还是研究实施，都忽视了一个重要的对象——学生。

开展现场观察时，虽然课题组要求教师把观察对象落实到学生个人，根据学生体现出来的学习状态有依据地评价和反思教学活动，但作为介入者，我收集的资料却以教师为主，其中有相当一部分是对教师在课堂中行动过程的记录和分析，相应的学生资料却非常有限。在分析资料时，我发现以教师为中心的课堂观察和记录方式，是和以教师为中心的课堂行动过程一致的。但是，在课堂结构和互动方式改变之后，我仍然延续之前的观察方法和思路，错失了新情境中出现的新信息。这就导致在分析资料时，我只能根据教师的思路和视角还原课堂情境，无法从学生经验发展的角度验证教学活动的效果。

从学生这个群体在研究对象上的缺位，我意识到自己对于教育的理解并不像我所宣称的那样是"以学生经验发展为目标"的。在研究关系和课堂关系上，我可能仍然有很强的以自我经验为中心的封闭倾向。我错过的、忽略的现象及重要的线索一定远远不止学生活动和经验这一大块。未来，在迈向更开放的人我关系的道路上，我也还有很多功课要做。

（四）未来之路

在这项研究之后，还可能沿着这条路走向哪里呢？综合研究的结论和不足之处，我认为这项研究可能为下列三个方向的研究提供进一步前进的基础。

1. 更大范围文化情境中的合作学习研究

这项研究只选择了语文、数学、英语 3 个学科的 7 位教师参与，核心研究情境局限于小学三年级的一个班级。虽然研究注意到课题组探索合作学习活动与学校及更外圈文化之间的相互影响，但为了突出研究主题，我没有专门从文化互动的层面分析这些关系和互动过程。但这本身是具有现实和理论意义的重要问题。

实际上在这项研究之后，参与课题的教师还在以各种方式继续关于合作学习的专业探索；课题研究形成的一些做法和思路开始在 M 小学甚至当地其他学校出现扩散和演变的迹象；同时，也有一些怀疑和抵触的声音出现……。这项研究凝聚下来的一些思路、做法和价值判断具有在不同学科、不同年级段甚至不同类型学校之间迁移、发展的可能吗？在和更大的文化情境（如全校的教学、管理）相遇时，课题研究在不同文化之间妥协形成的做法和目标会遭遇怎样的冲击？教师有多大的可能性获得行动实验和反映的空间？如果有机会尝试，这些都是我希望能继续探索的问题。

2. 以学生经验为中心的教学研究

学生经验既是这项研究的重要依托和突破口，也是研究过程中重视不足的很重要的研究对象。在中国的教师和教学研究中，学生似乎容易被视为教学情境的一部分，教师和研究者更习惯以静态而非发展的动态眼光来关注他们。怎样恢复学生经验在教学和教师研究中的中心地位？这不仅需要突破我们对课堂情境的思维限定，挑战以教师为中心的使用理论，还要努力开发适合于课堂上以学生经验为对象的观察和记录方法。这些都是非常值得努力也充满挑战的方向。

3. 教师及课程研究中对教师情绪的关注

哈格里夫斯曾指出，教育本质上就是一项情感劳动。（Hargreaves，2000）这项研究由于所涉及问题的复杂性和独特性，更是充满了情绪的张力。在研究中，不论教师、校长、学生、家长，还是我这名外部介入者，都因复杂的问题情境而被卷入深深的情绪漩涡之中。在整个研究过程中，各种因资源紧迫、人际冲突而引发的剧烈的情绪波动乃至冲突也弥散于研究的各个阶段和几乎所有研究问题。如何认识自身的情绪并与它相处，如何借助触发情绪的问题来认识外部环境和自己的行动过程，这些既是推动这项行动研究走向问题解决的重要因素之一，也是研究的盲区之一。我已经认识到情感在教师专业工作和发展过程中有至关重要的作用，在研究过程中也有意识地通过参与式活动等介入性方法鼓励教师表达和面对自身情绪，但目前仍没有找到很好的方法和路径简明、有效地梳理教师情绪及其与专业行动之间的关系。未来的研究非常有必要沿着这个方向进行更有针对性的探索。

参考文献

中文文献

阿吉里斯，帕特南，史密斯，2012. 行动科学：探究与介入的概念、方法与技能 ［M］. 北京：教育科学出版社.

阿吉里斯，舍恩，2008. 实践理论：提高专业效能 ［M］. 北京：教育科学出版社.

白秀岭，贺立路，王平，等，2002. 教室空气污染状况分析 ［J］. 中国学校卫生 （3）：273.

鲍嵘，2002. 论教育教学实践知识及其养成：兼谈教师专业发展的基础 ［J］. 高等师范教育研究 （3）：7-10，6.

波兰尼，2000. 个人知识：迈向后批判哲学 ［M］. 贵阳：贵州人民出版社.

波兰尼，2004. 科学、信仰与社会 ［M］. 南京：南京大学出版社.

博兰尼，1985. 博蓝尼讲演集：人之研究科学信仰与社会默会致知 ［M］.

台北：联经出版事业公司.

常瑞丰，2005. 酒泉市小学数学新课程实施研究［D］. 兰州：西北师范大学.

陈尚达，2010. 应理性审视新课改下的"穿新鞋走老路"现象：兼与《新课改与"穿新鞋走老路"》一文商榷［J］. 全球教育展望（8）：3-9.

陈向明，2000. 质的研究方法与社会科学研究［M］. 北京：教育科学出版社.

陈向明，2003a. 在参与中学习与行动：参与式方法培训指南［M］. 北京：教育科学出版社.

陈向明，2003b. 实践性知识：教师专业发展的知识基础［J］. 北京大学教育评论（1）：104-112.

陈向明，等，2011. 搭建实践与理论之桥：教师实践性知识研究［M］. 北京：教育科学出版社.

陈云奔，2009. 基础教育教学改革中的四种异化［J］. 教育学报（1）：66-68，112.

池春姬，崔永新，2003. 学生助学制：大班额差异教学初探［J］. 绥化师专学报（4）：140-141.

大卫·W. 约翰逊，罗杰·T. 约翰逊，2004. 合作学习［M］. 北京：北京师范大学出版社.

杜威，2001. 民主主义与教育［M］. 2 版. 北京：人民教育出版社.

范先佐，2006. 农村中小学布局调整的原因、动力及方式选择［J］. 教育与经济（1）：26-29.

冯丽雅，2004. 大、小班课堂教学中教育机会均等的比较研究［J］. 江苏教育学院学报（社会科学版）（3）：24-25.

福柯，2007. 规训与惩罚：监狱的诞生［M］. 3 版. 北京：生活·读书·新知三联书店.

高维，2011. 学校教学改革的内在逻辑：基于"洋思"、"东庐"、"杜郎口"中学教学改革经验的思考［J］. 江苏教育（35）：33-36.

葛新斌，2003. 农村教育：现代化的弃儿及其前景［J］. 教育理论与实践

（23）：37-40.

顾明远，1990. 教育大辞典：第 1 卷：教育学、课程和各科教学、中小学校 ［M］. 上海：上海教育出版社.

郭华，1998. 小组合作学习的理论假设与实践操作模式 ［J］. 中国教育学刊（5）：48-50.

郭华，2010. 新课改与"穿新鞋走老路" ［J］. 课程·教材·教法（1）：3-11.

郭建如，2005. 国家-社会视角下的农村基础教育发展：教育政治学分析 ［J］. 北京大学教育评论（3）：70-79.

贺芬，2011. 论"大班额"现象对我国中小学教育的不良影响 ［J］. 教学与管理（4）：24-26.

贺芬，2012. 中小学"大班额"现象分析 ［J］. 教育评论（2）：45-47.

何善平，2005. 去农化与向农化：现代化进程中的农村教育价值困境 ［J］. 集美大学学报（4）：14-17.

胡军，2006. 知识论 ［M］. 北京：北京大学出版社.

黄白，2008. 农村基础教育的价值取向：培养新型农民 ［J］. 广西民族大学学报（哲学社会科学版）（1）：171-174.

黄建明，2011. 大班额情况下分层分组教学的探讨 ［J］. 科学教育（4）：2-3.

Jacobs G M，Power M A，Inn L W，2005. 合作学习的教师指南 ［M］. 北京：中国轻工业出版社.

纪德奎，2011. 新课改十年：争鸣与反思：兼论新课改如何穿新鞋走出老路 ［J］. 课程·教材·教法（3）：18-24.

姜美玲，2006. 教师实践性知识研究 ［D］. 上海：华东师范大学.

鞠玉翠，2003. 教师教育与教师个人实践理论的更新 ［J］. 教育探索（3）：92-94.

李建平，2003. 大班额，咋合作学习?：课堂教学改革难题及对策分析之七 ［N］. 中国教育报，2003-11-05（2）.

李莉春，2012. 教师在行动中的识知与反思：教师实践性知识本质探究 [D]. 北京：北京大学.

李凌，2009. 大班额"消肿"须多管齐下：关注"大班额"现象讨论综述 [J]. 中国教育报，2009-03-04（2）.

李卯，李林，2009. "45+0"向"10+35"转变的几点疑问：基于"杜郎口教学模式"的思考 [J]. 教育与教学研究（10）：109-111.

李运奎，2009. 有效教学理念下的杜郎口教学模式有效性探析 [J]. 天津师范大学学报（基础教育版）（3）：55-58.

刘次林，2011. 以学定教的实质 [J]. 教育发展研究（4）：28-32.

刘华蓉，2011. 教育部组织研究解决大班额问题 提高教育质量 [N]. 中国教育报，2011-08-05（1）.

刘娟，刘晓林，林杜娟，2012. 发展主义逻辑下的农村教育：述评与反思 [J]. 中国农业大学学报（社会科学版）（4）：67-82.

马兰，2005. 合作学习 [M]. 北京：高等教育出版社.

茅卫东，李炳亭，2006. "杜郎口模式"：一所乡镇中学的颠覆性教学改革 [J]. 基础教育（6）：6-9.

潘洪建，仇丽君，朱殿庆，2012. 大班额教学现状、问题与对策 [J]. 教育科学论坛（8）：72-75.

潘洪建，孙静静，2011. 中小学大班额教学研究综述 [J]. 现代教育科学（普教研究）（12）：94-96.

潘颖，李梅，2006. 班级规模与学生发展的问题研究 [J]. 东北师大学报（哲学社会科学版）（6）：159-163.

裴闺儒，2001. 铁岭市部分学校教室空气细菌污染情况 [J]. 中国学校卫生（3）：286-287.

全国妇联课题组，2013. 全国农村留守儿童、城乡流动儿童状况研究报告 [J]. 中国妇运（6）：30-34.

饶静，孟祥丹，2012. "国家和社会"框架下的农村中小学布局调整：以江苏省A县L镇为例 [J]. 中国农业大学学报（社会科学版）（4）：53-60.

任娟，2007. 有效促进大班额集体教学中师幼互动的策略［J］. 科教文汇（中旬刊）（10）：37.

舍恩，2007. 反映的实践者：专业工作者如何在行动中思考［M］. 北京：教育科学出版社.

舍恩，2010. 反映回观：教育与咨询实践的案例研究［M］. 北京：教育科学出版社.

圣吉，1998. 第五项修炼：学习型组织的艺术与实务［M］. 2 版. 上海：上海三联书店.

石中英，2001. 波兰尼的知识理论及其教育意义［J］. 华东师范大学学报（教育科学版）（2）：36-45.

孙庆忠，2009. 离土中国与乡村文化的处境［J］. 江海学刊（4）：136-141，239.

屠锦红，潘洪建，2011. 大班额"有效教学"的困境与出路：基于学习共同体的视域［J］. 课程·教材·教法（11）：30-35.

万明刚，白亮，2009. 我国"农村学校布局调整"问题研究述评［J］. 教育科学研究（6）：37-40.

王策三，2010. 台湾教改与"我们的课改"［J］. 教育学报（3）：3-10，15.

王策三，2012. 对"新课程理念"介入课程改革的基本认识："穿新鞋走老路"议论引发的思考［J］. 教育科学研究（2）：5-15.

王红艳，2010. 新手教师在学校实践共同体中的学习［D］. 北京：北京大学.

汪强，2004. 大班额，师生心中共同的痛［N］. 人民日报，2004-03-18（13）.

王晓慧，2011. 农村中小学陪读现象的类型、成因及解决对策［J］. 教育理论与实践（8）：24-25.

王友文，罗正勇，2011. 城市教育资源超载引发的改革：贵州省黔南州破解城区学校大班额的探索［N］. 中国教育报，2011-05-23（7）.

邬志辉，2009. 关于农村教育三个理论问题的探讨［J］. 理论月刊（9）：5-10.

邬志辉，杨卫安，2008a. "离农"抑或"为农"：农村教育价值选择的悖论及消解 [J]. 教育发展研究（3-4）：52-57.

邬志辉，马青，2008b. 中国农村教育现代化的价值取向与道路选择 [J]. 中国地质大学学报（社会科学版）（6）：58-62.

熊春文，2009. "文字上移"：20 世纪 90 年代末以来中国乡村教育的新趋向 [J]. 社会学研究（9）：110-140，244-245.

熊春文，2012. 再论"文字上移"：对农村学校布局调整的近期观察 [J]. 中国农业大学学报（社会科学版）（4）：22-36.

许爱红，刘延梅，刘吉林，2005. 农村中学课堂教学模式的重大变革：解读杜郎口中学"三三六"自主学习模式 [J]. 当代教育科学（11）：18-26.

徐银，2005. 大班额：小组合作如何有效运作 [J]. 教育实践与研究（7s）：35-36.

雅各布斯，颜淑女，鲍尔，1998. 共同学习的原理与技巧：通过共同学习学会共同学习 [M]. 北京：中央民族大学出版社.

严海蓉，2005. 虚空的农村和空虚的主体 [J]. 读书（7）：74-83.

杨帆，陈向明，2011. 办公室对话与教师的专业实践 [J]. 上海教育科研（3）：4-8.

杨帆，陈向明，2013. "去情境化"与"再情境化"：教师理解变革性实践的话语表征机制 [J]. 北京大学教育评论（2）：132-145，191.

杨秀梅，2010. 透过"杜郎口"现象看合作化学习模式 [J]. 理论界（12）：210-211.

姚国宏，2003. 检视发展主义话语下的"三农"问题研究 [J]. 学海（4）：184-190.

叶建源，2010. 小班教学的历史发展与香港经验 [J]. 中小学管理（9）：4-6.

叶敬忠，2012. 农村中小学布局调整的社会宏观背景分析 [J]. 中国农业大学学报（社会科学版）（4）：5-21.

余文森，2005. 新课程教学改革的成绩与问题反思 [J]. 课程·教材·教法（5）：3-9.

袁桂林，2010. 农村教育政策的误区与建言［J］. 中国农村教育（2）：10-13.

袁桂林，李洪玲，2012. 农村学校布局过度调整的弊端与解决思路［J］. 社会科学战线（5）：188-193.

张素兰，李景龙，2009. 突破课堂合作学习四大瓶颈［J］. 中国教育学刊（8）：66-68.

张婷，2010. 由"杜郎口模式"看新课改教师困境与改革一元化问题［J］. 天津市教科院学报（10）：66-67.

赵明晖，郑燕林，2009. 从"杜郎口模式"看学生学习方式的转变［J］. 新课程研究（基础教育）（2）：7-9.

郑英，2009. 警惕课堂教学中的"伪合作"［J］. 教育理论与实践（29）：55-56.

钟启泉，2004. "实践性知识"问答录［J］. 全球教育展望（4）：3-6.

钟启泉，2005. 为了"实践性知识"的创造：日本梶田正已教授访谈［J］. 全球教育展望（9）：3-4，14.

周芬芬，2008. 农村中小学布局调整对教育公平的损伤及补偿策略［J］. 教育理论与实践（19）：31-34.

周振宇，2011. 面对大班额，我们不妨如此：一组课堂观察引发的思考［J］. 江苏教育研究（23）：15-17.

竹内弘高，野中郁次郎，2006. 知识创造的螺旋：知识管理理论与案例研究［M］. 北京：知识产权出版社.

佐藤学，2003. 课程与教师［M］. 北京：教育科学出版社.

外文文献

Barr R B, Tagg J, 1995. From teaching to learning: a new paradigm for undergraduate education [J]. Change, 27 (6): 13-26.

Biggs J, 1998. Learning from the Confucian heritage: so size doesn't matter? [J]. International Journal of Educational Research, 29 (8): 723-738.

Blatchford P, Bassett P, Brown P, 2011. Examining the effect of class size on classroom engagement and teacher-pupil interaction: differences in relation to pupil prior attainment and primary vs. secondary schools [J]. Learning and Instruction, 21 (6): 713-730.

Blatchford P, Mortimore P, 1994. The issue of class size for young children in schools: what can we learn from research? [J]. Oxford Review of Education, 20 (4): 411-428.

Connelly F M, Clandinin D J, 1990. Stories of experience and narrative inquiry [J]. Educational Researcher, 19 (5): 2-14.

Elbaz F, 1981. The teacher's "practical knowledge": report of a case study [J]. Curriculum Inquiry, 11 (1): 43-71.

Engeström Y, 2001. Expansive learning at work: toward an active theoretical reconceptualization [J]. Journal of Education and Work, 14 (1): 133-156.

Engeström Y, 2011. Activity theory and learning at work [M] //Malloch M, Cairns L G, Evans K, et al. The SAGE handbook of workplace learning. London: SAGE.

Galton M, 1998. Class size: a critical comment on the research [J].

International Journal of Educational Research, 29 (8): 809-818.

Harfitt G J, 2012. An examination of teachers' perceptions and practice when teaching large and reduced-size classes: do teachers really teach them in the same way? [J]. Teacher and Teaching Education, 28 (1): 132-140.

Hargreaves A, 2000. Mixed emotions: teachers' perceptions of their interactions with students [J]. Teaching and Teacher Education, 16 (8): 811-826.

Hargreaves A, Shirley D, 2009. The fourth way: the inspiring future for educational change [M]. Thousand Oaks, C A: Corwin.

Hargreaves L, Galton M, Pell A, 1998. The effect of changes in class size on teacher-pupil interaction [J]. International Journal of Educational Research, 29 (8): 779-795.

Jin L X, Cortazzi M, 1998. Dimensions of dialogue: large classes in China [J]. International Journal of Educational Research, 29 (8): 739-761.

Joiner B, 1983. Searching for collaborative inquiry: the evolution of action research [D]. Cambridge, M A: Harvard University.

Lee J C K, Yin H B, Zhang Z H, 2009. Exploring the influence of the classroom environment on students' motivation and self-regulated learning in Hong Kong [J]. The Asia- Pacific Education Researcher, 18 (2): 219-232.

Pedder D, 2006. Are small classes better? understanding relationships between class size [J]. Oxford Review of Education, 32 (2): 213-234.

Reynolds D, Farrell S, 1996. Worlds apart?: a review of international surveys of educational achievement involving England (Reviews of Research) [M]. London: Stationery Office Books.

Robinson G E, 1990. Synthesis of research on the effects of class size [J]. Educational Leadership, 47 (7): 80-90.

Schulman L, 1987. Knowledge and teaching: foundations of the new reform [J]. Harvard Educational Review, 57 (1): 1-22.

Slavin R E, 1989. Class size and student achievement: small effects of small classes [J]. Educational Psychologist, 24 (1): 99-110.

Tobin J J, David Y H W, Davidson D H, 1987. Class size and student/ teacher ratios in the Japanese preschool [J]. Comparative Education Review, 31 (4): 533-549.

Van Manen M, 1995. On the epistemology of reflective practice [J]. Teachers and Teaching: theory and practice, 1 (1): 33-50.

Verloop N, Driel J V, Meijer P, 2001. Teacher knowledge and the knowledge base of teaching [J]. International Journal of Educational Research, 35 (5): 441-461.

Word E, Achilles C M, Bain H, et al., 1990. Project STAR final executive summary: kindergarten through third grade results (1985-89) [J]. Contemporary Education, 62 (1): 13-16.

二

『框定大班额教学问题』课题组活动方案

时间：2012 年 7 月 11 日 9：00—11：00　　　　地点：M 小学一年级教室

参与人员：课题组教师

时间	形式	内容	目标	备注
9：00—9：10	分组对话	开始圈：分享今晨的一件开心事（每人不超过 2 分钟）	热身、活跃气氛	桌椅摆成小组型
9：10—9：40	写案例、讨论	回想让自己印象深刻的一个课堂教学困境，将事件经过简要地写下来（5 分钟） 组内两两交流（每人 4 分钟），再用 2 分钟讨论案例与班级规模的关系 集体分享案例：受班级人数影响明显的教学困境（15 分钟）	触发经验背景，引出对教学问题的思考和讨论	计时器

时间	形式	内容	目标	备注
9：40—10：10	分组讨论	"1、2"报数分成两组，每组4人 组内讨论：班级规模过大对课堂教学有哪些显著影响？其中，哪些问题是迫切需要回应和改变的？这些问题之间可能存在什么样的关系？	形成小组 分解和分析问题 寻找关键概念或核心变量	大白纸、彩笔、胶条
10：10—10：20	休息	成员可利用休息时间浏览两组张贴的大白纸		
10：20—11：10	讨论	影响上述教学问题的主要因素还有哪些（学校系统内外）？ 这些因素中哪些是可能改变的？我们希望如何变化？	寻找问题的周围变量，分析问题与周围变量的关系并思考可能的行动方向	大白纸、彩笔、胶条
11：10—11：30	讨论	如果要改变现状，我们可以做什么？如何做？ 我们需要哪些支持？可以从何处获得这些支持？	初步思考行动方案	大白纸、彩笔、胶条
11：30—11：50	总结	主持人总结两组讨论的主要成果，指出后续行动方向，商讨会后任务分工及下次研讨时间和主题（15分钟） 各自写下"这次会议给我的一点启发或收获"（仅一句话），结束圈交流		计时器

研讨主题：大班额教学的问题情境及主要因素分析

（1）分享个人印象最深的一个教学困境案例。

（2）大班额教学存在哪些主要的困难和挑战？

（3）大班额教学有哪些优势？

（4）哪些问题是迫切需要我们回应和改变的？

（5）这些问题的主要影响因素有哪些（学校系统内外）？

（6）这些因素中哪些是可能改变或可能获得支持的？

学生合作能力建
设专题课系列教
案及反思

小组团队建设（一）

执教人：孙阳

授课时间：2012 年 10 月 8 日

教学目标：1. 通过教学初步培养学生的坐、站等意识。

2. 让学生初步感知小组合作意识和创建小组的重
要性。

教学重难点：怎样才能让学生很快参与到活动中。

一、分组的常规训练

1. 怎样才能把桌椅摆放整齐？

2. 坐姿。

3. 转身看黑板的约定。

4. 移动身体，眼神交流。

二、小组合作形式

1. 简要介绍 4 人一组的活动形式。

2. 简要介绍分散组（根据内容临时组成的 2 人小组叫分散组）。

3. 简要介绍合作组（根据内容调整的 8 人小组叫合作组）。

三、设计组名和图标

教师简要介绍设计组名和图标的目的，学生合作交流，教师一边巡视。学生展示作品。

四、小集体中别忘大集体

通过《幸福歌》让学生感受集体的力量。

课后反思：本节课通过学生实际操作对学生进行小组合作学习方式的常规训练，让学生初步感知小组合作配合的重要性。

刚开始由于知识的衔接比较适当，学生的参与度较高。后来由于指令不到位，学生在设计小组组名和图标时失误率明显升高，时间过了 5 分钟了，有一部分学生还不明白意思。即便有部分小组完成了组名和图标的设计，也没有什么大胆的想象。最后《幸福歌》的给出太牵强，应该做适当的调整。这种活动课的设计，应单独用一节课来让学生体会集体的重要性。课程收尾时把所有的训练项目再演练一遍，效果会更好！

小组团队建设（二）

授课时间：2012 年 10 月 10 日

授课主题：小组文化建设之聆听练习

一、导入活动："眼睛、眼睛、鼻子"

教师站立在讲台前，请全班学生面向讲台。学生根据教师发出的指令，将双拳放到指令强调的五官上。同时，教师有意将双拳放在错误的五官位置上，制造听觉和视觉的竞争，让学生体验听觉与视觉信号发生冲突时自己的反应习惯。例如：教师说"眼睛、眼睛、嘴巴"，却把双拳放到鼻子前面，观察学生偏向于追随哪个信号。

活动目标：通过活动体验，让学生发现在视觉与听觉信号发生冲突时自己的行为习惯偏好，并通过讨论将学生的注意力引向这节课的重点——高质量地听。

二、《三个小金人的故事》

教师边表演边讲述《三个小金人的故事》，引导学生讨论：

（1）你觉得哪个小金人最有价值？为什么？

（2）生活中你自己更像哪个小金人？

（3）听完这个故事，你有什么感觉？你希望做点什么？

活动目标：进一步将学生的思维关注点引向聆听的良好习惯和能力建设上来。

三、聆听初步介绍

板书：学会聆听

请学生自荐或推荐一位耳朵大的同学上讲台协助教师。

教师向全班学生介绍耳朵的外形和相关生理功能：耳朵的外形启发我们，要更好地听清声音，就要将身体和头靠近声源，但是今天我们学习的重点不在于听见声音。举例：精彩课堂的下课铃声；生病发烧时，教师上课的声音……。听而不闻，人可能听到了声音，但却没有意识到它，真正的听没有发生。

今天要学习的是"尊重的、接受的、能让对话双方都得到成长的听"，是"能让听和说的人都感到幸福的听"。

课后反思：在实际教学中，这一段并没有被有意识地引入到这么明确的程度。我甚至没有举出"听而不闻"的例子，只是重复了《三个小金人的故事》中第一个金人的情况。学生的反应很迅速，似乎很快就明白了我的意图，让我感觉这个过渡环节可以简略些。他们对小金人的故事的喜爱超出了我的预期，我有些后悔没有在备课时充分重视这个故事，把它有意识地延伸到其他教学环节中。再看备课时准备的引导词，体现出明显的成人语言的风格。我在教学中没有说出来，现在想来是恰当的。

四、情景对话及讨论

请玲玲同学上台和教师进行情景对话，同时从前排邀请两位观察员，临时征用他们的凳子。

教师告诉学生自己生病打针的感受，请她讲一件好玩的事情。教师根据学生的聆听情况，选择相对的聆听方式。如果学生表现得紧张、注意力不集中，教师将全力支持和关注她，从一开始就引出学生比较感兴趣、有话可说的安全话题，不评论、不打断其讲话。如果学生的倾听表现良好，教师将扮演不良的倾听伙伴，眼神游离、转移话题、随意打断……

对话时间控制在 3 分钟内，之后请学生评论：谁是更好的倾听者？对话过程中，哪些是良好的聆听行为？哪些是不好的？

课后反思：课后，听课教师反映后三排的学生听不到我们的声音。角色扮演这个环节，还是有必要为学生准备扩音器的。我在之后的教学活动中，要注意扩大自己的音量。在大班额情境中，师生们已经比较适应被放大的音量。我和学生们、其他教师对声音的感受、判断可能是极为不同的。这一点也在影响我对"发音练习"这堂课必要性的判断。

另外，这个环节的讨论其实可以加上"为什么你觉得这些行为做得好或做得不好""当你的伙伴在听的时候这样做时，你有什么样的感受"等关于目的、感受的讨论，这样能够将规则、技巧的学习推进到情境和身体感觉之中，可能达到更深的层次。

教师根据学生的发言，在黑板上分类写下相应的行为。左列为良好的倾听行为，用白色粉笔写；右列是不鼓励的行为，用红色粉笔写。

五、总结归纳

出示事先准备的小黑板，展示教师编的《聆听好习惯》童谣，带领学生配合动作齐读 2—3 遍。

> 我是聆听好伙伴，
>
> 点头微笑注意看，
>
> 放下情绪用心听，
>
> 适当重复和鼓励，
>
> 打断评论要当心。
>
> 我是你的好伙伴，
>
> 互相尊重共成长，共成长！

六、小组活动——聆听练习

4 人小组中抽到红色扑克牌的 2 人一组，抽到黑色扑克牌的 2 人一组，相互练习。

要求：一人说另一人听。听的人注意练习聆听要点，抓住对方讲话的主要内容，尽全力关注自己的伙伴。一人说完之后，换另一人说，对方听。每人有 1 分钟的讲话时间。谈话的主题为：如果我是校长，我最想做的一件事是⋯⋯

活动提示：请拿小王扑克牌的××同学做第一轮活动的全班观察员，在活动结束时找出他（她）认为的最棒的聆听者。下一轮活动，这名最棒的聆听者将和××交换角色，由他（她）找出最棒的聆听者和聆听小组。

第二轮聆听：每组成员中持梅花与红桃扑克牌的学生换位置，与上轮聆听规则相同。每人 30 秒，主题是"我的上一个伙伴告诉了我什么"。××则说上一轮的主题。

七、活动交流

小组所有成员站起来，一起庆祝一下。

请学生讲一讲：哪个伙伴让他感觉很好；自己欣赏他的哪些做法？

自己在倾听的过程中有什么遗憾？

课后反思：课堂进行到这个环节时已经超过了 40 分钟，由于时间关系，我完全舍弃了这个组内的交流活动，只通过全班观察员抽点了两位学生代表说了说自己和同伴的观点。这个环节没有充分开展，影响了前一个小组活动内容的效果深度。整堂课如果要按照计划全面铺开，基本上需要一个小时左右。40 分钟的课时的确过于紧张，我觉得活动做得不够透彻，学生对相关活动的体验、反思的深度可能都受到了明显的限制。

如果再上一次的话，我可能会在"总结归纳"部分精简时间，也许只用教师配合动作朗读一遍童谣就可以结束了。学生对这个童谣感兴趣的话，课下可以抄在展示角供他们自己学习。

八、总结反馈

"每课一言"：在白纸上写下"这堂课我的一点收获"。

时间允许的话，可做小组内接龙写作。（反思：接龙写作限于时间紧迫，完全没有做。"每课一言"也安排学生在课下完成了。）

课后反思：整堂课上下来，感觉学生的注意力比较集中。教学各环节中师生的参与度比较高，彼此沟通也比较顺畅。我想，这主要得益于教学各环节比较合理的搭配和衔接。尤其是《三个小金人的故事》在三年级孩子中引起了明显的关注和讨论，这是我一开始没有预计到的。此外，情景对话、热身游戏以及小组活动都很有效地弥补了教师长时间讲解的不足，起到比较明显的调动学生参与积极性、丰富其学习体验的作用。

整节课最大的遗憾在于对内容深度与时间限制这对矛盾的处理上。这节课的内容主要从成人培训的相关设计中转变而来，一般而言，这部分内容用于成人培训需要 1 小时左右，而我却把所有内容塞进 40 分钟的教学计划中，内容设计的重点、详略不够明确，这就导致在实际教学过程中，小组活动开展得不够透彻，小组讨论几乎没有真正开展。所以，虽然整个教学看起来比较流畅，但对于教学效果、学生学习的深度体验，我觉得是不够满意、有待精进的。

另外，在后排听课的其他教师反映，最后三排的学生几乎听不清我的课堂讲解，特别是在情景对话时，后排学生完全听不到学生和教师的对话。这一点很能体现我对大班额教学情境的不熟悉。音量的问题是我在教学现场首先感觉到的一个悖论。我总是指出教师和学生在课堂上音量过大，会损伤师生的听力，但学生和其他教师却没有这么强烈的感觉。这堂课让我反过来思考，是不是我对音量比较敏感，以至于我的发音和听力都不倾向于较大的声音？或者，师生们已经适应了音量较大的环境，在大班额情境下，教师必须提高自己的音量来适应学生的听力习惯？

最后一个问题是关于活动指令的清晰程度。在本节课第二轮小组活动时，我要求4人小组内的两人对调位置，以达到交换伙伴的目的。当时我是通过点出教室中间一组的两位学生为例，来说明换位置的要求的。但我没意识到坐在我身后的小组可能看不清范例小组，因此误解了活动要求。后来我发现，果然有几组学生是在胡乱调换位置，现场也出现了明显的混乱。反思这个环节，如果我能在黑板上画出持不同花色扑克牌的学生的座位，并标出调换座位的示意图和学生行走路线，换座位的过程应该会迅速、有序得多。这一点也暴露出，我作为学习者和指导者，对听觉信号的重视多于视觉信号这个倾向。这是我在日后的教与学中需要注意的。

小组团队建设（三）——小组的名片

教学目标：

1. 通过角色分工，小组成员合作完成小组名片的设计和制作。鼓励学生在活动中发挥想象力和创造力。

2. 学生了解小组活动中常见的角色任务，增强合作的主动性和能力。

3. 提升教师指导和管理小组合作学习活动的能力。

4. 使学生意识到针对不同情境调整音量的必要性，提高学员对情境的敏感度和调控个人声音的能力。

教学材料：彩色卡纸、剪刀、彩笔、桌标底座、典型图标展示卡、黑板贴、计时器

一、教学引入（5分钟）

回溯学生在第一次团队建设课上参与的设计小组组名和图标的活动，指出活动成果存在的两点遗憾：（1）组名和图标缺乏新意，组名之间有重复；（2）设计的成果比较粗糙，不够美观。

教师展示一组图标及有新意的团队名字，引导学生讨论"这些标志好在哪里"。激励学生为自己小组设计有创意的名字和图标。

课后反思：展示图标的环节，我出示了4张图片，每张图片的讲解也过多，这导致整个引入部分用了约15分钟，后面的小组活动时间严重不足。从这里可以看出我在备课时出现了重大失误。从课题组同伴的反馈意见中，我意识到，自己选用的图片脱离低年级小学生的经验世界，每张图片的讲解太过深奥、复杂。其实这个环节的目的就是要激发学生的创新意识和想象力，在展示一两张典型图标后，就可以直接进入小组活动。重点是明确活动的目的和要求，适当地启发学生，鼓励学生突破思维界限。

二、教师小组现场展示（10分钟）

课题组4位教师（舒萍、孙阳、李美珍、谭林）组成第24组，现场展示任务认领、角色解释和名片的合作设计过程。在这个过程中，每位教师清楚、简明地介绍自己所认领角色的职责和在活动中自己的主要行为。（3分钟）

教师接着展示自制的"三（2）班教师名片卡"，比照名片卡讲解小组名片设计的格式和相关要求。（教师小组展示设计名片卡的过程是校长提出的建议，得到了教师的支持。）

课后反思：请课题组成员组成一个小组，现场认领角色并展示设计过程，这个建议是校长在教案讨论会上提出的，得到了教师的支持。我们在正式上课前针对这个小组展示活动先后试做了两次，第一次主要以设计图标、开展相互合作为目的，比较真实自然；第二次则是在课前1小时，利用学生课间操时间，带着教学设计的目的，美化图标设计，精炼语言和展示环节，时间也大大缩减。

通过这个活动，学生迅速且深入地理解了4个角色和职能分工。我几乎不用再做说明，学生已经表示理解了活动的要求，而且非常想尝试后面的活动。我很喜欢校长的这个提议。"言传不如身教"，当真的这样做的时候，这句话有了另一层实践的深意。

三、小组活动——设计小组名片（25分钟）

以4人小组为单位，教师介绍4人小组各成员的角色要求：辅导员、计时员、记录员、汇报员。辅导员主要负责向成员解释任务要求，推动所有成员参与活动；计时员在参与活动的同时注意控制时间，及时提醒成员调整节奏，完成小组活动；记录员主要负责将小组讨论等合作成果以适当的书面形式呈现出来；汇报员要以简明扼要的语言或相关形式向组外人员讲解、介绍小组的活动成果。针对该班唯一一个6人小组，教师追加鼓励者和声音控制员两个角色。鼓励者通过提问、赞扬等方式推动成员深入参与和思考，并在活动结束和取得成果时带头庆祝；在小组讨论过程中出现音量过大或音量过小听不清的情况时，声音控制员要及时、清楚地进行提醒。4 人小组可酌情选择，在自愿前提下，一人可兼任 2 个角色，但必须优先选择前 4 个角色。教师讲解时注意结合具体情境，贴近学生日常经验，确保学生对 4 个角色分工有准确、深入的理解。

小组成员在明确角色要求之后，认领角色分工。教师讲解活动要求：在充分讨论的基础上要给小组找到一个全体都认同的组名，设计一个最能代表小组特点的图标，找到一句能够代表小组精神的口号，并写下每个组员的名字。要求名片正反两面都要写上组名、图标、口号和成员名字。

教师将不同颜色的卡纸发到各组，在确认小组分工和成员对任务的理解没有问题之后，开始活动。小组有 10 分钟的时间来完成小组名片的设计。教师的计时器会在活动结束前 2 分钟给出提示。提前完成的小组可以派出代表安静地观察其他组的活动过程和成果（汇报员不能离开，当有其他组成员来本组观察时，他负责给参观者讲解），在活动结束前 1 分钟回到自己小组，组内讨论本组名片与其他组的差异、是否需要修改等。

设计环节结束后，教师请小组代表（2—3 组）带着小组名片上讲台展示。汇报员先介绍自己的组员，然后介绍组名、图标的含义和设计过程。必要时，教师请主要设计人讲解自己的思考过程，请辅导员和组员回顾并评论成员的合作过程和相关表现。（展示交流环节限制在 10 分钟内）

教师将桌标底座发到各组，学生把小组名片放置在底座上。作为小组正式的名片，它将帮助学生和教师更好地合作和沟通。

课后反思：学生真正开始小组活动的时候，距离下课已经只有不到 15 分钟的时间了。实际上我缩短了学生小组合作制作图标的时间，大约只给了 7 分钟左右，而不是一开始说的 10 分钟。当下课铃快响的时候，还没有一个小组完成作品，我只好打断他们，告诉大家可以在课后继续完成作品，之后交给班主任或者我查看。但是课间没有学生离开小组，大家仍然在饶有兴致地继续着活动，课题组其他教师也提醒我，学生劲头十足，如果不趁热打铁，各组图标很可能完不成，而且，后面一节课的教师也很难组织教学。于是我决定利用后面这节课的 30 分钟完成小组活动，而且开展更深入的展示和交流。

第二节课，活动进行得比较顺利。只是在一开始时，教室角落的一组学生很兴奋，当我让全班学生停下来商量需要延长多长时间时，他们还在激烈地交谈着。在第三次提醒他们之后，我假装生气地让他们站到教室前面来。当得知他们只需要补全两个组员的名字就能完成作品时，我宣布他们小组因为耽误了整个班的时间，要被罚站两分钟，中断小组图标的制作。在这个过程中，我问全班学生："学习最重要的是什么？"有人回答："安静。"我说："不对！是该安静的时候安静，该讨论的时候要充分地讨论。"在后面的活动中，我感觉这句话被学生们接受了。当我提醒提前完成作品的小组可以派出代表到其他组观察、学习的时候，绝大部分学生都静悄悄地在教室里走动、观察，教室里讨论的声音变得轻柔了。那一瞬间各种声音仿佛和谐地交织在了一起，很是令人触动。我想，孩子们本能地能够找到协作和高效学习的节奏，不过，在外在环境的影响下，一些惯习遮盖了它。作为教师，我们最有可能通过营造恰当的氛围，让学生找回这种学习的感觉，体会学习内在的和谐之声。

四、课后拓展

请在课后为自己或你在学校中特别喜欢的人或物做一张与众不同的名片。名片做好后，组内成员、班内同学交流分享。愿意的话，可以向更多的人展示。

术语索引

后记

从决定回乡做博士论文研究到现在论文成书，不知不觉已经过去十年。十年前，因为选择了当时仍属小众的行动研究，我开始踏上一条漫长征途。至今，我仍在这条泥泞道路上艰难跋涉，执拗、缓慢却也乐在其中。

对于大多数博士研究生来说，学位论文的完成意味着研究者最初提出的研究问题得到了比较满意的回答或转化。但于我，这项研究从根本上撼动了我对学校教育生活的经验感知和基本信念。它带给我的怀疑、困惑远远多过具有确定性的部分。至今我仍清晰记得，论文答辩时，面对答辩委员会对研究的教学介入部分没有采用当时常见的课程与教学论专家课堂指导方式的质疑，我的闪烁其词以及愤懑而游移的态度。当时的我还没有发展出足够清晰的问题意识和对话能力，能够指出主流的专家主导式课堂实践改革中存在的技术理性风险。作为一个行动研究初学者，当时我也仍处在从科技理性价值观出发，理解和设计教育行动变革的阶段。是行动研究强调不断回到真实、变化的问题情境的务实精神以及自己作为学生（专业工作者）而非学院专家（权威）的身份认同将我带入复杂的实践脉络之中。这使我切身观察到一些在教育理论和政策文本里无法得到回应或被高度简化的重要的教育细节，并帮助我走进行动伙伴们的生活实践空间，与他们一起感同身受在非典型但已趋于常态的巨大班额中挣扎工作的艰辛、痛苦与欢欣。

特别感激 M 小学每一位师生对我的信任、支持、包容和巨大的善意！没有这层基础，这项研究不仅没有机会开启，也无法坚持、难以结束。更重要的是，这笔丰厚的情感礼物支撑着我完成了作为一个行动研究者在行动中反映、实验的第一轮成长。虽然，研究结束时我收获的更多的是怀疑、问题而非有借鉴价值的变革经验，但我完成了从理论向实践的转向，自此深深迷恋充满挑战的教育实践"沼泽地"，从心底里敬重每一位脚踏实地在这片"沼泽地"上努力跋涉的教育实践者，努力与之同行，相互扶助！

我要特别感谢麻安举、夏陟、喻沈、顾青、蒋文英、张跃文、董丽、唐阳尧、封乔周、刘兴伦等老师，谢谢你们带我回到当下、具体的家乡，感谢你们帮助我走过这段艰难而不平凡的成长之路。想念当年三（2）班的每一个孩子。十年后的今天，你们中的不少人应该已经走进大学或者进入社会开始工作了吧？衷心祝愿你们幸福！真希望还有机会能与你们重聚，回忆十年前你们看到和感受到的学校和课堂生活。没有把你们的经验放在这项研究的中心位置，是我在整个研究中最遗憾的部分。

感恩我的导师陈向明老师。不论是治学上您的自律、勤勉、博闻强识，还是您在待人视物中包容、尊重、开放的态度，都是我终身学习的榜样。谢谢您一直鼓励、陪伴着我这只固执的"蜗牛"，点亮我在沟壑中努力勾勒星空、山河的梦想。特别感谢夏林清老师在阅读我的论文之后给我发出的课程邀请以及几次与我的交谈。您帮助我接纳了这项研究，使我认识到它是一个叛逆者蹒跚学步过程中独立迈出的第一步。这个文本虽然是一个"没画好的橘子"，但于我这个完全在本土教育体系里成长起来的行动研究者而言，它足够饱满、真实，蕴含着充足的可以不断回观的内容；对于本土教育行动研究的发展而言，我也希望这项研究能成为后来者的垫脚石。

谢谢与孙庆忠老师的相遇、相识和相知，您推动和引领的乡村自救实验给予我的不只是感动和赋能，还让我获得一个站在历史、文化变迁视角重新辨识自己及周围教育同人们的不甘情绪以及行动突围的方向。感谢杨朝晖、王海燕、李延林、卢立涛、王志明、张燕、孙素英、苏尚锋、黄燕宁、杨光等共同行走在教育行动研究之路上的伙伴们，与各位亦师亦友的战友关系是十年来常常温暖和激励我的重要力量。谢谢教育科学出版社的编辑们，本书书名及内容的多处修订得到了各位宝贵的意见，感谢你们为出版这本小书付出的努力和专业贡献！

2017 年冬天，亲爱的李茵老师离开了我们。在我心里，你从来不曾离开。你对儿童经验的尊重，对教育生活中令人珍视、向往部分的坚信与践行已经深深刻在我的身体和意识深处。这本书是纪念亦是开启，我将带着你的爱和智慧继续行走。

最后，我要把最深的爱致以我的家人，特别是我的两个孩子——珍珠和布丁。生活中你们不离不弃的陪伴始终引领着我去领悟爱的真谛和教育的意义。

2021 年冬于北京

出 版 人　郑豪杰
责任编辑　王晶晶
版式设计　沈晓萌
责任校对　白　媛
责任印制　叶小峰

图书在版编目（CIP）数据

行动研究中教师的使用理论：以大班额小组合作学
习实验为例／徐月著. —北京：教育科学出版社，2022.8（2023.9 重印）
（实践-反思教育学文丛／陈向明主编）
ISBN 978-7-5191-3031-2

Ⅰ.①行…　Ⅱ.①徐…　Ⅲ.①教学研究　Ⅳ.①G420

中国版本图书馆 CIP 数据核字（2022）第 051108 号

实践-反思教育学文丛
行动研究中教师的使用理论：以大班额小组合作学习实验为例
XINGDONG YANJIU ZHONG JIAOSHI DE SHIYONG LILUN：YI DA BAN'E XIAOZU HEZUO
XUEXI SHIYAN WEI LI

出版发行	教育科学出版社				
社　　址	北京·朝阳区安慧北里安园甲 9 号		邮　　编	100101	
总编室电话	010-64981290		编辑部电话	010-64989363	
出版部电话	010-64989487		市场部电话	010-64989009	
传　　真	010-64891796		网　　址	http：//www.esph.com.c	
经　　销	各地新华书店				
制　　作	北京金奥都图文制作中心				
印　　刷	唐山玺诚印务有限公司				
开　　本	720 毫米×1020 毫米　1/16		版　　次	2022 年 8 月第 1 版	
印　　张	16.25		印　　次	2023 年 9 月第 2 次印	
字　　数	196 千		定　　价	48.00 元	

图书出现印装质量问题，本社负责调换。